Ulrich Blum
Grundlagen der Volkswirtschaftslehre

Ulrich Blum

Grundlagen der Volkswirtschaftslehre

—

DE GRUYTER
OLDENBOURG

ISBN 978-3-11-051546-6
e-ISBN (PDF) 978-3-11-051547-3
e-ISBN (EPUB) 978-3-11-051555-8

Library of Congress Cataloging-in-Publication Data
A CIP catalog record for this book has been applied for at the Library of Congress.

Bibliografische Information der Deutschen Nationalbibliothek
Die Deutsche Nationalbibliothek verzeichnet diese Publikation in der Deutschen
Nationalbibliografie; detaillierte bibliografische Daten sind im Internet über
http://dnb.dnb.de abrufbar.

© 2017 Walter de Gruyter GmbH, Berlin/Boston
Einbandabbildung: IvelinRadkov/Thinkstockphotos
Satz: Konvertus, Haarlem
Druck und Bindung: CPI books GmbH, Leck
♾ Gedruckt auf säurefreiem Papier
Printed in Germany

www.degruyter.com

MIX
Papier aus verantwor-
tungsvollen Quellen
FSC® C083411

Inhaltsverzeichnis

Vorwort

Das vorliegende Buch aktualisiert den ersten Teil meines früheren Lehrbuchs *Studienhandbuch Volkswirtschaftslehre*, das ich in den Jahren 1982 bis 2004 meinen Vorlesungen der Volkswirtschaftslehre zugrundegelegt hatte. Es legt Wert auf eine klare definitorische Einführung der wirtschaftswissenschaftlichen Begrifflichkeiten, ohne die eine wissenschaftliche Beschäftigung mit Ökonomie nicht möglich ist. Es enthält eine Dogmengeschichte von den griechischen und chinesischen Klassikern bis hin zur Moderne, betrachtet also die Beziehung zwischen der Wirtschaft an verschiedenen geschichtlichen Zeitpunkten der menschlichen Entwicklung und dem staatsphilosophischen Umfeld, um historische ebenso wie aktuelle Denkschemata zu verdeutlichen. Es führt in die modernen mathematischen Formalismen ein, die oft Umsetzungen von Definitionen sind. Vor allem die mikroökonomischen Grundlagen als idealisierte Referenzbasis schulen das ökonomische Denken und tragen wesentlich zum Verstehen des Knappheits-, des Opportunitätskosten- und des Marginalkalküls bei. Die Darstellung des Wirtschaftskreislaufs verbindet staatsphilosophische Konzepte mit inhaltlichen Fragen der Verteilung von Gütern und Geld und verdeutlicht die teils implizite, teils explizite Wertebasis der Ökonomik, auch um der Vorstellung zu widersprechen, diese sei eine wertfreie Wissenschaft. Die Erklärung des modernen Geldwesens setzt den Schwerpunkt auf die Geldverfassung des Euros und verdeutlicht die Probleme einer Zentralbank, wenn die Wirtschaftspolitik versagt. Mit einer Analyse des unvollkommenen Wettbewerbs, vor allem des Wirtschaftskriegs, und der Rolle des Staates in der Wirtschaft schließt das Buch ab.

Für die Korrekturen danke ich Frau Margit Gröbke, Frau Claudia Lubk, Herrn Clemens Fuhrmeister, Herrn Klaus Schmerler sowie Herrn Marc Schmid. Besonderer Dank gilt Herrn Torsten Geißler für das Neuerstellen der Graphiken und den Abgleich der Literatur.

Halle, im September 2016   Ulrich Blum

1 Ökonomisches Denken

1.1 Einordnung der Wirtschaftswissenschaften

Die Wirtschaftswissenschaften lassen sich wie folgt einordnen:

(1) Die Wirtschaftswissenschaften sind eine **Realwissenschaft,** d. h. sie versuchen, Erscheinungen zu erforschen, die in der realen Welt tatsächlich auftreten (im Gegensatz beispielsweise zur Mathematik, die eine Idealwissenschaft ist).

(2) Die Wirtschaftswissenschaften sind eine **Sozialwissenschaft** (im Gegensatz zur Naturwissenschaft), d. h. sie versuchen, Entscheidungen und Handlungen von Individuen und Gruppen zu erforschen; diese sind interdependent, d. h. nicht unabhängig voneinander. Jede Handlung eines Individuums oder einer Gruppe betrifft auch andere, die zunächst mit der Handlung aktiv nichts zu tun haben, in meist nicht völlig bekannter Weise.

Aufgrund dieser Charakteristika ist es für den Wirtschaftswissenschaftler sehr schwierig, zu sicheren Aussagen zu gelangen:

- Die ökonomischen Ereignisse haben den Charakter historisch einmaliger Erscheinungen und sind in Modellversuchen nicht reproduzierbar.
- Die ökonomischen Größen sind veränderlich (variabel): Sie ändern sich im Zeitablauf und infolge ihrer Abhängigkeit von anderen ökonomischen Variablen.

Trotz dieser Einschränkungen ist die Ökonomie ein interessantes Forschungsgebiet, auf dem sich viele Forscher versucht haben und zu interessanten Ergebnissen gelangt sind.

Die Volkswirtschaftslehre ist als Teilgebiet der Wirtschaftswissenschaften den Sozialwissenschaften zuzuordnen (siehe Abb. 1.1); deren Abgrenzung bereitet teilweise erhebliche Schwierigkeiten, weil

- die Einordnung oft von der Art der Fragestellung abhängt und
- wirtschaftliche Phänomene sehr komplex sind und die Berücksichtigung von Erkenntnissen aus vielen Wissenschaftsdisziplinen (z. B. Psychologie, Soziologie, Geografie) verlangen.

Während in der **Mikroökonomischen Theorie** eine einzelwirtschaftliche Betrachtungsweise vorherrscht, untersucht die **Makroökonomische Theorie** die Zusammenhänge zwischen hochaggregierten Größen. Infolge der zunehmenden Mikrofundierung der makroökonomischen Theorie verliert diese Aufteilung an Stringenz. Fast alle makroökonomischen Gebiete besitzen heute stark entwickelte mikroökonomische Zweige.

DOI 10.1515/9783110515473-001

Im Bereich der mikroökonomischen Theorie befasst sich

(1) die **Produktionstheorie** (Angebotstheorie) mit der Frage, welche Mengen welcher Güter mit welcher Technologie wie hergestellt werden. Ein Untergebiet ist die Kostentheorie.

(2) die **Konsumtheorie** (Haushaltstheorie, Nachfragetheorie) mit der Frage nach den Bestimmungsgründen der Güternachfrage.

(3) die **Preistheorie** mit der Untersuchung der Bedingungen, unter denen ein Ausgleich zwischen Angebot und Nachfrage möglich ist und worin die Ursachen und Folgen für eine Über- und Unterproduktion liegen.

Diese drei genannten Gebiete verfügen auch über einen makroökonomischen Zweig; viele Probleme, die analytisch oft nicht zu lösen sind, treten beim Übergang von der Mikro- zur Makroebene auf.

Die makroökonomischen Disziplinen umfassen

(1) die **Theorie der Wirtschaftspolitik**, die die Normen wirtschaftspolitischen Handelns untersucht und in einem mikroökonomischen Zweig die Effizienzbedingungen der gesamtwirtschaftlichen Allokation angibt.

(2) die **politische Ökonomie**, die die Zusammenhänge zwischen der Organisation der Volkswirtschaft und den politischen Machtverhältnissen analysiert (im angelsächsischen Bereich wird dieser Begriff meist identisch zu dem der Wirtschaftswissenschaften verwendet) und in einem mikroökonomischen Zweig in die Theorie des Public Choice einfließt.

(3) die **Wohlfahrtstheorie**, die nach den Möglichkeiten der Koordinierung der wirtschaftlichen Ziele und den hierzu zu ergreifenden Maßnahmen fragt und zugleich untersucht, welchen Nutzen die Individuen aus gesamtwirtschaftlichen Maßnahmen ziehen.

(4) die **Wachstumstheorie**, die die Bestimmungsgründe und Folgen von Wachstum und Schrumpfung der Wirtschaft betrachtet.

(5) die **Beschäftigungstheorie** (Arbeitsmarkttheorie), die sich mit den Arten der Arbeit, dem Entgelt und der Arbeitszeit befasst und in der Lohntheorie vertieft wird. (oder die Lohntheorie vertieft?)

(6) das **volkswirtschaftliche Rechnungswesen**, welches die wirtschaftlichen Aktivitäten der Mitglieder einer Volkswirtschaft und deren Ergebnisse in Zahlen beschreibt.

(7) die **Verteilungstheorie**, die untersucht, nach welchen Gesichtspunkten in arbeitsteiligen Wirtschaften die Verteilung von Gütern vorgenommen wird.

(8) die **Finanztheorie**, die sich mit den öffentlichen Gütern befasst, die Wirkungen von Einnahmen und Ausgaben der öffentlichen Haushalte auf die Wirtschaft untersucht sowie Normen für Steuersysteme aufzeigt.

(9) die **Konjunkturtheorie**, die Gründe für Schwankungen in der Stärke der wirtschaftlichen Aktivitäten betrachtet.

(10) die **Geld- und Kredittheorie**, die die Aufgaben und Einflüsse des Geldes sowie des Geld- und Kreditwesens analysiert.

(11) die **Außenwirtschaftstheorie**, die den Einfluss der ausländischen Wirtschaften auf die Binnenwirtschaft sowie die Bestimmungsgründe des Außenhandels, der Währungsparitäten, des internationalen Kapitalverkehrs und der internationalen Dienstleistungsverflechtung zu erfassen sucht;

(12) die **Wettbewerbstheorie**, die untersucht, welche wirtschaftlichen Strukturen für die Ausgestaltung des Wettbewerbs maßgeblich sind.

(13) die **Investitionstheorie,** die nach (makroökonomischen) Bestimmungsgründen des Investitionsverhaltens sucht.

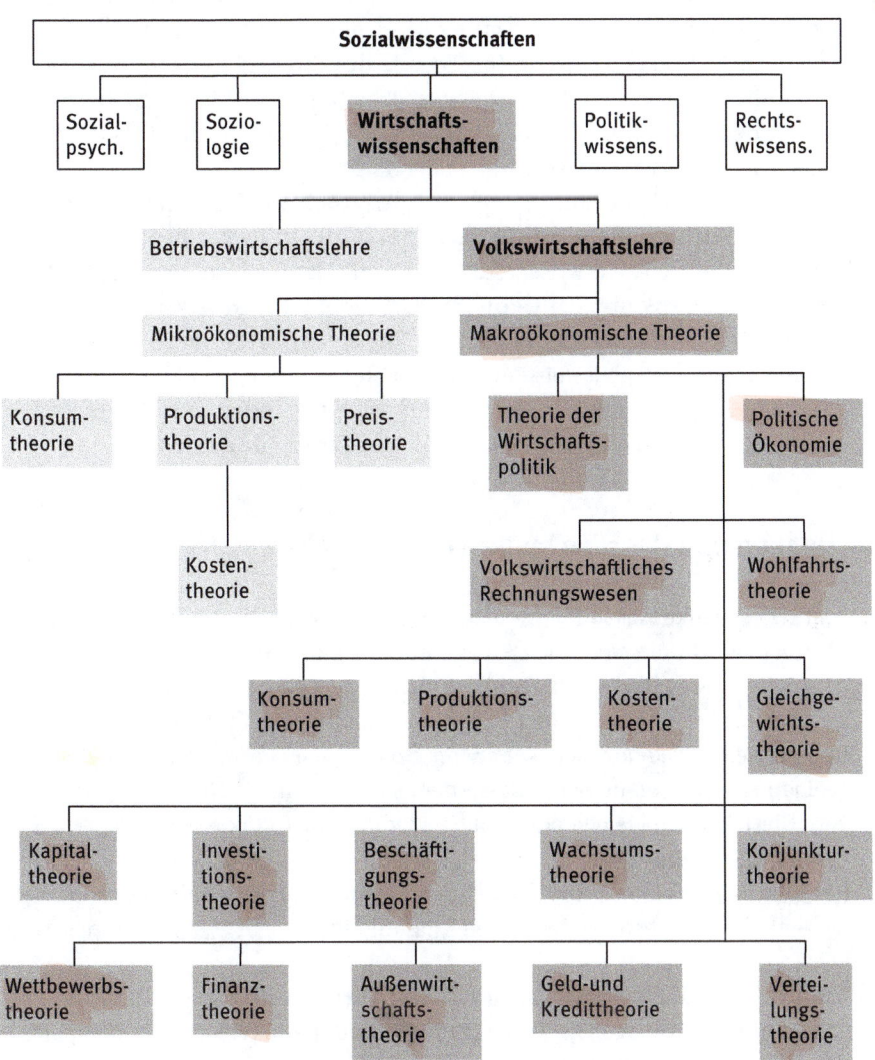

Abb. 1.1: Einordnung und Gebiete der Volkswirtschaftslehre (Quelle: Eigene Darstellung)

(14) die **Kapitaltheorie**, die die Ursachen und Formen der Kapitalbildung (Akkumulation) analysiert und Fragen nach der Form der Kapitalhaltung stellt.

Durch die bereits erwähnte zunehmende Mikrofundierung werden neue Anforderungen an die Mikroökonomische Theorie gestellt, die Realitätsnähe ihrer Modelle zu verbessern. Die ursprüngliche Institutionenlehre wurde aufgefüllt durch die **Neue Institutionenökonomik;** diese befasst sich mit der Effizienz institutioneller Arrangements vor allem mit den **Transaktionskosten**, d. h. den Kosten, Institutionen zu schaffen und aufrechtzuerhalten. Die ökonomische **Informationstheorie** analysiert die Folgen von **Informationsasymmetrien**, eine der wichtigen Quellen für das Entstehen von Transaktionskosten. Die Theorie des **Public Choice** untersucht das Wahl- und Abstimmungsverhalten bei öffentlichen Gütern. Die **Industrieökonomik** widmet sich der Beziehung zwischen Produktionstechnologien einerseits und Marktstrukturen, -verhalten und -ergebnissen andererseits.

Die genannten Gebiete können weiter untergliedert werden. Ihnen zuzuordnen sind die verschiedenen Gebiete der **Wirtschaftspolitik**. Die Untersuchungen werden durch eine Reihe von Wissenschaften, wie der Mathematik, dem **Operations Research**, der **Statistik** und der **Ökonometrie**, der **Spieltheorie** sowie den Disziplinen der **Betriebswirtschaftslehre** ergänzt. Hier ergeben sich zunehmend wichtige Überschneidungen, beispielsweise auf dem Gebiet **Finance**, das klassische Felder der Kapitaltheorie und der Finanzwirtschaft integriert, oder dem **Strategischen Management**, das nicht ohne die moderne Wettbewerbslehre auskommt.

1.2 Denken und Begriffe in der Volkswirtschaft

Ökonomisches Denken besitzt eine eigene Qualität. Wird diese nicht begriffen, so ist es kaum möglich, die moderne Ökonomie – und auch ihre Erfolgsgeschichte – zu verstehen. Ziel dieses Buches ist es, in die vielen Facetten des volkswirtschaftlichen Denkens einzuführen. Dabei stehen zwei Gesichtspunkte im Vordergrund:
(1) Der Vergleich: Ökonomisches Denken drückt sich darin aus, dass Zustände zueinander in Beziehung gesetzt werden; es ist mithin ein Denken in **Alternativen**. Diese können gleiche oder unterschiedliche Zeitpunkte betreffen, wodurch Dynamik einbezogen wird.
(2) Der Eigennutz: Das Individuum versucht, seinen Nutzen zu steigern; das stellt die zentrale Antriebsfeder des Systems dar und ermöglicht es, **Anreize** zu setzen.

Alle ökonomischen Handlungen ruhen auf diesen beiden Grundlagen. Zu wissen, wie Ökonomen mit ihnen umgehen, ist gleichbedeutend mit ökonomischer Kompetenz. So entstehen Märkte dadurch, dass ein Individuum etwas begehrt, was ein anderes besitzt, und mit etwas bezahlen will, was es dem anderen anbieten kann, was also die andere Marktseite erwerben will.

Das Denken in Alternativen und die Frage nach der ökonomisch richtigen Wahlentscheidung führen in die Tiefen des ökonomischen Denkens ein. Unterstellt man beispielhaft, ein Individuum besitzt ein Grundstück an einem See, das es mit einem Hotel bebaut, und ein zweites Individuum will an nämlichem See ebenfalls ein Hotel errichten, besitzt aber kein Grundstück, dann würde sich ein Ökonom u. a. folgende Fragen stellen:

- Verfügt der glückliche Grundstücksbesitzer über einen Wettbewerbsvorsprung, weil er im Fall einer schwachen Nachfrage dadurch, dass ihm das Grundstück bereits gehört, den Preis stärker herabsetzen kann als sein Mitbewerber, ohne aus dem Markt ausscheiden zu müssen?
- Müsste der glückliche Eigner der Uferfläche nicht die Grundstückskosten bei seiner Kalkulation einrechnen, weil er die Fläche auch hätte verkaufen können – im Extremfall an den Mitbewerber?
- Wie muss der Zweite mit dem Marktrisiko umgehen? Dieses Risiko besteht auch beim Wettbewerber, der aber nicht vom Risiko des Grundstückskaufs betroffen ist.
- Muss der Markteintrittswillige sich nicht die Frage stellen, ob es angesichts dieser Bedingungen und der alternativen Investitionsmöglichkeiten sinnvoll ist, überhaupt als Wettbewerber aufzutreten?

Diese Fragen werden später erneut aufgegriffen.

Der Begriff der Opportunität spielt in dieser Betrachtung eine herausragende Rolle, vor allem in Gestalt der sogenannten **Opportunitätskosten**. Diese „Günstigkeitskosten"[1] stellen einen entscheidenden Vergleichsmaßstab der ökonomischen Argumentation dar. Sie geben allgemein die Kosten eines entgangenen Nutzens (ausgedrückt durch den Gewinn, den Umsatz, usw.) an und werden damit letztlich zum Maßstab der Beurteilung alternativer Handlungsmöglichkeiten oder Arrangements. Im Beispiel existieren sie bei beiden Marktteilnehmern: Der Erste kann alternativ das Grundstück auch verkaufen und muss daher den Barwert in die Kalkulation einrechnen; der Zweite könnte auch eine andere Investition tätigen.

Schließlich weist der obige Sachverhalt darauf hin, dass das ökonomische Denken eng mit dem Konstrukt der **Optimierung** verbunden ist, also mit der Vorstellung, eine beste Lösung aus der Menge der Alternativen bei gegebenen Rahmenbedingungen erreichen zu können. Auch wenn dies in der Realität mangels beschränkter Erkenntnisfähigkeit nicht grundsätzlich möglich ist, hat sich diese Vorstellung in starker oder schwacher (oft eher heuristischer) Form als zentrales Element etabliert. Es ist die **Evolutorische Ökonomik**, die sich verstärkt der Prozessentwicklung entlang von Heuristiken widmet.

---

1 Der Begriff opportun stammt aus dem Lateinischen und bezieht sich auf den Sachverhalt, dass ein Wind, der in Richtung Hafen (portus) weht, für die Schiffe günstig ist.

Dieses Denken in Optimalitäten und Opportunitäten kontrastiert erheblich mit dem der Naturwissenschaften: Dort ist die Optimierung ein gelenkter Prozess. Bei den Ökonomen hingegen herrscht auch Wahlfreiheit in der Zeit (Konsum heute oder Ersparnis mit Konsum morgen), und die Vorstellung geht dahin, dass in einer Verfassung der Freiheit das Eigennutzkalkül diesen Optimierungsprozess über den Wettbewerb bewirkt, sodass sich effiziente Arrangements durch unsichtbare Hand ergeben. Damit gewinnen Freiheit und Wettbewerb eine moralische Qualität für die Gesellschaft.

In der Tat setzt Optimierung voraus, dass **vollständige Informationen** verfügbar sind und diese von dem (den) Betroffenen auch korrekt verarbeitet werden. Diese Vollständigkeit betrifft gleichermaßen die verfügbaren Ressourcen bzw. deren Beschränkung, das Verhalten Dritter, die Spielregeln usw. Tatsächlich sind diese nicht (immer) vorhanden. Durch die Zeit entsteht Risiko wenn nicht gar Ungewissheit, also völlige Unklarheit, über die Zukunft. Das tangiert den Entscheidungsprozess massiv. Insofern haben sich schon in früher Zeit viele Schulen der Ökonomik mit diesem Problem befasst und den evolutorischen Aspekt, also das finale anstelle des kausalen Handelns und die Heuristik statt der Optimierung in den Vordergrund gerückt. Neuerdings werden sie um psychologische und neurowissenschaftliche Erkenntnisse ergänzt.

1.3 Volkswirtschaftliche Grundbegriffe

Untersuchungsgegenstand der Volkswirtschaftslehre ist die Wirtschaft. Die Entwicklung des Theoriegebäudes, in dessen Begrifflichkeit hier eingeführt wird, stand immer im Zeichen von vier großen Themen, nämlich

- der Beziehung zwischen Dogma (Ideologie) und Theorie: Das zweite Kapitel interessiert sich hierfür besonders, allerdings werden die Fragestellungen immer wieder aufgegriffen;
- der Beziehung zwischen Theorie und Empirie: Sie stellt das wichtigste Problem im „täglichen Leben" des Ökonomen dar, zieht sich damit durch das gesamte Buch, und schon in diesem Kapitel wird die Frage gestellt, welche wissenschaftstheoretische Relevanz eigentlich die Empirie besitzt;
- die Beziehung zur Wirtschaftspolitik und zum Meinungsklima: Ohne die weitgehende Überzeugung einer Öffentlichkeit, dass wirtschaftspolitisches Handeln „vernünftig" ist, kann kein Handlungsträger überleben – daher spielen wirtschaftspolitische Fragestellungen und ihre Beziehungen zum Dogma eine wichtige Rolle;
- die Entwicklung der Volkswirtschaftslehre als Wissenschaft: Diese stand historisch im Zeichen der verbalen Ausführungen, die dann grafisch ergänzt und seit dem letzten Jahrhundert auch mathematisch durchdrungen werden. An diesem

Dreiklang will sich auch dieses Buch orientieren. Es ist aber immer wieder zu beachten, dass sich die „Übersetzung" ökonomischer Sachverhalte aus der verbalen in die grafische oder mathematische Sprache der Frage stellen muss, ob der damit gewonnene Erkenntnisgewinn (vor allem struktureller und logischer Art) gerechtfertigt ist.

Unter **Wirtschaften** versteht man das planvolle Handeln der Wirtschaftssubjekte zur Minderung der Güterknappheit mit dem Ziel, menschliche Bedürfnisse zu befriedigen, und die Realisierung dieser Pläne.

Handlungsträger der Wirtschaft sind die **Wirtschaftssubjekte.** Als Wirtschaftssubjekte bezeichnet man Personen, Personengruppen und Institutionen, die durch ihre Pläne bzw. Realisierungen der Pläne den Wirtschaftsprozess aktiv beeinflussen.

In beiden Definitionen sind weitere wesentliche wirtschaftswissenschaftliche Begriffe enthalten, wie Plan, Gut, Knappheit, Produktionsfaktoren, Bedürfnis. Diese sollen im Einzelnen erklärt werden.

Unterscheidet man zunächst zwischen privaten Haushalten und Unternehmen als Wirtschaftssubjekte, so versuchen erstere, einen optimalen Konsumplan und letztere einen optimalen Produktionsplan zu realisieren. Im zweitgenannten Fall impliziert dies die Planung des Faktoreinsatzes, beispielsweise durch Investitions-, Finanz- und Personalplanung.

Als **Bedürfnis** bezeichnet man das Empfinden eines Mangels mit dem Bestreben, diesen Mangel zu beseitigen.

Bedürfnisse konkretisieren sich im Bedarf und werden – falls sie wirtschaftlicher Natur sind und die notwendige Kaufkraft vorhanden ist – als Nachfrage nach Gütern wirksam. Es existieren verschiedene Einteilungskriterien für die Bedürfnisse, z. B. nach

- Bedürfnissen nach individuellen und nach sozialen Gütern,
- Existenz-, Kultur- und Luxusbedürfnissen,
- materiellen und immateriellen Bedürfnissen.

Gegenstand aller wirtschaftlichen Planungen und Mittel zur Bedürfnisbefriedigung sind die Güter, die für alle Menschen die materielle Lebensgrundlage bilden.

Alle Mittel, die die Bedürfnisse des Menschen direkt oder indirekt befriedigen, nennt man **Güter**.

Güter lassen sich einteilen in:

(1) **Sachgüter** (Waren): Reale Gegenstände wie z. B. Vogelfutter, Autos, Zwieback, Fernseher, Nagellack oder Panzer;

(2) **Dienstleistungen**: Diese werden durch Friseure, Rechtsanwälte, Architekten, Ärzte, Taxifahrer, Kellner, Makler, Versicherungsvertreter, Unternehmensberater usw. erbracht.

(3) **Besondere Rechte:** Hier sind Mitbestimmungsrechte als Aktionär oder intellektuelle Eigentumsrechte wie Marken, Patente und Lizenzen sowie Normen und Standards aufzuführen.

Im allgemeinen Sprachgebrauch wird meistens zwischen Gütern und Dienstleistungen unterschieden; das ist unscharf! Die Dienstleistungen lassen sich jedoch, wie die begriffliche Systematik zeigt, ohne weiteres unter den Begriff Güter einordnen.

Güter werden zunächst entsprechend ihrer Verfügbarkeit für die Wirtschaftssubjekte in freie und in knappe Güter unterteilt. Freie Güter wie die Luft, die Sonnenwärme oder das Wasser im Meer sind (scheinbar) unbegrenzt vorhanden, d. h. (derzeit) nicht knapp; das darf jedoch nicht den Eindruck einer unendlichen Menge erwecken. Die Wirtschaftssubjekte brauchen für diese freien Güter keine besonderen Pläne aufzustellen. Freie Güter haben keinen Preis. Im Gegensatz zu den freien Gütern sind knappe Güter nur in einem begrenzten Umfang verfügbar, d. h. sie haben einen Preis und weisen verschiedene Knappheitsgrade auf. Freie Güter können bei starker Ausbeutung zu knappen Gütern werden; als potenziell knappe Güter bezeichnet man daher Güter, bei denen in Bezug auf einen bestimmten Zeithorizont infolge der Nachfrage mit Knappheit zu rechnen ist.

Unter dem **Knappheitsgrad** eines Gutes versteht man die Differenz zwischen dem verfügbaren Güteraufkommen und der nachgefragten Bedarfsmenge.

Eine klassische Problematik von Knappheitsentscheidungen lautet wie folgt: Sollte das BAföG der Studenten erhöht werden oder die Rente ihrer Großeltern? Beides gleichzeitig ist aufgrund von Budgetrestriktionen nicht möglich. Was sind normative Kriterien? Was ist zweckmäßig? Welches Ziel gilt es zu erreichen – und wer hat es gesetzt?

Bei den knappen Gütern kann man folgende Einteilungssystematiken heranziehen:
- **Konsum-** und **Produktionsgüter:** Konsumgüter dienen dem Ge- oder Verbrauch der Haushalte; Produktions- oder Investitionsgüter stehen hingegen der Produktion, d. h. der Gütererstellung und -verteilung zur Verfügung und tragen somit nur mittelbar zur Bedürfnisbefriedigung bei.
- **Ge-** und **Verbrauchsgüter:** Gebrauchsgüter können über einen längeren Zeitraum genutzt werden (z. B. Waschmaschine, Karosseriepresse), Verbrauchsgüter gehen durch einmalige Nutzung unter (z. B. Brot, Schmiermittel).

Weitere Arten der Gütereinteilung beziehen sich auf die Verwendungsmöglichkeiten und die Vergleichbarkeit:
- **Homogene** und **heterogene** (**inhomogene**) Güter: Als homogen bezeichnet man gleichartige Güter (z. B. Mehl verschiedener Firmen von gleicher Art, Type und Qualität). Als heterogen bezeichnet man verschiedenartige Güter (z. B. unterschiedliche Qualitäten von Schokolade).
- **Substitutive** (substitutionale) und **komplementäre** Güter: Substitutive Güter können sich gegenseitig ersetzen (z. B. Badischer Wein, Pfälzer Wein). Komplementäre

Güter können nur gemeinsam hergestellt (Kuppelproduktion, z. B. Diesel, Benzin) oder nachgefragt werden (z. B. Feuer, Pfeife, Tabak). **Limitationale** Güter als Spezialfall der letztgenannten Kategorie können nur in einem bestimmten, festen Einsatzverhältnis hergestellt oder verbraucht werden (z. B. vier Reifen und ein Auto).

- **Normale** und **anomale** Güter: Normale Güter haben die Eigenschaft, dass die Nachfrage nach ihnen steigt (ihr Angebot fällt), wenn ihr Preis sinkt. Ist dies nicht der Fall, so spricht man von anomalen Gütern (bzw. einem normalen oder anomalen Preisverhalten).
- **Inferiore**, **superiore** Güter, **Engel**-Güter und **Sättigungsgüter**: Inferiore Güter zeichnen sich dadurch aus, dass ihre Nachfrage mit steigendem Haushaltseinkommen sinkt, bei superioren Gütern und bei Engel-Gütern hingegen steigt sie über- bzw. unterproportional; bei Sättigungsgütern verändert sich die Nachfrage bei steigendem Haushaltseinkommen nicht. Häufig werden Engel-Güter auch als relativ inferiore Güter bezeichnet; dann wird zur Unterscheidung anstelle von inferioren von absolut inferioren Gütern gesprochen. *Luxusgüter*

Die Nutzung der meisten Güter bleibt denjenigen vorbehalten, die für den Genuss des entsprechenden Gutes bezahlt haben, d. h. die Nutzer sind in der Lage, andere von der Nutzung auszuschließen. Das ist insbesondere dann von Bedeutung, wenn potenzielle Nutzer miteinander um die Nutzung konkurrieren (siehe Tab. 1.1)

Als **öffentliches** (öffentlich bereitgestelltes) Gut bezeichnet man ein Gut, das der Staat aufgrund politischer Entscheidung kollektiv anbietet.

Dieses Angebot erfolgt z. T. aufgrund gutstechnischer Eigenschaften.

Tab. 1.1: Einteilung der Güter (Quelle: Eigene Darstellung)

		Rivalität im Konsum/Nutzungskonkurrenz	
		ja	nein
Ausschluss potenzieller Nutzer möglich	**ja**	Privates Gut	Clubgut
	nein	Allemendegut	Öffentliches Gut

Ein **spezifisch öffentliches Gut** ist durch folgende Bedingungen gekennzeichnet:

(1) Das **Ausschlussprinzip** greift nicht. Jenes besagt, dass nur diejenigen in den Genuss der Nutzung kommen, die hierfür bezahlt haben. Wird das nicht erfüllt, so entsteht somit ein free-rider-Problem.

(2) Eine **Nutzungskonkurrenz** unter den Konsumenten liegt nicht vor (das nennt man auch das non-rivalness-Prinzip).

Typische spezifisch öffentliche Güter, die der Staat bereitstellt, sind die Verkehrsinfrastruktur oder die öffentliche Sicherheit. Weiter existieren Güter, die zwar der

Markt bereitstellen könnte, die der Staat allerdings in der Regel aus sozialpolitischen Gründen und Wohlfahrtsgesichtspunkten anbietet oder weil er die Rationalität der individuellen Präferenzen bezweifelt.

Unter einem **meritorischen** Gut versteht man ein öffentliches Gut, das durch den Markt angeboten werden kann, dessen Bereitstellung der Staat allerdings aus Wohlfahrtsgesichtspunkten übernimmt, weil das Ausschlussprinzip nur auf Teile des Nutzens angewandt werden kann und dieser Anteil nicht individuell zurechenbar ist.

Typische meritorische Güter sind freie Lehrmittel oder Theaterbesuche, die subventioniert werden. Hier greift der paternalistische Staat letztlich in die Entscheidungsfreiheit seiner Bürger ein, indem er Preise verändert.

Es existieren darüber hinaus Güter mit partieller Rivalität in Bezug auf die Nutzung, die aber einen Ausschluss erlauben (Buchanan 1965):

Als **Clubgut** bezeichnet man ein Gut, bei dem ein Ausschluss möglich ist und eine partielle Nutzungskonkurrenz vorliegt.

Der typische Fall eines Clubgutes kann durch einen Golfclub dargestellt werden. Sobald die Fläche und die Infrastruktur erstellt sind, liegen die Kosten eines zusätzlichen Nutzers sehr tief – anfangs mögen sogar Vorteile überwiegen, weil mehr Mitspieler vorhanden sind. Erst mit verstärkter Nutzung wird eine Kapazitätsgrenze deutlich, die den Ausschluss weiterer Nutzer sinnvoll und notwendig macht, wobei die Grenze von den vorhandenen Clubmitgliedern festgelegt wird.

Alle Güter, die der Markt bereitstellen kann und die nicht als öffentliche Güter durch den Staat angeboten werden, werden als **private Güter** bezeichnet.

Wenn die Wirtschaftssubjekte Güter nachfragen, stellt sich die Frage, inwieweit ihnen alle Informationen über deren Eigenschaften vorliegen, ob also Informationsasymmetrien vorhanden sind.

Als **Inspektionsgut** bezeichnet man ein Gut, bei dem der Konsument beim Kaufen auch alle Informationen über dessen Eigenschaften erhält. Können diese erst im Laufe der Nutzung gewonnen werden, so spricht man von einem **Erfahrungsgut**. Sind diese Informationen auch dann nicht vollständig verfügbar, handelt es sich um ein **Vertrauensgut**.

Bei vielen Gütern ist die Informationsverteilung zwischen Käufern und Verkäufern asymmetrisch, d.h. bevorzugt werden meist letztere. Das kann Anreize für das Herausbilden von Informationsmärkten schaffen, wodurch sich ein Marktversagen abbauen lässt.

In einem betrieblichen Transformationsprozess entstehen Güter durch den Einsatz von Produktionsfaktoren.

Unter **Produktion** versteht man die Bereitstellung von Gütern.

Als **Produktionsfaktoren (Inputs)** bezeichnet man die in eine Produktion eingehenden materiellen und immateriellen Mittel und Leistungen (siehe Abb. 1.2)

Bei einer mehrstufigen Produktion sind die Güter einer Produktionsstufe die Inputs der folgenden Produktionsstufe. Üblicherweise werden die Produktionsfaktoren

Arbeit, **Kapital** und **Boden** unterschieden, mit denen die spezifischen Einkommensarten Lohn, Zins und Grundrente erzielt werden. Diese klassische Unterscheidung hebt dabei in erster Linie den Verteilungsgesichtspunkt hervor, ohne die Entstehungsseite zu berücksichtigen.

Der Produktionsfaktor Umwelt geht über den Produktionsfaktor Boden insofern hinaus, als er den Teil der Natur umfasst, der im Rahmen des Produktionsprozesses verbraucht wird oder zumindest eine Veränderung erfährt (d. h. auch Verschmutzung der Luft, Verminderung der Artenvielfalt). Zu den Umweltgütern zählen auch Rohstoffe, Bodenschätze, Pflanzen, Tiere usw. Der Produktionsfaktor Umwelt erfasst somit auch diejenigen für den Produktionsprozess notwendigen Güter, für die als freie, aber potenziell knappe Güter in einer marktwirtschaftlich orientierten Wirtschaftsordnung noch keine Marktpreise existieren.

Beim Produktionsfaktor Arbeit werden in der wissenschaftlichen Literatur üblicherweise ausführende (exekutive) und planende bzw. anordnende (dispositive) Tätigkeiten abgegrenzt und häufig mit körperlicher und geistiger Arbeit gleichgesetzt. Zusätzlich soll hier die wissenschaftliche und forschende (explorative) Arbeit als dritte Gruppe gesondert angeführt werden, weil sie am Produktionsprozess nur mittelbar beteiligt ist. Inwieweit Ergebnisse der explorativen Arbeit in die Praxis umgesetzt werden, entscheidet der dispositive Faktor. Häufig wird daher heute Wissen als eigenständiger Produktionsfaktor aufgefasst.

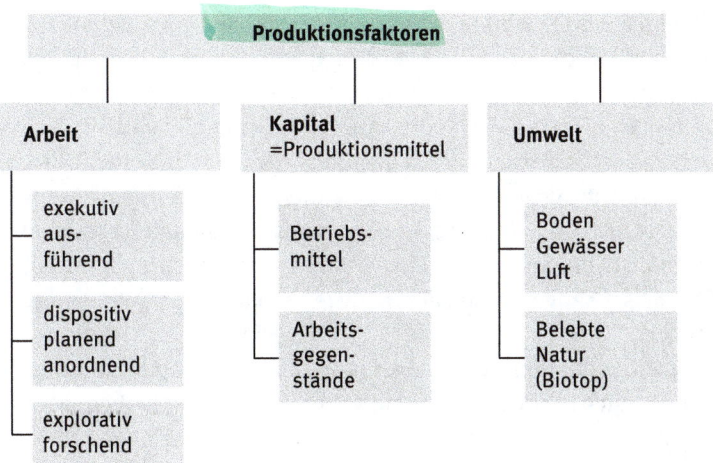

Abb. 1.2: Die Einteilung der Produktionsfaktoren (Quelle: Eigene Darstellung)

Der Produktionsfaktor Kapital schließt alle Sachgüter ein, die als produzierte Produktionsmittel zur Erstellung von Gütern benötigt werden.

Unter **Konsum** versteht man den Endverbrauch von Gütern.

In der ökonomischen Theorie geht man meist davon aus, dass alle Wirtschaftssubjekte, die in einer beliebigen Volkswirtschaft Güter erstellen und konsumieren, nach dem Rationalitätsprinzip, das auch als ökonomisches Prinzip bezeichnet wird, verfahren.

Unter dem **Rationalitätsprinzip** oder **ökonomischen Prinzip** versteht man zweierlei:

(1) Das **Minimumprinzip** besagt, dass die Erstellung (bzw. Nachfrage) von Gütern bei möglichst geringem mengenmäßigen Einsatz an Produktionsfaktoren (bzw. an Mitteln) erfolgen soll.

(2) Das **Maximumprinzip** besagt, dass die höchstmögliche Gütermenge bei vorgegebenen Inputmengen (bzw. Mitteln) erstellt (bzw. nachgefragt) werden soll.

Das Rationalitätsprinzip konkretisiert sich in den Verhaltensweisen, den Unternehmensgewinn zu maximieren bzw. das Haushaltsbudget möglichst nutzenmaximal auf die nachzufragenden Güter zu verteilen. Diese Maximen spiegeln sich im Effizienzgedanken der Ökonomie wider.

Als **Pareto-effizient** oder **Pareto-optimal** werden Zustände bezeichnet, bei denen sich die Lage eines oder mehrerer Wirtschaftssubjekte nicht verbessern lässt, ohne die mindestens eines anderen zu verschlechtern.

Seine individualbezogene Untermauerung erhält das Rationalitätsprinzip in der fiktiven Person des **homo oeconomicus** als zentrale Verhaltenshypothese. Diese handelt rational und ist Folge der mit der liberalen Marktökonomie und der gewollten Utopie der persönlichen Freiheit verbundenen Erkenntnismethode des methodologischen Individualismus. Mit Blick auf seinen reduzierten Egoismus wurde das Bild des homo oeconomicus einer starken Kritik unterzogen, insbesondere mit dem Hinweis, dass das Wirtschaftssystem, das auf einem derartigen Menschenbild aufbaut, moralisch verwerflich sei; das ist im Wesentlichen das Ergebnis einer (falschen) Gleichsetzung von Rationalität und Eigeninteresse. Dem kann nicht zugestimmt werden. Tatsächlich stellt er eine Referenzgröße dar, wie ökonomische Allokationsbedingungen unter quasi-perfekten Bedingungen aussehen würden. Schließlich eignet er sich – im Gegensatz zu den meisten angebotenen alternativen Verhaltenshypothesen – zum Ableiten von Prognosen.

Eine über das Konstrukt des homo oeconomicus definierte ökonomische Rationalität beinhaltet durchaus auch altruistisches Handeln. Die moderne Spieltheorie weist immer wieder darauf hin, dass der reziproke Altruismus eine Grundbedingung gesellschaftlicher Koexistenz ist, ohne die Individuen nicht existieren können (Sigmund, Fehr, Nowak 2002), und vollzieht damit die aus dogmengeschichtlicher Sicht gegebenen vertragstheoretischen Ausführungen des zweiten Kapitels formal nach. In der Tat kann auch eine informationsanalytische Begründung für die Verschiedenartigkeit ökonomischen Handelns angegeben werden.

Ein Wirtschaftssubjekt, das auf dem Markt als Konsument, Produzent oder als Anbieter von Arbeit auftritt, kann das demzufolge aus den verschiedensten Gründen und Motiven heraus tun; die Ökonomie postuliert, dass seine Beziehung zum Markt ökonomischer Natur ist, nicht mehr aber auch nicht weniger (Buchanan, Tullock 1962, S. 17 f.) Im Sinne des Ökonomen von Mises lässt sich die Rationalität als absichtsgesteuerte Grundlage des Handelns einordnen, die erforderlich ist, um eine axiomatisch fundierte und streng deduktive Ökonomik zu begründen (Kirzner 2001).

Der allgemeine Rationalitätsbegriff kann formal oder substanziell verstanden werden; im ersten Fall erfolgt eine Auswahl nach einem höchsten Zielwert, im zweiten Fall entsprechend einer Kompatibilität mit dem zugrundeliegenden Wertesystem. Hierbei kann wieder eine Unterscheidung nach der Wertrationalität (ein Handeln zum Selbstzweck) oder der Zweckrationalität, die ein bestes Mittel zur Zielerreichung sucht, vorgenommen werden. Letztere liegt wiederum in subjektiver oder objektiver, d. h. in die Einschätzung der Umgebung einbeziehender und damit in zur Nachprüfung geeigneter Ausprägung, vor. Das ökonomische Prinzip ist Ausdruck einer objektiven Zweckrationalität, die sich in monetärer und technischer Effizienz konkretisiert (vgl. auch spätere Ausführungen zu Max Weber und dem Rationalitätsbegriff).

Die Rationalitätshypothese findet schließlich auch ihre tägliche Entsprechung im Verhalten der Menschen, die die Rationalität institutioneller Arrangements, beispielsweise des Sozialversicherungssystems, austesten. Sobald die Summe individuell rationalen Verhaltens nicht mehr kollektiv rational ist, spricht von einer **Rationalitätsfalle**. Letztlich setzen die rationalen, das Bessere dem Guten vorziehenden Individuen, alle institutionellen Arrangements einem permanenten „Elchtest" aus. Wie bei dem berühmten Vorbild kann das Problem nur durch konstruktiven Umbau gelöst werden, denn die beiden anderen Varianten, das Weiterso bis zur Systemzerstörung (analog dem schnellen Geradeausfahren, bis die Wand kommt) oder der Versuch, den Wettbewerb mit seiner Dynamik zu verhindern (analog einem Langsamfahren) scheiden in einer liberalen, offenen Gesellschaft aus. Rationalitätsfallen sind häufig die Begründung dafür, aber auch die Folgen von Wirtschaftspolitik.

Die moderne Psychologie und experimentelle Wirtschaftstheorie haben die Grenzen einer zu engen, auf das Eigeninteresse fixierten Konzeption des homo oeconomicus deutlich gemacht. Diese Entwicklung, mit den Namen Kahneman, Smith und Tversky verbunden, ergänzt das moderne Gebäude der Wirtschaftswissenschaften, indem es zeigt, wie Menschen unter Bedingungen der Unsicherheit Verhaltensanomalien zeigen, die im streng rationalistischen Kalkül keine Erklärung finden. In der **Prospect Theory** wird gezeigt, wie Menschen dann zu Faustregeln greifen, die systematisch von grundlegenden Aussagen der Wahrscheinlichkeitstheorie abweichen.

Nutzen ist die Eigenschaft eines Gutes, Bedürfnisse zu befriedigen.

Folglich scheint es für die Einhaltung des Rationalitätsprinzips wesentlich zu sein, die Produktionsfaktoren im Produktionsprozess bzw. die Güter bei der Nachfrage „richtig" zuzuordnen.

Als **Allokation** bezeichnet man die Zuordnung von Produktionsfaktoren und/ oder Gütern im wirtschaftlichen Prozess.

Produktion und Konsum von Gütern können bei unbeteiligten Dritten zu Vor- bzw. Nachteilen führen (Pigou 1920). Beispiele hierfür sind die Umweltverschmutzung (Vorteil für das Unternehmen, Nachteil für nicht im Unternehmen Beschäftigte) oder der Bau einer Schnellstraße (Nachteil für Anwohner, Vorteil für Nutzer, die nicht Anwohner sind).

Als **externe Effekte** bezeichnet man nichtkompensierte Vor- oder Nachteile, die Dritten durch die wirtschaftliche Aktivität entstehen. Im Fall von positiven externen Effekten spricht man auch von **externen Erträgen**, im Fall von negativen externen Effekten auch von **externen Kosten**.

Die Kompensation kann durch das Erheben von Gebühren (von der schmutzemittierenden Industrie oder den Straßennutzern in obigen Beispielen) bzw. die Zahlung von Nutzungsentschädigungen für vom Schmutz Betroffene, den Einbau von Schallschutzfenstern usw. erfolgen. Im Idealfall kann mit den beim Verursacher bzw. Nutznießer des externen Vorteils erhobenen Abgaben eine Entschädigung der Benachteiligten erfolgen. Damit wird der externe Effekt internalisiert, nicht aber zwingend beseitigt.

Abschließend werden die Begriffe Wirtschaftssystem und Wirtschaftsordnung eingeführt: Jedes gesellschaftliche System lässt sich nach Leipold (1981, S. 10 ff.) in drei Untersysteme gliedern, nämlich

– das politische System,
– das ökonomische System (Wirtschaftssystem) und
– das soziokulturelle System.

Als **Wirtschaftssystem** bezeichnet man die im Rahmen einer gegebenen Wirtschaftsordnung planvoll und zielgerichtet agierenden Wirtschaftssubjekte, die verfügbaren Produktionsfaktoren und Güter (Elemente des Wirtschaftssystems) sowie die wechselseitigen Beziehungen zwischen diesen Elementen.

Den Aufbau des Wirtschaftssystems aus den es konstituierenden Elementen und die Art der wechselseitigen Beziehungen innerhalb dieses Systems (die Art der Anordnung der Elemente) bezeichnet man als **Wirtschaftsstruktur**.

Die Wirtschaftsstruktur ist aus regionalem und aus sektoralem (d. h. die einzelnen Wirtschaftsbereiche betreffendem) Blickwinkel Gegenstand der empirischen Wirtschaftsforschung und der Wirtschaftspolitik.

Als **Wirtschaftspolitik** bezeichnet man alle Maßnahmen staatlicher Institutionen oder Verbände, die das Wirtschaftsleben beeinflussen.

Die Wirtschaftspolitik realisiert sich in der Regel im Rahmen der Wirtschaftsverfassung eines Landes, d. h. in den rechtlichen Vorschriften und Normen, die für die Wirtschaft bedeutsam sind. Sie gliedert sich in einen allgemeinen und in einen speziellen Teil. In ersterem betrachtet man die Theorie der Wirtschaftspolitik, die sich mit Grundlagen, Normen, den Beziehungen zwischen Instrumenten, Zielen und deren Bewertung nebst zugehöriger Kriterien, der Werturteilsproblematik usw. befasst; zu diesem Bereich zählt auch die gesamtwirtschaftliche Wirtschaftspolitik. Die spezielle Wirtschaftspolitik orientiert sich an den (sektoralen) Strukturen der Wirtschaft.

Unter der **Wirtschaftsordnung** versteht man die maßgeblichen für den organisatorischen Aufbau und Ablauf der Volkswirtschaft gültigen Regeln, die durch Wirtschaftsorganisationen und wirtschaftliche Institutionen ausgefüllt werden.

Die Wirtschaftsordnung entspricht nach dieser Definition der Organisation des Wirtschaftssystems; sie regelt die wichtigsten ökonomischen Beziehungen zwischen den Wirtschaftssubjekten. Die Wirtschaftsordnung gibt dem Wirtschaftssystem den organisatorischen Rahmen und legt fest, welcher Spielraum den Wirtschaftssubjekten bei der Verfolgung ihrer Ziele und Interessen zur Verfügung steht und wie die damit verbundenen Pläne koordiniert werden.

In den vergangenen Jahren hat sich der Governancebegriff in der Wirtschaft prominent ausgebreitet, insbesondere in der Betriebswirtschaftslehre. Corporate Governance wird meist im Kontext mit der Compliance, also der strikten Regelbefolgung, betrachtet. Hintergrund des Aufbaus von **Governance-Compliance-Systemen** waren große Skandale durch Rechtsübertretungen, aber auch durch schlicht unanständiges, moralisch verwerfliches Verhalten, insbesondere im Finanzsektor. Tatsächlich existiert auch eine volkswirtschaftliche Governance, nämlich die Economic Governance. Diese geht weitgehend auf Williamson (2009) zurück, der auf den ökonomischen Dreiklang aus Konflikt und Ordnung im Kontext der Wechselseitigkeit ökonomischer (oder allgemeiner: gesellschaftlicher) Beziehungen hinweist.

Unter **Governance** versteht man Verfahren, die Ordnung in ökonomische Systeme eintragen mit dem Ziel, Konflikte zu verringern und wechselseitige Gewinne zu erzeugen.

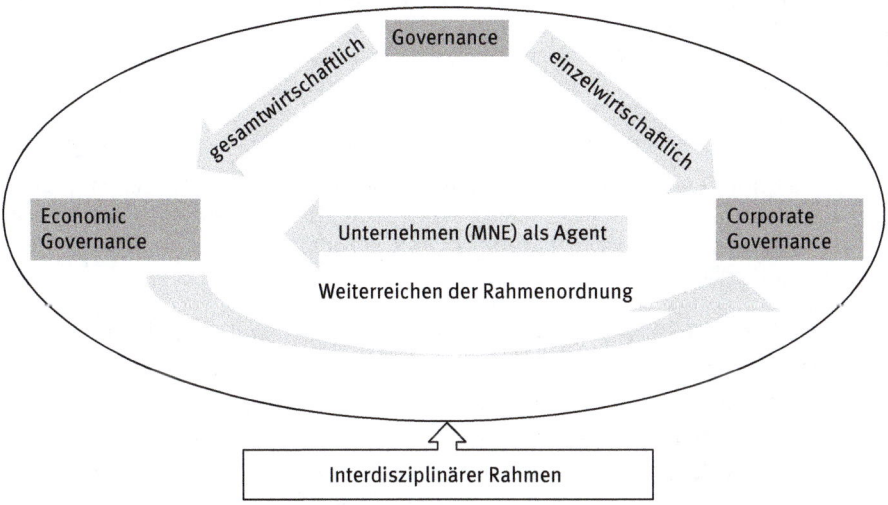

Abb. 1.3: Einordnung des Governancebegriffs (Quelle: Eigene Darstellung)

Governance wird damit zu einer modernen Version der Ordnungspolitik, also zu einem Handeln wirtschaftspolitischer Agenten nach einem institutionell verankerten Regelsystem. Dabei besteht ein Wechselspiel zwischen der unternehmerischen und der volkswirtschaftlichen Ebene, da sich multinationale Unternehmen als Handlungsträger der volkswirtschaftlichen Ebene einbeziehen lassen (siehe Abb. 1.3).

1.4 Erklärungsansätze, Entscheidungssysteme und ethische Grundlagen

1.4.1 Logische Schließverfahren

Ein Wissenschaftler will in seinem Forschungsgebiet zu gesicherten und intersubjektiv nachprüfbaren Ergebnissen kommen. Er muss sich daher einer logisch exakten Beweisführung befleißigen.

Als **Theorie T** bezeichnet man ein System von Aussagen (Sätzen, Lehrsätzen, Theoremen, Hypothesen, Axiomen, Annahmen) über ein bestimmtes Forschungsgebiet und die hieraus ableitbaren Folgerungen (vgl. Eichhorn 1972, S. 336).

Drei Schließverfahren werden unterschieden, die in Abb. 1.4 wiedergegeben sind.

(1) Als **Methode der Deduktion** wird die nach dem folgenden Prinzip durchgeführte Methode des Aufbaus einer Theorie bezeichnet:

Gegeben sei ein System S von Grundaussagen (Annahmen, Axiomen, Grundsätzen, Voraussetzungen, Prämissen, Postulaten, Hypothesen, mit Anfangs-, Rand- und Nebenbedingungen) über die Gegenstände eines bestimmten Forschungsgebietes. Dieses System S wird gemäß dem folgenden Prinzip erweitert: Ein Satz s über dieselben Gegenstände gehört dann und nur dann zur durch S abgesteckten Theorie, wenn er eine logische Folge (Konsequenz) einer (oder mehrerer oder aller) Grundaussage(n) ist. Man sagt dann auch, dass S den Satz s impliziert oder dass S eine hinreichende Bedingung für s ist oder dass s aus S deduziert (abgeleitet, gefolgert) werden kann. Die häufig anzutreffende Behauptung, dass s nur dann gilt, wenn S gilt, ist falsch: s kann möglicherweise ebenfalls aus einem ganz anderen System S' von Grundannahmen folgen.

Die Folgerungen aus S sind im Prinzip mit S bereits gegeben, aber eben nur im Prinzip! Ein übermenschlich scharfer Geist würde zu jedem S sofort T angeben können, der Theoretiker ist oft schon zufrieden, wenn es ihm gelingt, einen kleinen Teil der Menge aller Konsequenzen aus S zu deduzieren (Eichhorn 1972, S. 336).

Die Aufstellung von **Antezedenzbedingungen** in Form von Randbedingungen, Annahmesystemen usw. sowie die Entdeckung von Hypothesen ist ein schöpferischer Vorgang, der irrationale Elemente (Intuition) enthalten kann (Popper 1935).

(2) Die **Methode der (unvollständigen) Induktion** (nicht zu verwechseln mit dem Prinzip der vollständigen Induktion der Mathematik) besteht darin, von besonderen Sätzen, Aussagen und Erkenntnissen, die z. B. die Ergebnisse von Beobachtungen, Experimenten usw. beschreiben, zu allgemeinen Sätzen, Hypothesen und Annahmen zu gelangen. Um diesen Vorgang nachvollziehbar zu machen, ist

die Festlegung eines Induktionsprinzips wichtig, das die induktiven Schlüsse in eine zugängliche Form bringt.

Der Empiriker beobachtet also in einer Anzahl von Fällen, dass ein bestimmtes wirtschaftliches Ereignis unter bestimmten Bedingungen eintritt und folgert daraus die Existenz einer Gesetzmäßigkeit. Er kann aber nicht zeigen, dass die Gesetzmäßigkeit auch im besonderen Fall gilt, denn die ökonomischen Ereignisse sind historisch einmalig. Die Konstellation der Bedingungen, die zu einem Ereignis geführt haben, ist nicht reproduzierbar. Viele Wirtschaftstheoretiker sind der Meinung, dass die Begründung wirtschaftswissenschaftlicher Aussagen mit der induktiven Methode unwissenschaftlich sei. Sie halten Deduktion für das probate Verfahren, wobei die Induktion für die Vorbereitung und spätere Überprüfung deduktiver Schlüsse Verwendung findet.

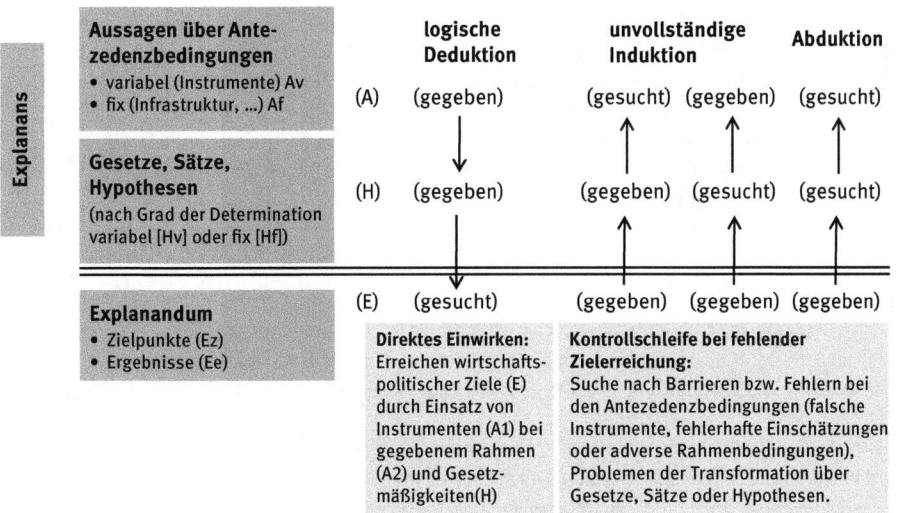

Abb. 1.4: Logische Schließverfahren (Quelle: Eigene Darstellung)

(3) Die **Methode der Abduktion** besteht darin, aus beobachtbaren Ergebnissen zu den sie erzeugenden besonderen Sätzen, Hypothesen und Annahmen zu gelangen. Um diesen Vorgang nachvollziehbar zu machen, ist die Festlegung eines Abduktionsprinzips wichtig, das die Schlüsse in eine zugängliche Form bringt.

Wirtschaftsprognosen erfahren ihre Einschränkung infolge einer möglicherweise fehlenden räumlichen und zeitlichen Invarianz der zugrundegelegten Gesetze; daher sollte man besser von bedingten Prognosen und von Quasitheorien sprechen. Die zentrale Schwierigkeit liegt in der Möglichkeit einer Selbsterfüllung oder einer

Selbstaufhebung, da die Wirtschaftssubjekte das System kennen und entsprechend reagieren.

⚡ **Beispiel zur Deduktion**

Im zweiten Buch seiner *Geschichte* berichtet Herodot über eine Ägyptenreise, auf der ihn eine rätselhafte Erscheinung des Nils besonders beeindruckte: Jeweils zu Beginn der Sommersonnenwende stieg der Nil über seine Ufer und überschwemmte das Nildelta sowie Teile des Hinterlandes; nach etwa hundert Tagen sank der Flusspegel, und der Fluss kehrte wieder in sein Bett zurück, um im folgenden Jahr zur gleichen Zeit das Spiel von neuem zu beginnen. Herodot beschäftigte sich unter anderem auch mit dem Erklärungsversuch griechischer Wissenschaftler, dessen Gehalt sich auf folgende Sätze reduzieren lässt:

H: Flüsse steigen, wenn ihnen durch Schneeschmelze Wasser zugeführt wird.
A1: Im Innern Afrikas fällt im Winter Schnee, der im Sommer schmilzt.
A2: Der Nil fließt durch das Innere Afrikas.
E: Der Nil steigt im Sommer durch die Zuführung von Schmelzwasser aus dem Innern Afrikas.

Herodot ist mit dieser Erklärung nicht einverstanden und benutzt eine Erfahrung von seiner Reise, nämlich die große Hitze in den besuchten Gebieten, als Ansatzpunkt für die folgende Überlegung:

H: Wenn aus einem Gebiet heiße Winde kommen, dann ist dieses Gebiet selbst heiß.
A1: Aus dem Innern Afrikas kommen im Sommer und Winter heiße Winde.
A2: Der Nil fließt durch das Innere Afrikas.
E1: Das Innere Afrikas ist im Sommer und Winter heiß, also kann dort kein Schnee fallen.
E2: Da der Nil durch ein Gebiet fließt, in dem kein Schnee fällt, kann sein Anstieg nicht durch Schneefall verursacht werden.

⚡ **Beispiel einer Induktion**

In verschiedenen vollbeschäftigten Volkswirtschaften wird ein Ansteigen des Preisniveaus (beschrieben und berechnet durch eine geeignete Kennfunktion) (spezielle Aussage) bei gleichzeitigem starkem Wachsen der Geldmenge beobachtet. Der Induktionsschluss besteht darin, folgende Hypothese zu formulieren:

Wenn eine Volkswirtschaft vollbeschäftigt ist und wenn die Geldmenge über das zur Versorgung der Wirtschaft notwendige Maß ansteigt, dann steigt ihr Preisniveau.

⚡ **Beispiel einer unzulässigen Deduktion**

Ein Naturwissenschaftler bringt einer Ratte bei, bei einem Klingelzeichen durch ein Labyrinth zur Futterstelle zu laufen. Anschließend hackt er ihr die Beine ab. Beim nächsten Klingelzeichen bewegt sie sich nicht zur Futterstelle. Der Naturwissenschaftler folgert, dass die Ratte mit den Beinen hört und daher nach dem Abhacken der Beine taub wird.

⚡ **Beispiel zur Abduktion**

Ein Mediziner beobachtet in Nigeria, dass ein Patient hohes Fieber hat. Er versucht, Nebenbedingungen (Wo war der Patient in letzter Zeit? Hatte er Vorerkrankungen?) und Gesetzmäßigkeiten (Wenn-Dann-Beziehungen) in einen sinnvollen Kontext zu bringen, um die Aussage zu stützen, der Kranke habe Ebola – aber es könnte auch etwas ganz anderes sein, dazu benötigt er dann aber eine sorgfältige Anamnese.

Man unterscheidet normative und positive Theorien; bei ersteren wird die Theorie durch Wertvorgaben begründet (wie soll etwas sein), sie ist also nicht überprüfbar und nicht wahrheitsfähig; bei letzteren durch reine Anschauung (wie ist etwas). Faktisch-deskriptive Ist-Aussagen sind daher von normativ-präskriptiven Soll-Aussagen hinsichtlich ihres logischen Status zu unterscheiden. Vermutlich existieren keinerlei Ist-Aussagen, die nicht auf einem sozialen Konsens („Soll") aufbauen. Das wird später vertieft.

1.4.2 Modelle, Modellbegriffe der Wirtschaftswissenschaften

Neben den Modellbegriffen der Technik (räumliches Abbild eines technischen Entwurfs oder Erzeugnisses), der Naturwissenschaft (Vorbild aus der vom Menschen nicht gestalteten physischen Umwelt) und der Mathematik (Realisierung eines abstrakt formulierten Axiomensystems, d. h. Systems aus Lehrsätzen, dessen Symbole mit Bedeutungen belegt sind), steht der Modellbegriff der Wirtschaftswissenschaften (vgl. Eichhorn 1972, S. 282–283).

Unter einem ökonomischen **Modell** versteht man ein vereinfachtes Abbild (eines Ausschnitts) der ökonomischen Wirklichkeit, das aus einer Menge von Annahmen besteht, die zielgerichtet zur Herleitung bestimmter Folgerungen zusammengestellt werden.

Ökonomische Modelle können auf verschiedene Art und Weise dargestellt werden:

(1) Bei der verbalen Darstellung kommt der exakten Begriffsbildung und -verwendung eine hohe Bedeutung zu. Beispiele sind von Thünens Modell des isolierten Staates oder das Modell des vollkommenen Marktes.

(2) Bei den mathematisch-analytischen Modellen werden die Beziehungen zwischen den beobachteten und zu erfassenden Größen durch Gleichungen und Ungleichungen beschrieben. Ein Bespiel ist Keynes' Modell des totalen Gleichgewichts.

(3) Bei grafischen Modellen wird die ökonomische Wirklichkeit auf ein System von wirtschaftlichen Aggregaten (Polen) und die zwischen diesen vorhandenen Verbindungen (Ströme) reduziert. Beispiele sind Kreislaufmodelle oder Netzplanmodelle.

Weiterhin können verbale und mathematisch-analytische Modelle grafisch dargestellt werden. Ein Beispiel ist das Marktgleichgewicht der Neoklassik.

Die formal-analytische Darstellung ökonomischer Sachverhalte in Modellen hat der mathematischen Disziplin einen Siegeszug in der Ökonomie ermöglicht. Insbesondere wurden hierdurch auch zusätzliche Möglichkeiten der Überprüfung ökonomischer Aussagen mittels statistischer und ökonometrischer Modelle geschaffen. All das darf jedoch nicht dazu verleiten, in der Mathematik mehr als ein sehr nützliches Hilfsmittel zu sehen, das oft der Präzisierung dient, das aber auch – als spezifische formale Sprache – inhärente Grenzen kennt.

Modelle können durch Annahmensysteme dargestellt werden. An diese Annahmensysteme sind verschiedene Anforderungen zu stellen (Eichhorn 1972, S. 286–288), nämlich dass sie
- Realitätsbezug haben,
- nur wohldefinierte Begriffe enthalten,
- widerspruchsfrei (konsistent) sind,
- logisch hinreichend sind und
- voneinander unabhängige Annahmen enthalten.

Die genannten fünf Punkte sind geeignet, Modelle und Theorien zu überprüfen. In der Regel befinden sich die Mängel einer Theorie jedoch nicht im logischen Bereich. Meist sind die Ansatzpunkte zur Kritik dadurch gegeben, dass eine Theorie den tatsächlichen Beobachtungen nicht oder nicht befriedigend entspricht. Wenn eine Theorie empirischen Untersuchungen nicht standhält, so gilt sie als falsifiziert. Wenn sie jedoch mit den empirischen Beobachtungen in Einklang steht, gilt sie als nicht falsifiziert. Dieses Wissenschaftsverständnis wurde von Karl Popper (1934/35) in seinem Werk *Logik der Forschung* geprägt und wird als **Kritischer Rationalismus** bezeichnet. Es gibt demzufolge keinen Beweis für die Richtigkeit einer Theorie!

Die wichtigste Gegenposition beziehen die **Konstruktivisten**, denen zufolge Wahrheit das ist, was in einem herrschaftsfreien Diskurs zu ihr erklärt wurde; hier geht es also nicht um eine Methode des Begründens sondern um eine des Verstehens. Grundsätzlich ist meist ein Minimum an Konsens erforderlich, beispielsweise bereits in Form der Einigung, den Kritischen Rationalismus als Erkenntnismethode zu verwenden. Schließlich wird deshalb auch der **Instrumentalismus** für die Ökonomie wichtig, weil die Gültigkeit der Annahmen oft weit weniger gut zu kontrollieren ist als die Überprüfung der Ergebnisse.

Für die praktische Wissenschaftstheorie ergeben sich damit drei zu erfassende Zusammenhänge:
(1) Der Begründungszusammenhang fragt, wie eine Theorie aussehen soll – ist also normativ.
(2) Der Entdeckungszusammenhang gibt das Forschungsverhalten in der Praxis wieder und fragt nach den Eigenschaften und Grundmustern von Theorien – ist also positiv.
(3) Der Verwendungszusammenhang bezieht sich auf die gesellschaftliche Funktion wissenschaftlicher Aussagen.

Jedes wirtschaftswissenschaftliche Modell kann als ein System begriffen werden; dieser Begriff wurde bereits im Kontext des Wirtschaftssystems genannt.

Unter einem **System** versteht man eine Menge von Elementen, zwischen denen zielgerichtete Beziehungen bestehen. Die Art und Anordnung der Beziehungen innerhalb eines Systems bezeichnet man als **Systemstruktur**.

Jedes System kann in eine Anzahl von Sub- oder Teilsystemen durch Zusammenfassung von Systemelementen mit gleichartigen Eigenschaften untergliedert werden. Beispiele sind Volkswirtschaftliches Gesamtmodell; Subsysteme: Konsumsektor, Investitionssektor, usw.

Um ein Modell zu konstruieren, ist es zunächst nötig, seine Systemstruktur festzulegen, d. h. das Modell zu spezifizieren. Hierzu gehören

- die Auswahl und Beschreibung (Definition) der einzubeziehenden Elemente und Beziehungen;
- die Operationalisierung und die Quantifizierung der Elemente bei mathematisch-formalen Modellen;
- die Festlegung der Erklärungsrichtung bei den Variablen, d. h. die Einteilung in **exogene** (von außerhalb des Systems zu bestimmende) und **endogene** (durch das System zu bestimmende) Größen;
- die Festlegung der Abbildungs- und Funktionsvorschriften, d. h. der Verhaltens-, Identitäts- und Definitionsgleichungen bei mathematisch-formalen Modellen;
- die Festlegung der Bedeutung der Zeit im Modell, insbesondere ob es sich um ein statisches, ein komparativ-statisches oder ein dynamisches Modell handeln soll und ob Zeitverzögerungen (lags) in die Modellstruktur eingehen sollen.

Sei f eine Funktion, so gilt:

In einer Gleichung $Y = f(\underline{x})$ wird f als **wirtschaftliche Verhaltensfunktion** bezeichnet, wenn Y eine wirtschaftliche Größe darstellt, die sich in ihrer Gesamtheit durch die im Variablenvektor $\underline{x}$ erfassten ökonomischen Entscheidungen der Wirtschaftssubjekte ableiten lässt. Eine typische gesamtwirtschaftliche Verhaltensgleichung ist die Konsumfunktion, die das Konsumniveau der Periode in Abhängigkeit vom Volkseinkommen der Periode erklärt.

In einer Gleichung $Y = f(\underline{x})$ wird f als **wirtschaftliche Technologiefunktion** bezeichnet, wenn Y eine wirtschaftliche Größe darstellt, die sich in ihrer Gesamtheit aus den im Variablenvektor $\underline{x}$ erfassten wirtschaftlich-technischen Größen, die in einer technologisch vorbestimmten Beziehung zu Y stehen, ableiten lässt. So ergibt sich zum Beispiel die Lärmemission einer Straße aus dem Straßentyp, dem Verkehrsaufkommen, der Fahrgeschwindigkeit, der Randbebauung usw.

Funktionen, die teilweise den Charakter wirtschaftlicher Verhaltens- und teilweise den Charakter von Technologiefunktionen haben, werden als technologische Verhaltensfunktionen bezeichnet.

In einer Gleichung $Y = f(\underline{x})$ wird f als **wirtschaftliche Identitäts-** oder **Definitionsfunktion** bezeichnet, wenn Y und der Variablenvektor $\underline{x}$ wirtschaftliche Größen sind, die in einem Identitätszusammenhang stehen oder definitionsmäßig miteinander verbunden sind. Das Nationaleinkommen ergibt sich zum Beispiel definitionsgemäß aus der Summe von Löhnen und Gewinnen der Periode.

Während bei wirtschaftlichen Technologie-, Identitäts- und Definitionsfunktionen die formal-logische Struktur weitgehend vorgegeben ist, muss diese bei wirtschaftlichen Verhaltensfunktionen erst durch Thesen, Hypothesen oder Annahmen eingeführt werden.

Eine herausragende Rolle spielt damit in der Ökonomie der Begriff der Kausalität.

Als **Kausalität** bezeichnet man den Zusammenhang von Gegenständen und Ereignissen in Form von Ursache und Wirkungen (siehe Abb. 1.5)

Seitens der Philosophie wird das so verstanden, dass gesetzmäßige Verknüpfungen zwischen zwei Ereignissen bestehen, die auch Teil einer Kausalkette sein können. Damit ist die Kausalität eine der zentralen Annahmen materialistischer Philosophien. Dem gegenüber steht die finale Betrachtung, die ein Geschehen als von seinem Zweck her bestimmt ansieht.

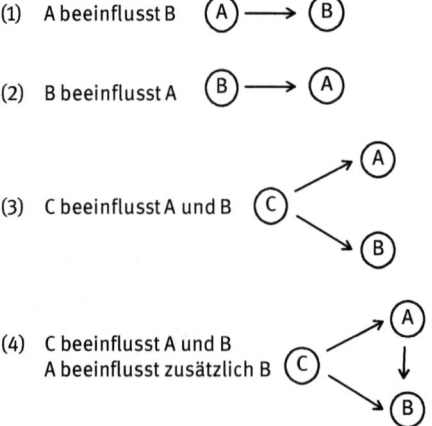

(1) A beeinflusst B

(2) B beeinflusst A

(3) C beeinflusst A und B

(4) C beeinflusst A und B
A beeinflusst zusätzlich B

Abb. 1.5: Logische Abhängigkeiten (Quelle: Eigene Darstellung)

In den Naturwissenschaften erfährt die Kausalität dahingehend eine Einschränkung, dass jedes Ereignis in gesetzmäßiger und experimentell feststellbarer Form von einem anderen abhängt. Durch die **Quantentheorie** wurde schließlich die lückenlose Geltung des Kausalitätsprinzips falsifiziert, d. h. das deterministische Verständnis wurde zugunsten einer stochastischen Interpretation verworfen. Dieser Ansatz gilt auch für die Sozial- und Wirtschaftswissenschaften.

Das Kausalitätsproblem der Wirtschaftswissenschaften besteht damit darin, dass aus einer empirisch feststellbaren **Korrelation** zwischen Variablen ohne zusätzliche Informationen nicht auf eine kausale Abhängigkeitsstruktur zwischen den Variablen geschlossen werden kann. Die ökonomische Forschung, die das Erkennen ökonomischer Zusammenhänge zum wissenschaftlichen sowie das Prognostizieren und die Politikberatung zum anwendungsorientierten Ziel hat, steht damit vor komplexen

Identifikationsproblemen, falls eine Korrelation zwischen den Variablen A und B beobachtet wurde:

1.4.3 Vereinfachung bei der Modellbildung

Man kann sich fragen, in welcher Weise die Wirklichkeit durch ein Modell vereinfacht wird. Da es Millionen von Wirtschaftssubjekten, wirtschaftlichen Handlungen und Interaktionen gibt, liegt es nahe, eine Beschränkung auf die wichtigsten Beziehungen sowie eine Zusammenfassung von Einzel- zu Gesamtgrößen (Elemente zu Subsystemen, z. B. Sektoren einer Wirtschaft) vorzunehmen.

(1) **Beschränkung auf relevante Beziehungen**: Wenn man sich eine Wirtschaft mit neun Wirtschaftssubjekten vorstellt, so können zwischen diesen Beziehungen (etwa Lieferungen von Gütern) folgender Art bestehen:

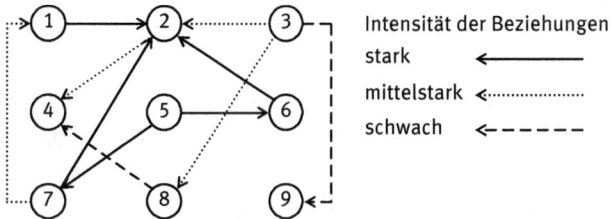

Abb. 1.6: Komplexe Beziehungen zwischen Wirtschaftssubjekten (Quelle: Eigene Darstellung)

Betrachtet man nur die starken (relevanten) Beziehungen in Abb. 1.6, so fallen die schwachen Beziehungen und auch die Wirtschaftssubjekte fort, die sie unterhalten. Man erhält dann folgendes vereinfachtes Abbild der Wirklichkeit (siehe Abb. 1.7):

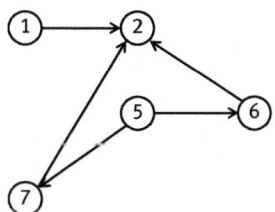

Abb. 1.7: Vereinfachung der Beziehungen zwischen Wirtschaftssubjekten (Quelle: Eigene Darstellung)

(2) **Sektorbildung**: Wirtschaftssubjekte mit einem ähnlichen wirtschaftlichen Verhalten lassen sich zu Sektoren zusammenfassen. Als sehr grobe Art der

Sektorbildung kann die Aufteilung der Wirtschaftssubjekte in Haushalte und Unternehmen bezeichnet werden. In einem Modell, welchem diese Aufteilung zugrundeliegt, würden nur die Beziehungen zwischen den beiden genannten Sektoren untersucht (siehe Abb. 1.8).

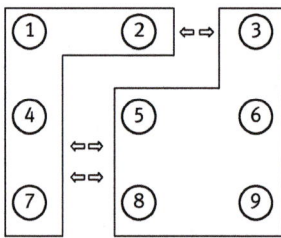

Abb. 1.8: Sektorbildung (Quelle: Eigene Darstellung)

(3) **Aggregation:** Eine Zusammenfassung von Einzel- zu Gesamtgrößen wie z. B. Konsum, Investition, Volkseinkommen, nennt man Aggregation. Es werden jedoch nicht nur derartige Größen aggregiert, sondern auch Verhaltensweisen, die durch Konsum- oder Investitionsfunktionen ausgedrückt werden. Die Aggregation einzelwirtschaftlicher zu gesamtwirtschaftlichen Verhaltensweisen ist in der Theorie umstritten.

(4) **Darstellung durch Funktionen:** Wie im vorangegangenen Unterabschnitt bereits ausgeführt, werden ökonomische Modelle häufig durch Funktionen repräsentiert; an diese werden meist einige der nachfolgenden Anforderungen gestellt (vgl. Beckmann, Künzi 1969), wie
 – Stetigkeit,
 – Differenzierbarkeit,
 – Monotonie bzw. strenge Monotonie,
 – Konvexität oder Konkavität bzw. strenge Konvexität und strenge Konkavität,
 – Beschränktheit über dem Definitionsbereich,
 – Eindeutigkeit,
um nur die wichtigsten zu nennen.

(5) **Linearitätsannahmen:** Viele Funktionen werden in Modellen als linear angenommen, weil dadurch die Rechenarbeit und die grafische Veranschaulichung wesentlich erleichtert werden und eine Reihe von Aggregationsproblemen nicht auftreten.
Wenn man z. B. die Verhaltensfunktion $C(Y)$ nimmt, die ausdrückt, dass die Konsumausgaben abhängig vom Volkseinkommen sind, so kann man die Funktion durch die folgende lineare Gleichung konkretisieren:

$$C(Y) \;=\; C_a + b \cdot Y, \quad C_a > 0; \quad 0 < b < 1. \tag{1.1}$$

Es ist aus der Gleichung direkt ersichtlich, dass die Funktion entsprechend Abb. 1.9 verläuft.

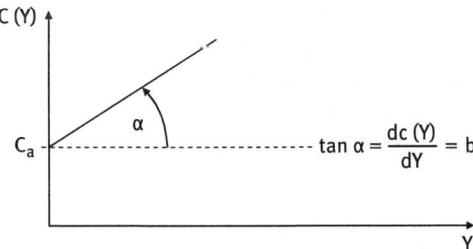

Abb. 1.9: Lineare Konsumfunktion (Quelle: Eigene Darstellung)

Für die Zwecke der Erklärung ist die Annahme der Linearität nützlich, da sie die Überschaubarkeit des Modells und der Theorie fördert. Eine sinnvolle Prognose zukünftiger wirtschaftlicher Situationen muss dagegen Funktionsverläufe zugrundelegen, die empirisch abgesichert werden können. Hier zählt nicht mehr die Einfachheit, sondern die Realitätsnähe. Sollten Statistiker ermitteln, dass der Verlauf der Konsumfunktion durch die Gleichung

$$C(Y) = C_a + \sqrt[k]{Y}, \quad C_a > 0; \quad b > 0 \tag{1.2}$$

am besten wiedergegeben wird, so wäre diese Gleichung in einem Prognosemodell zu benutzen.

(6) ***Ceteris paribus* Annahme:** Ceteris paribus (c. p.) bedeutet: Unter im übrigen gleichbleibenden Bedingungen. Wenn behauptet wird, die Höhe der Konsumausgaben hänge vom Niveau des Einkommens ab, so ließe sich eine Reihe von anderen wirtschaftlichen Größen finden, die den Konsum in der Realität ebenfalls beeinflussen, z. B. die langfristigen Einkommenserwartungen. Die Ceteris Paribus Annahme spielt in vielen Wirtschaftstheorien eine zentrale Rolle. Könnte beispielsweise – in Fortführung des soeben Gesagten – für die Vergangenheit nachgewiesen werden, dass der Konsum der Periode mit dem Einkommenswachstum der Periode anstieg, so kann man c. p. bei bekanntem zukünftigen Einkommen Prognosen über das zukünftige Anwachsen des Konsums anstellen. Spielen zusätzlich jedoch die Einkommenserwartungen eine Rolle, so können durch deren Ausklammerung erhebliche Fehler auftreten. Die Ceteris Paribus Annahme ist mit der partialanalytischen Betrachtungsweise der in der Ökonomie verwendeten Mathematik kompatibel. Die hohe Bedeutung der c. p. Annahme ist zugleich eine der großen Schwächen bei der Verwendung ökonomischer Theorien für wirtschaftliche, insbesondere wirtschaftspolitische Prognosen (Prognose ersetzt den Zufall durch den Irrtum).

1.4.4 Wirtschaft und Ethik

Welches Bild der Welt sieht der Mensch als „richtig" an, insbesondere auch unter ökonomischen Gesichtspunkten? Nach welchen Maßstäben sind Entscheidungen zu fällen? Wie sind verschiedene wirtschaftliche – allgemeiner – gesellschaftliche Zustände zu bewerten, besonders solche, die Regeln und institutionelle Arrangements betreffen? Wie sind die ökonomischen Lehren bzw. Paradigmen zu beurteilen? Diese Fragen betreffen wegen der aus methodologischen Gründen prinzipiellen Unmöglichkeit einer wertfreien Forschung das ethische Fundament der Wirtschaft. Weiterhin sind viele Maßnahmen der Wirtschaftspolitik in einem gewissen Rahmen infolge der Notwendigkeit, ihre Legitimität im demokratischen System zu untermauern, konsensbedürftig. Insbesondere in der Wirtschaftspolitik werden Handlungsempfehlungen gegeben, die auf bestimmten Wertvorstellungen beruhen. Letztlich sind die **Werturteile** nichts als Akte der Bedeutungsverteilung auf einer durch Ethik vorgegebenen Skala, **Erkenntnis** ist die Zuordnung dieser Wahrheitswerte zu Aussagen und **Wissen** die Summe aller gefundenen Erkenntnis, sodass damit für die praktische Politik eine relevante ethische Dimension existiert.

Die Ökonomie stellt bekanntlich die Frage, wie mit Knappheit umzugehen ist, und kommt zu dem – möglicherweise auch wertfreien – Ergebnis, dass gegenseitige Besserstellungspotenziale durch Organhandel zu erreichen sind: win-win für die beiden Beteiligten. Dieses Wissen kann in der praktischen Politik aber entsprechend herabgewichtet werden, falls andere Prinzipien als Knappheit berücksichtigt werden, beispielsweise Fairness durch Organzuweisung nach medizinischen Kriterien d. h. Unabhängigkeit der Überlebenschancen des Einzelnen von seinen finanziellen Mitteln als normativ gutes, ethisches Handeln. Schließlich können auch Anspruchsniveaus des Organempfangs abhängig gemacht werden von der eigenen Spendenbereitschaft, insbesondere deren Dauer.

Als **Ethik** bezeichnet man eine wissenschaftliche Disziplin, die Moral begründet und die Frage nach der Verbindlichkeit derselben für den einzelnen stellt.

Ethik ist ein Kompass, der zeigt, wie der richtige Weg ermittelt werden kann, nicht, wie er aussieht (Pieper, 1985, S. 18 f.). Sie stellt den Versuch dar, Moral kritisch zu analysieren, im einfachsten Fall, zwischen Gut und Böse zu unterscheiden.

Moral ist eine Anschauung von der sittlichen Qualität konkreter menschlicher Handlungen, die zeitlich und räumlich begrenzt und somit historisch und soziokulturell bedingt ist.

Moral regelt daher das menschliche Zusammenleben durch Normierung; die daraus gerinnenden wahrnehmbaren Sachverhalte sind die sittliche Qualität. Durch moralische Urteilsfähigkeit gewinnt der Mensch Moralität.

Als **Sitte** bezeichnet man Normen ohne primär ethischen Kontext, die die Folge sozialer Gewohnheiten und Akzeptanz sind.

Es ist vor allem Immanuel Kant (1788), der das Wesen des sittlichen Handelns – dem Sittengesetz zu folgen – als Zeichen individueller und gesellschaftliche Reife sieht; er gilt als einer der wesentlichen Vertreter der **deontologischen Ethik**. Weiterhin sind die **teleologische Ethik**, die die Ziele des Handelns betont, und die Tugendethik zu nennen.

In der *Nikomachischen Ethik* führt Aristoteles (322 v. Chr.) vier Kardinaltugenden ein, nämlich Klugheit, Tapferkeit, Gerechtigkeit und Mäßigung, wobei die Klugheit, das Sehen, was wirklich ist, alle anderen Tugenden überragt. Klugheit ist damit etwas anderes als Intelligenz, die Fähigkeit zum folgerichtigen Handeln. In Gegenposition zu dieser Tugendethik sagt Carl von Clausewitz (1832) im Sinne seines Werks *Vom Kriege*: „Wer unter dem Unmöglichen das Mögliche versäumt, ist ein Thor". Für Aristoteles war die Pflicht des Menschen gegen sich und seine Familie – wie später auch für Adam Smith – Teil einer Sittlichkeit, die erst Selbsterhaltung und Selbstverantwortung ermöglicht. Markt und Wettbewerb auf der Grundlage definierter Eigentumsrechte sind im Sinne einer Verantwortungsethik zu begründen und zu rechtfertigen, weil nur sie den individuellen Willen zur Selbstverwirklichung anspornen und zugleich Schranken setzen sowie der Person eine eigene Würde zubilligen. In einem Marktsystem ist damit nicht das Marktergebnis an ethischen Grundsätzen zu messen als vielmehr auch das individuelle Verhalten und der vorhandene Ordnungsrahmen. In der Ökonomie existieren drei wichtige Quellen der Begründung von Normen:

– Sympathie und Altruismus, die bereits bei Smith in Zusammenhang mit der Klugheit individuellen Handelns genannt werden und in der Neoklassik zur Integration des Nutzens anderer ins eigene Nutzenkalkül führten:

Nicht vom Wohlwollen des Metzgers, Brauers oder Bäckers erwarten wir unsere Mahlzeit, sondern von deren Bedachtnahme auf ihr eigenes Interesse (Smith 1776).

– Praktische Vernunft im Sinne von Kant, wodurch Moralität begründet wird.
– Langfristiges Interesse, das bereits den Gesellschaftsverträgen zugrundeliegt.

2 Geschichte der ökonomischen Theoriebildung

2.1 Evolutions- und institutionenökonomische Einordnung

Bis zum Anfang dieses Jahrhunderts war die Nationalökonomie an den deutschen Hochschulen bei den philosophischen und den juristischen Fakultäten zu Hause. Diese Bindung erinnert an eine gemeinsame wissenschaftliche Vergangenheit, die erst mit dem Zeitalter des Merkantilismus im 18. Jahrhundert aufbrach. Eine alleinige Darstellung der geschichtlichen Entwicklung der Wirtschaft zeichnet insofern ein unvollständiges Bild, als diese in hohem Maße von den Denkern der jeweiligen Epochen beeinflusst wurde. Aus der Beobachtung der ihnen erkenntlichen Umwelt postulierten sie Thesen über wirtschaftliche Gesetzmäßigkeiten und formulierten politische Handlungsanweisungen. Die Dogmengeschichte der Wirtschaftswissenschaften hat damit ihre Wurzeln sowohl in der Philosophie als auch in der historisch-gesellschaftlichen Entwicklung, sodass das Verständnis dieser Beziehungen die Voraussetzung für die Einordnung der später vorzustellenden ökonomischen Theorien ist.

Mit zunehmender Annäherung an die Gegenwart wurden die Gesellschaft und somit auch die Wirtschaft zu einem immer komplexeren System, sodass der Abstraktionsgrad der Wirtschaftstheorien und -modelle dieser Entwicklung folgend beständig zunahm und eine immer größere Anzahl an normativen Elementen in die Theoriebildung einging.

Ebenso wie die politische Theoriebildung war auch die wirtschaftliche Theorie immer in einem Spannungsfeld von individualistischen, gruppenegoistischen und kollektivistischen Vorstellungen angesiedelt; diese Auseinandersetzungen prägen auch heute die wirtschaftswissenschaftlichen und -politischen Diskussionen.[2]

Neben den einzelnen großen Denkern, auf die im Anschluss eingegangen wird, haben namhafte Forscher der Evolutions- und der Institutionenökonomik nach den Bestimmungsgründen wirtschaftlichen Erfolges gefragt – und warum der Westen ab dem 15. Jahrhundert wirtschaftlich „abhebt", wie folgende Abb. 2.1. zeigt. Was sind also die Killerapplikationen, die Niall Ferguson (2011) in *Civilisation: The West and the Rest* beschreibt und wie folgt identifiziert: das Wettbewerbssystem, das Wissenschaftssystem, das Rechtssystem und Eigentumsrechte, eine professionelle Medizin, die Konsumorientierung und schließlich das Arbeitsethos.

Tatsächlich besitzen die Ordnungsprinzipien der Gesellschaft eine wesentliche Bedeutung für ihre Entwicklung, weshalb sich die Wachstumstheorie jenseits der formalen Modelltheorie früh mit den Rahmenbedingungen, insbesondere auch Regelwerken, befasste, die Wohlstand begründen. Sie knüpft dabei an eine frühere Debatte der (funktionalistischen) Entwicklungsökonomen, beispielsweise Gunnar

---

2 Interessierten seien neben den Originalschriften die Arbeiten von Blaug (1982, 1985), Heilbroner (1972), Koester, (1982) oder Nienhaus (2015) empfohlen.

DOI 10.1515/9783110515473-002

Myrdal (1967, 1968), Albert Hirschman, (1968, 1970) und Mancur Olson (1982) an, die später von der neuen Institutionenökonomik aufgegriffen wurde, insbesondere von Douglass North (1981) sowie Ulrich Blum und Leonard Dudley (1989, 1991, 1996, 1999, 2000, 2001), die die Bedeutung von Sprunginnovationen im Informationssektor und deren gesellschaftliche Nutzung im Bildungssystem aufzeigten, um Wissenskapital aufzubauen. Damit knüpften sie an eine spezifische Tradition der Informationsökonomik, die Harold Innis (1950, 1961) begründete, an. Benedikt Koehler (2014) zeigt in seinem Buch *Early Islam and the Birth of Capitalism*, wie die islamische Hochkultur eine freie Wirtschaft und gesellschaftlich produktive Institutionen, vor allem im Bereich Bildungs- und Sozialkapital, hervorbrachte. Denn dem Religionsgründer Mohamed standen infolge seiner Herkunft aus dem Nomaden- und Unternehmertum beide sehr nahe. Später brachten die Kreuzritter diese Gedanken nach Europa und befruchteten damit die Aufklärung. Damit rücken die tiefliegenden, möglicherweise über Jahrhunderte wirkenden Grundlagen in das Zentrum des Interesses, wie Enrico Spolaore und Romain Wasziarg (2013) zeigen, die dabei nicht nur auf direkt wirkende Produktivitätseffekte sondern auch auf indirekte Wirkungsmechanismen eingehen, die untergründige Innovationsbarrieren beiseite räumen oder stabilisieren können.

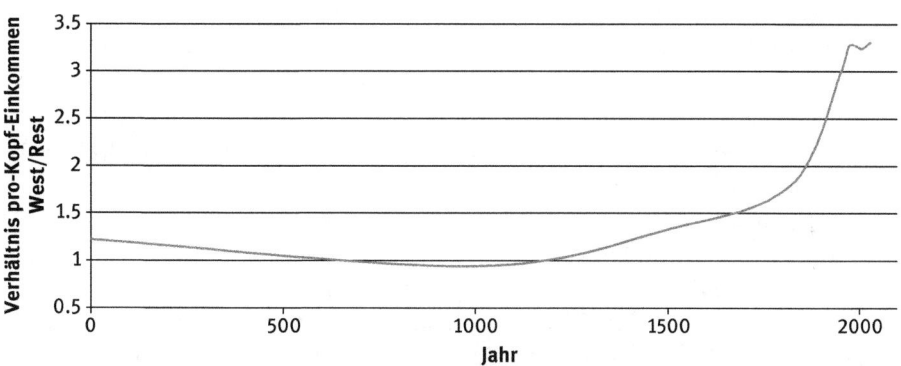

Abb. 2.1: Wohlstandsentwicklung: Der Westen gegen die übrige Welt
(Quelle: Eigene Darstellung nach Daten von Maddison (2008))

Daron Acemoglu und James Robinson (2012) führen in ihrem Opus *Why Nations Fail: The Origins of Power, Prosperity and Poverty* ein Gegensatzpaar ein, um den Erfolg von gesellschaftlicher Entwicklung bzw. deren Misserfolg zu erklären: Inklusive Institutionen umfassen die gesamte Gesellschaft, extraktive hingegen ermöglichen die Ausbeutung von Teilen zugunsten von herrschenden Eliten. Ihre Behauptung geht dahin, dass ein Großteil des Misserfolgs von Nationen in ihrer Entwicklungsgeschichte darauf zurückzuführen ist, dass hier in erheblichem Maße extraktive Institutionen vorherrschten, beispielsweise der eher staatlich und kriegerisch organisierte Außenhandel Spaniens gegen den kaufmännisch organisierten Englands, womit eine wesentliche kulturelle Voraussetzung für die spätere Industrialisierung erbracht wurde. Oft ging aber das inklusive Verhalten im Land auf Kosten extraktiven Verhaltens im Ausland – vornehmlich den Kolonien.

Daron Acemoglu und James Robinson erwähnen, dass die Unterscheidung in extraktiv und inklusiv für die Beschreibung des ökonomischen Erfolgs von Gesellschaften wesentlich ist und andere Faktoren, wie Religion oder Standorte, demgegenüber zurücktreten. Damit begeben sie sich in den Gegensatz zu anderen Arbeiten. So beschreibt das Buch von Jared Diamond (1997) *Guns, Germs, and Steel* die Bedingungen der neolithischen Revolution, analysiert, weshalb Europa bzw. Eurasien besonders von dieser profitierten und findet dafür drei entscheidende Argumente: die Vielfalt an Kulturpflanzen in einem dem Menschen zuträglichen Klima; die Ost-West-Orientierung, die aus klimatechnischen Gründen Technologien und Handelssysteme erleichterte und eine dynamische Bevölkerungsentwicklung, die aber immer wieder durch große Plagen (beispielsweise die Pest) eingedämmt wurde, die dann aber auch zu einer gesundheitlichen Immunisierung führten. Das ermöglichte das Ausdehnen der Arbeitsteilung, eine dynamische Entwicklung von neuen Technologien und schließlich auch eine Bevölkerungsexpansion. Forschungen zeigen allerdings, dass die Pflanzenzüchtung zunächst an vielen Stellen des Fruchtbaren Halbmonds Mesopotamiens rund 10.000 AC begann (Riehl 2014), es aber die Koevolution der Milchwirtschaft war, also die Zucht des Milchviehs ebenso wie die Laktoseverträglichkeit jenseits des Kleinkindalters, die die moderne Landwirtschaft und damit Europa begünstigte (Cook 2014; Curry 2014). Hansjörg Küster (2013) weist in seinem Buch *Am Anfang war das Korn* darauf hin, dass erst die Pflanzkulturen die menschliche Zivilisation ermöglichten. Der Ackerbau beeinflusste auch die Sozialstrukturen: Je nach Kooperationsbedarf entwickeln sich individualistische Getreideanbaugesellschaften oder kollektivistische Reisanbaugesellschaften, wie eine Arbeitsgruppe um Thomas Talhelm (2014) an Hand von Analysen in China ausführt.

Jared Diamond (2005) treibt er die Gedanken des Systemzusammenbruchs in *Collapse: How Societies Choose to Fail or Succeed* auf die Spitze, indem er den Umgang von Gesellschaften mit Bedrohungen zu einem bewussten Vorgang macht, ihnen, wie der Titel zeigt, eine Wahl eröffnet. Er identifiziert dabei fünf zentrale Faktoren, die er an fünf zivilisatorischen Katastrophen überprüft; diese sind in Tab. 2.1 aufgeführt.

Das Werk von David Landes (1998) *The Worth and Poverty of Nations* geht der Frage nach, worin die wesentlichen, wohlstandsbegründenden Differenzierungsmerkmale des Westens bestehen und weist auf fünf wesentliche Charakteristika hin: die günstige geografische Lage – analog zu Jared Diamond; geeignete politische Rahmenbedingungen, die sich durch eine Fragmentierung der Bevölkerung und Dezentralität der Entwicklungszentren ergaben, wodurch die Ausbeutung begrenzt wurde und die Löhne steigen konnten; der dadurch erzeugte Innovationsdruck, der die Technologieentwicklung vorantrieb; schließlich ein Wertesystem, das Arbeit als täglichen Gottesdienst ansah. Bereits in einem früheren Werk zeigt David Landes (1969) im *Unbound Prometheus*, wie wesentlich die systemkritischen Innovationen Europas seit der Industriellen Revolution sind. Neben den klassischen Faktoren wie Ersetzen von Arbeit durch Technik, Kraftmaschinen und die verbesserte Kenntnis der stofflichen Materialeigenschaften, vor allem bei Metallen und in der Chemie, benennt er auch die neue Arbeitsdisziplin der Fabrik.

Tab. 2.1: Fallstudien des Niedergangs (Quelle: Eigene Darstellung nach Diamond (2005))

	Umweltprobleme und Bevölkerungswachstum	Klimaveränderung	Feindliche Nachbarn	Erosion der Handelsbeziehungen	Unvermögen beim Lösens gesellschaftlicher Probleme
Osterinseln (Pazifik)	×				×
Pitcairn Inseln (Pazifik)	×		×		×
Anasaziindianer (Utah)	×	×			×
Maya (Mittelamerika)	×	×	×		×
Viking (Grönland)	×	×	×	×	×

Eine wesentliche Ausprägung dieser industriellen Orientierung sieht Gregory Clark (2007) in seinem Buch *A Farewell to Alms* in der in den europäischen Staaten überlegenen Nutzung des Produktivfaktors Arbeit. Offensichtlich werden zum Herausbilden dieses Vorzugs eine langanhaltende Siedlungsgeschichte und dauerhafte Perioden der Sicherheit benötigt. Denn tatsächlich waren die wesentlichen Technologien der vergangenen 150 Jahre weltweit verfügbar, aber dennoch wären nur wenige in der Lage gewesen, sie effizient zu nutzen. Damit knüpft er an die Vorstellungen von Friedrich List (1841) von der optimalen Kombination von menschlichem Kapital und Sachkapital an – leider ohne sie zu erwähnen.

Douglas C. North, John J. Wallis und Barry R. Weingast (2009) wählen in *Violence and Social Order* einen klassisch institutionenorientierten Ansatz. Sie postulieren eine Dialektik, in der die Gewalt in natürlichen, statischen Staaten durch politische Maßnahmen eingehegt wird, wodurch sich die wirtschaftliche und gesellschaftliche Entwicklung verlangsamt, und offenen Gesellschaften, die den Wettbewerb begünstigen und sich daher dynamisch entwickeln. Es ist vor allem der Vertrauensvorschuss der Eliten gegenüber der Bevölkerung, der diesen Sprung in die Moderne erlaubt und damit das moderne Verfassungssystem schafft. Dem Ausbeuten der Gesellschaft durch Eliten, dem Rent seeking, das bis dahin Ökonomen als grundsätzlich schädlich ansahen, gewinnen die Autoren etwas Positives ab, wenn diese dadurch im Land gehalten werden können und der sozial verheerende Fortzug der Fähigsten unterbunden wird.

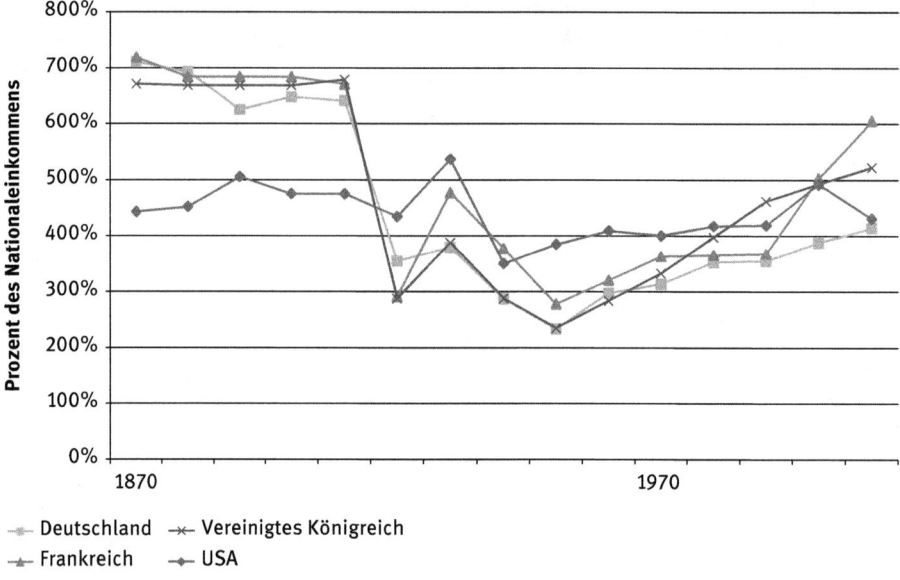

Abb. 2.2: Das nationale Kapital ausgewählter Länder, 1870–2010
(Quelle: Eigene Darstellung mit Daten aus Piketty (2013; http://piketty.pse.ens.fr/files/captal21c/en/xls/))

Wenn Thomas Piketty (2013) in seinem Buch *Le capital au 21ème siècle* schreibt, eine neue Aristokratie entstünde, weil Kapitalrenditen dauerhaft über den Wachstumsraten der Wirtschaft lägen, die sich Eliten dauerhaft in der Lage sind anzueignen, dann verdeutlicht dies eine quasi marktgesteuerte, extraktive Verhaltensweise, die der Staat im Wettbewerb der Systeme nicht eindämmen kann – und verweist darauf, dass sich diese Aristokratie, wie seinerzeit im Absolutismus, eine eigene Ethik anmaßt, mit der sie sich über Belange Dritter hinwegsetzen kann; diese Aussagen hat bereits früher der Jesuit Friedhelm Hengsbach getroffen. Zudem zerstöre Einkommen aus Vermögen langfristig den Leistungsanreiz und damit eine schöpferische Kraft des Kapitalismus. Abb. 2.2 zeigt die Entwicklung des nationalen Kapitals der vergangenen 140 Jahre in ausgewählten Ländern. Deutlich sichtbar sind die Folgen der Weltwirtschaftskrise und des Zweiten Weltkriegs.

Rainer Rilling (2014) bringt das politisch-ökonomische Spannungsfeld, das das Buch aufwirft, auf den Punkt:

Der besondere Wert seines „Geschichtsbuchs" (Piketty) aber liegt in dem grundlegenden Wandel des Blicks auf die Geschichte der Ungleichheit des Kapitalismus, den der Autor im Ergebnis seiner Datenanalyse vorschlägt. Er formuliert eine empirisch grundierte Gegenthese zu dem einschlägigen großen „Märchen" (25) der US-Wirtschaftswissenschaften, das 1953/54 der einflussreiche damalige Präsident der American Economic Association, Simon Kuznets, in mehreren Studien formulierte, wonach die wachsende Ungleichheit in der Entstehungsphase des Kapitalismus mit der zunehmenden Industrialisierung von einer gleichsam ewigen Ära zunehmender Gleichheit abgelöst worden sei. Eine Erzählung mit Happy End, die gut in die kalte Zeit der Systemkonkurrenz gepasst hat.

Genau dieses happy end, dass nämlich mehr Reichtum für eine Gruppe auch weniger Armut für die unteren Schichten bedeutet, ist aber immer weniger zu gewährleisten.

Wenngleich viele Autoren methodische Probleme in der Arbeit sehen, so hat sie doch das ökonomische Establishment aufgerüttelt, das sich gerne modernen Fragestellungen außerhalb des sogenannten mainstreams verwehrt und vor allen Dingen auf verteilungspolitischer Ebene weitgehend blind geworden ist.

2.2 Die europäische Antike (5. Jh. v. Chr. bis 4. Jh. n. Chr.)

Die Wirtschaft der Antike war gekennzeichnet durch
- die landwirtschaftliche Produktion, die auf Sklaven und Kolonen (persönlich freie, aber erblich an die Scholle gebundene, zu Kopfsteuer, Kriegsdienst und Fronden verpflichtete Personen) beruhte und im späten Rom nach dem Niedergang des Bauernstandes Ähnlichkeiten mit Kolchosen aufwies;
- die Stadtkultur der griechischen Stadtstaaten (polis) und der Städte Rom und Konstantinopel. Die Stadt gab den Bürgern durch das Städterecht eine herausragende Stellung im politisch-wirtschaftlichen Entscheidungsprozess; ein umfangreicher Fernhandel wurde unter anderem zur Absicherung der Nahrungsmittelzufuhr betrieben. Haussklaven wurden als qualifizierte Handwerker und Hauslehrer eingesetzt;
- den Großhandel des Mittelmeerraumes, der landwirtschaftliche Produkte ebenso wie Gold, Erz, Elfenbein, Papyrus oder Textilien umfasste und häufig staatlich gelenkt wurde;
- eine gewisse Vereinheitlichung bzw. Konvertibilität der Währungen der am Mittelmeerhandel beteiligten Völker (byzantinischer Goldsolidus als Leitwährung);
- eine weitgehende Stationarität der Wirtschaft.

Von der theoretisch-wissenschaftlichen Seite befassen sich Philosophen wie Platon (427–347 v. Chr.), Xenophon (450–354 v. Chr.) und Aristoteles (384–322 v. Chr.) mit der Frage der Beziehung zwischen wirtschaftlichen Aktivitäten und den ethischen und gesellschaftlichen Normen.
(1) In seinem Hauptwerk *Politeia* untersucht Platon (370 v. Chr.) unter anderem die Regeln des Tausches in einer durch natürliche Kräfte im Gleichgewicht gehaltenen Stadtwirtschaft, wobei der hierarchisch gegliederte Staat von Philosophen geleitet wird. Dabei ist Geld ein Tauschmittel, und am Markt herrscht ein einheitlicher Preis. Er erkennt die Bedeutung der Arbeitsteilung, die eine Folge

ungleicher Fähigkeiten der Menschen ist, die sich auf die für sie wirtschaftlich sinnvollsten Tätigkeiten spezialisieren. Eigentumsrechte werden definiert, insbesondere für die produzierenden Schichten. Ziele des Handels sei, so Platon, die Tauschgerechtigkeit; allerdings verderbe Reichtum die Seele.

(2) Xenophon (390–355 v. Chr.) diskutiert in seinem Werk *Oikonomikus* über die Haushalts- und Geschäftsführung die Vorteile der Arbeitsteilung und ihre Beziehung zur Größe von Märkten. In moderner Sicht sieht er den Wert eines Gutes durch dessen individuelle Nutzenstiftung gegeben – spricht also bereits Individualismus und Utilitarismus an.

(3) Aristoteles (322 v. Chr.) stellt fest, dass zwischen dem Tauschwert und dem Gebrauchswert eines Gutes Unterschiede bestehen; aus diesem Grund fordert er, einen „gerechten Preis" beim Handel zugrundezulegen. Die Austauschrelationen der Güter sollen demzufolge einen Bezug zur Wertigkeit bzw. zum Status der Handelnden bzw. der Erzeuger haben. Eine spezielle Form der Erwerbskunst sei die Bereicherungskunst mit dem Ziel des Erwerbes um des Erwerbes willen; der Produzent sieht die Güter nicht als Gebrauchswert, sondern als Tauschmöglichkeit, d. h. zur Gewinnerzielung (bekanntlich war Hermes der Gott der Kaufleute, Wegelagerer und Diebe!!!). Diese Auffassung hat sich im christlichen Abendland bis ins Mittelalter, in der islamischen Welt bis heute gehalten. Seine Charakterisierung des Wesens des Zinses: „Um des Tausches willen war das Geld geschaffen, der Zins aber vermehrt es" zeigt einen der Gründe für Inflation in statischen Volkswirtschaften auf, weil hier Geld durch Geld entsteht.

Von den Römern werden aufgrund des hohen Niveaus der Verwaltung und der Jurisprudenz auch im Bereich der Wirtschaft wesentliche Voraussetzungen für das heutige Wirtschaftslebens geschaffen. Zu nennen ist hier vor allem der Begriff des Eigentums.

2.3 Die chinesische Klassik (5. Jh. v. Chr. bis 1. Jh. v. Chr.)

Auch in China gab es eine grundlegend skeptische Haltung zu freien Märkten. Die chinesische Philosophie war nicht nur skeptisch gegenüber dem Kaufmannstand, analog zu Rom, das den guten Staatsmann auch als guten Bauer (agricola bonus) sieht, wurde in China dieser Stand besonders hervorgehoben. Die Sicherung der Ernährungsgrundlagen ihres Volkes wurde von den chinesischen Regierungen als eine der wichtigsten Voraussetzungen für die Stabilität des Landes angesehen. So galt die Landwirtschaft über Jahrtausende als Basis des Landes, was sich erst durch die industrielle Revolution und den Welthandel änderte. Die Landwirtschaft wird in Mandarin als Ben Ye bezeichnet. Ben bedeutet Basis, Ye bedeutet Wirtschaftssektor. Die Regierung verteilte Felder an die Bauern und bestrafte zu Zeiten der Han-Dynastie die Leute, die weder Getreide noch Flachs auf ihren Feldern anbauten, beispielsweise mit einer fünfundzwanzigfachen Steuer auf den Standardsteuersatz der Bauern.

In der Geschichte der Han-Dynastie (chinesisch: Han Shu) wurden die Belange der Landwirtschaft besonders betont: Eine Dürre konnte man selbst in der Zeit der Heiligen Kaiser Yu und Tang nicht vermeiden. Wenn nun alle Bauern aus Geldgier Handel betreiben, zu wenig Getreide oder Flachs anbauen und Teile des Landes brachliegen, wie kann dann das Land seiner Bevölkerung bei einer Hungersnot helfen? Den Kaufleuten und dem Handel (in Mandarin Mo Ye; Mo bedeutet Ende oder nachrangig) galt nicht das Interesse der Regierungen: Kaufleute pflügen nicht und arbeiten körperlich auch nicht so hart wie die Bauern, verdienen aber wesentlich mehr. Das übte eine hohe Anziehungskraft auf die Bauern aus, selbst in den Handel einzusteigen. Eine deutsche Redewendung lautet: „Und ist der Handel noch so klein, er bringt doch mehr als Arbeit ein", chinesisch heißt das: She Ben Zhu Mo, also „auf Landwirtschaft verzichten und dem Handel aus Geldgier nachlaufen".

Diese Dichotomie ist seitdem erkenntnisleitend und findet sich auch in der chinesischen Philosophie wieder, die in der konfuzianischen Tradition die Frage nach der Moral des ökonomischen Handelns stellt. So zeigt Yao Jiehou (2011), dass Sokrates, der fast gleichzeitig mit Konfuzius (Kong Zi) lebte, nicht nur in seinem Umfeld ähnlich dramatischen zeitgeschichtlichen Umwälzungen ausgesetzt war. Er verweist auch darauf, dass dessen Konzept der Güte und des Verzeihens erhebliche Überschneidungen mit den Harmonievorstellungen von Konfuzius aufweist. Aber auch der Effizienzgedanke, der in der Haushaltswirtschaft des Xenophon aufscheint, wird von der Schule der Legalisten beleuchtet (Hu 2009). Besonders ist hier ihr wichtiger Beitrag, der annähernd zeitgleich zur griechischen Antike im alten China eine philosophische Aufklärung ähnlicher Spannkraft vollzieht, zu erwähnen:

(1) Lao ZI (eigentlich Li Er, 604–531 v. Chr.) begründet im Dao De Jing (Tao Te King) den Taoismus, der keine philosophische Kosmologie aufbaut, wie es in der Philosophie, der Mythologie und auch der Mystik Griechenlands der Fall ist. Vielmehr unternimmt er – fast geschichtsmüde und ohne Bezug zu seiner konkreten Gegenwart – den Versuch, dem Individuum durch Beobachtung das Weltprinzip erfahrbar zu machen und so eine Einordnung in das Prinzip des Kosmos (Dao) und die Art und Weise des Dao (De) zu geben. In jedem Prinzip ist auch das Gegenprinzip beheimatet, im Dao also auch das De, was im Yin (Weiblichkeit, Nacht, Mond, Schwarz usw.) und Yang (Männlichkeit, Tag, Sonne, Weiß usw.) zum Ausdruck kommt. Der Versuch der Erklärung zerstört damit die Erklärung. Seine Sprüche sind unerschöpfliche Quellen asiatischer Weisheit und werden an wichtigen Stellen eingebaut, um zu verdeutlichen, wie die asiatische Kultur die Konflikte der Moderne einordnet.[3]

---

3 Der UNESCO folgend ist das Dao De Jing der am meisten übersetzte Kulturkanon der Welt, vor ihm liegt nur noch Bibel. Wenn man Dao und De als Sinn und Nichtsinn übersetzt, scheint es für Menschen des abendländischen Kulturkreises verständlich und naheliegend – aber die Nähe täuscht. Dao und De sind völlig andere Dimensionen als Sinn und Nichtsinn.

(2) Kong Zi (eigentlich Kong Qiu oder Konfuzius, 551–479 v. Chr.) verlässt den Weg von Lao Zi, mit dem er in Rivalität steht, und begründet eine neue Schule. Diese befasst sich mit dem, was man heute in etwa als politische Wissenschaft und auch als politische Ökonomik bezeichnen könnte: eine Lehre der Herrschafts-, Höflichkeits- und Ritualenverhältnisse, die auf einer starken Familienorganisation und damit verbunden auf einer starken Harmonielehre beruht.

(3) Mo Zi (ca. 490–381 v. Chr.) zählt zu den sogenannten Wanderphilosophen Chinas. In seinen sieben Regeln, die den sogenannten Mohismus, eine utilitaristische Lehre begründen, verdammt er die Prasserei der Oberschicht, die fehlende Solidarität mit angegriffenen Nachbarn sowie damit verbunden die fehlende Wehrfähigkeit und zugleich das Ausbeuten der breiten Massen, die Korruption und Willkür der Beamten sowie die Verlogenheit und schließlich die Wirkungslosigkeit von Anreizen, also Belohnungen und Bestrafungen. Anders als Kong Zi betont er nicht die tugendhafte Menschlichkeit, sondern vielmehr eine tugendhafte Rechtschaffenheit, die aber anerzogen werden muss. Denn eigentlich sei der Mensch, der ohne gesellschaftliche Bindung aufwächst – ganz ähnlich wie später bei Thomas Hobbes, egoistisch, kurzsichtig und handele wie ein wildes Tier. Diese Vorstellung vom an sich schlechten Menschen vertrat später auch der Philosoph Xun Zi (298–220 v. Chr.). Ohne Hierarchie, verwirklicht durch Fürst und Volk, Vorgesetzte und Untergebene, Ältere und Jüngere, gibt es keine Ordnung, deren Aufgabe es auch isti, in die Familienbeziehungen hineinzuwirken. Er geht soweit, dass ohne diese Art Staatsvertrag nicht einmal eine gemeinsame Sprache möglich ist. Die Empathie für Dritte soll so ausgestaltet sein, dass zwischen den Interessen des Selbst und dem anderen nicht unterschieden werden kann; jeder, der egoistisch handelt, handelt zugleich im Sinne der Gesellschaft und erhöht damit den Nutzen aller. Hier klingt etwas davon an, was später bei Immanuel Kant und Adam Smith aufscheinen wird.

(4) Meng Zi (370–290 v. Chr.) gilt als der bedeutendste Nachfolger von Kong Zi. Er entwickelt aus einem positiven Menschenbild heraus den höchst anspruchsvollen Begriff der Menschenwürde. Bedeutung hat für ihn eine Bildung auf der Grundlage der vier Tugenden – Mitmenschlichkeit, Gerechtigkeit und Pflichterfüllung, Höflichkeit sowie Weisheit. Da diese dem Menschen vor aller Sozialisierung eigen sind, bestimmt sich hieraus auch seine a-priori Würde. Allerdings gelingt es nie, diese Regeln der Menschenwürde auch als individuellen rechtlichen Anspruch der Untergebenen gegen den Herrscher auszugestalten – eine Umkehrung des Herrscher-Untergebenen-Prinzips, das heute als eine westliche Kulturleistung erscheint; allerdings ist für ihn denkbar, eine ungerechte Herrschaft durch die Untertanen zu beenden. Er stellt sich mit der Tugendlehre gegen den Utilitarismus der Mohisten und macht den Konfuzianismus zur Staatsphilosophie des damaligen Chinas.

(5) Zhuang Zi (eigentlich Zhuang Zhou, 369–286 v. Chr.) gilt als Vervollständiger des Daoismus und wendet sich gegen die Dogmatisierung der Lehre von Kong

Zi durch dessen Schüler. Seine Morallehre weist wichtige staatsphilosophische Aspekte auf, weil sie verdeutlicht, dass diese nicht dogmatisch, wie in konfuzianischer Tradition, zu sehen ist. Vielmehr soll der Mensch, um zum Dao zu gelangen, immer der Natur entsprechend leben, nicht gegen sie. Das Dao liegt nicht im Dogma, sondern eben in der Natur. Daher fällt es schwer, mit ihm Ordnung in der Gesellschaft herzustellen, weil gleichsam spieltheoretisch immer wieder eskalierende Dilemmasituationen auftreten, wie das folgende Beispiel zeigt: Der Versuch, sein Eigentum in einer verschlossenen Kiste zu schützen, führt nur dazu, dass die gesamte Kiste gestohlen wird. Grundsätzlich kann sich der Mensch aus diesen moralischen Verstrickungen nicht lösen.

(6) Huan Kuan (eigentlich Huan Cigong, 2. und 1. Jh. v. Chr.) lebt während der Zeit des Herrschers Zhao (87–74 v. Chr.) zur Zeit der Han-Dynastie und dokumentiert in seinem Buch *Yantielun* eine Konferenz aus dem Jahre 81 v. Chr. zwischen chinesischen Beamten und konfuzianischen Gelehrten über die Produktion und den Verkauf von Salz, Eisen und Alkohol (Huan, Bai [Hrsg.], 2012; Sang, Wang 1992). Er schreibt die diskutierten Fragen, die sich im Spannungsverhältnis aus konfuzianischer Herrschaft durch Tugenden und aus der legalistischen Herrschaft des Rechts ergeben in Dialogform nieder. Dabei prallen fundamentale politische Philosophien aufeinander, beispielsweise die Entscheidungen darüber, ob der Feind – die Hunnen – mit Waffengewalt niedergerungen oder durch Geschenke von Eroberungen abgehalten werden soll. Aus ökonomischer Sicht sind die strukturellen Fragen über die Wirtschaftsordnung und die konkrete Wirtschaftspolitik von Bedeutung, weil durch Monopole die Staatsfinanzierung gesichert wird. Mit den Monopolen verbunden ist eine Bevorratungswirtschaft zum Krisenausgleich, die hohe Kosten und Extraprofite erzeugt. Damit sind sie aus konfuzianischer Sicht abzulehnen, zumal die Profitorientierung im Gegensatz zum Tugendideal steht, während die Legalisten auf eine Verbesserung der Qualität der Beamten setzen. Eine weitere Debatte betrifft die Monopolisierung des staatlichen Münzwesens, wodurch die Monetisierung und damit auch die Expansion der Wirtschaft unterstützt werden soll. Diese Währungsreform konnte aber zu vermehrter Korruption führen, weil sich Reiche den Steuern durch das Kaufen von Beamten entziehen können. Zudem sind Münzgewinne möglich, wenn die intelligenten Kaufleute das gute Geld horten und das schlechte im Umlauf belassen. Schließlich werden die mit der Expansion der Wirtschaft verbundene Internationalisierung und die Potenziale des Handels besprochen, die insbesondere den Reichtum der Städte erhöhen können, wofür aber die agrarorientierte konfuzianische Tradition wenig Raum lassen will.

Wichtig scheint gerade wegen der Diskussionen vorgeblich kulturbedingter Konflikte darauf zu verweisen, dass neben den asiatischen Philosophien auch der Islam ein wesentlicher Treiber der europäischen Aufklärung war. Daran erinnert die Kultur zur Zeit der Staufer in Sizilien. Die moderne Mathematik, aber auch die Medizin, die

Pharmazie oder die Astronomie wären ohne diese Vorleistungen kaum denkbar. Frederick Starr (2013) schreibt in seinem Werk über das *Lost Enlightenment*, wie das an der Rationalität orientierte Potenzial des Islam durch die ab dem 9. Jh. einsetzende Gegenbewegung des Sufismus mit seinen starken religiös-dogmatischen Strömungen verkümmerte.

2.4 Die bäuerliche Dorfwirtschaft des frühen Mittelalters (4. bis 7. Jh.)

Diese Wirtschaftsordnung lässt sich als geschlossene Hauswirtschaft mit den beiden Bereichen Produktion und Konsum auffassen. Die Arbeitsteilung war nur in geringem Maße entwickelt und entsprach einerseits den standörtlichen Bedingungen (Ackerbau, Viehzucht, Fischerei, Jagd), des Weiteren einer geschlechtsspezifischen Funktionsteilung (Haushalt, Spinnen, Weben, Ackerbau als Tätigkeitsfelder der Frau; Ackerbau, Jagd, Fischerei, Haus- und Gerätebau, Wehrdienst als Tätigkeitsfelder des Mannes) sowie schließlich der gesellschaftlichen Stellung (Großhufe der Adeligen, Großfamilienwirtschaft, Kleinfamilienwirtschaft).

Das Privateigentum an Grund und Boden, das aus dem römisch-griechischen Kulturkreis schon früher bekannt war, hat für Nomaden bzw. wandernde Stämme eine geringe Bedeutung; der Eigentumsbegriff verbindet sich hier unter anderem mit Mobilien wie Waffen, Schmuck und ähnlichen Dingen. Mit der Sesshaftwerdung der germanischen Stämme und dem Übergang zu landwirtschaftlichen Anbaumethoden wuchs die Bevölkerung, Land wurde zum knappen Gut und familieneigenes Bodeneigentum entstand, dessen Ausweitung durch Rodung oder Raub geschah. Die Existenzbedingungen konnten durch Intensivierung der Produktion oder Abwanderung verbessert werden; erstere betraf sowohl die Landwirtschaft als auch eine Verstärkung der Arbeitsteilung durch handwerkliche Betätigung (Töpferei, Schmiede). Der Widerspruch dieser Ordnung zu der der Antike ist evident, bezieht sie doch ihre Wurzeln aus völlig anderen Quellen: hier die Nomadenwirtschaft, dort die Stadtwirtschaft.

Die Vorstellung vom Grund und Boden als Gemeineigentum (Allmende) hat Spuren bis in die Neuzeit hinein hinterlassen: Bis in die fünfziger Jahre wurde gemeindliches Weideland in der Bundesrepublik Deutschland als Allgemeingut genutzt; diese Rechte wurden jedoch inzwischen weitgehend abgelöst.

2.5 Die Grundherrschaft des Mittelalters (8. bis 13. Jh.)

Mit dem Übergang der Herrschaft der Merowinger als absolute germanische Bauernkönige und Nutznießer der römischen Mittelmeerkultur auf die Karolinger als Begründer einer auf der Grundherrschaft beruhenden Form der Naturalwirtschaft, die den

König über eigene Mittel verfügen ließ, gelang es, ein Staatswesen zu organisieren, das über eine eigene, der Führung ergebene Verwaltung verfügte und ein größeres Maß an Arbeitsteilung erlaubte.

Als Grundherrschaft bezeichnet man eine mittelalterliche arbeitsteilige Herrschafts- und Wirtschaftsordnung, die sowohl auf dem Eigentum an Grund und Boden als auch auf der Berechtigung, innerhalb bestimmter räumlicher Grenzen zu gebieten und verbieten (Gerichtsbarkeit), aufbaute. Die sesshaften, schollenpflichtigen, bäuerlichen Familienwirtschaften dienten den bevorrechtigten Schichten des Rittertums und der Geistlichkeit durch regelmäßige Naturalienabgaben sowie Hand- und Spanndienste; dem Rittertum und der Geistlichkeit kamen Aufgaben als Wehr-, Lehr- und Verwaltungsstände zu.

Als Realtypen von Grundherrschaften bildeten sich die königlich-herzoglichen Pfalzwirtschaften, die geistliche Grundherrschaft und die ritterliche Grundherrschaft heraus. Die königlich-herzoglichen Pfalzen konnten Verwaltungszentrum (Palatium, z. B. Aachen, Ingelheim, Goslar), befestigte Pfalzen für den Fall innenpolitischer Bedrohung oder Königsgüter, d. h. Produktionsstätten für den Eigenbedarf und die Finanzierung der Machtausübung sein, wobei als Arbeitskräfte besitzlose Slaven oder Kolonen herangezogen wurden. Die wirtschaftlichen Aktivitäten wurden von den Kämmerern der Pfalzen und den Ministern der Königsgüter koordiniert. Ausdruck der geistlichen Grundherrschaft war das Kloster, das sowohl die Funktionen eines religiösen, geistigen, sozialen, handwerklichen, künstlerischen und wissenschaftlichen Zentrums innehatte als auch Stätte der Produktion war (im Bereich der Landwirtschaft durch zehntpflichtige, hörige Bauern, die Fronhöfe bewirtschafteten, im Bereich der Veredlung durch den eigenen Kräuter-, Obst-, Gemüse- und Weinbau). Umschlossen war die geistliche Grundherrschaft durch die Diözese mit dem Bischofssitz, der somit über eine beachtliche Hausmacht verfügte.

Die wirtschaftliche Theoriebildung vollzog sich im Einflussbereich der geistlichen Herrschaft, die Normen für das Wirtschaften durch die Scholastik setzte. Trotz der Mannigfaltigkeit des mittelalterlichen Wirtschaftslebens war infolge der leichten Überschaubarkeit wirtschaftlicher Erscheinungen eine systematische Durchleuchtung des Wirtschaftsprozesses mittels eines geschlossenen Theoriegebäudes nicht nötig. Für die Scholastiker standen religiöse und philosophische Fragen im Vordergrund, sodass ökonomische Fragen im Zusammenhang mit der Ethik, und hier vor allem das Problem eines „gerechten Preises", von Interesse waren. Zweifellos musste das Aufhängen des Interesses am Preismechanismus an ethischen Postulaten zu der Vorstellung führen, dass ungerechte Preise durch Marktversagen entstehen.

(1) Für Thomas von Aquin (1225–1274) ist das Wirtschaften eine Realität der Schöpfung, das dem Ziel vollendeter Glückseligkeit untersteht und im Füreinander eine soziale Dimension erhält. Es wird damit zum Akt praktischer Vernunft (vgl. Kant). Ziel muss das Wohlergehen im Gemeinwesen, das Erhalten des Notwendigen und des Angemessenen sein. Den Handel mit Geld gegen Zins empfindet er als ungerecht und postuliert die Unvereinbarkeit von Christ und Kaufmann;

nur in Ausnahmen, wie bei der Beteiligung an Unternehmen oder zur Güterbeschaffung in Not seien Zinsen hinzunehmen. So vertritt er das Verbot für Christen, Geld gegen Zins zu nehmen (kanonisches Zinsverbot), mit der Folge, dass sich vor allem Juden der „unehrlichen" Betätigung als Händler und Geldverleiher widmeten. Er vermutet, dass Verkäufer dazu neigen, besondere Nachfragesituationen zur Preissteigerung auszunutzen. Im allgemeinen ist für den Tausch der Güter der Wert entscheidend, der sich aus den menschlichen Bedürfnissen ergibt. Er knüpft damit an Aristoteles und an Augustin an, die den Wert nach der natürlichen Ordnung und nach dem Gebrauchswert unterscheiden und postulieren, dass Tausch nur möglich ist, wenn beide Parteien einen Vorteil haben. Somit ist für Thomas von Aquin derjenige Preis als der gerechte anzusehen, der sich als Marktpreis zwischen zwei fair handelnden Marktpartnern ergibt; er verweist in diesem Zusammenhang darauf, dass dieser zeit- und raumbezogen ist. Der objektive Wert eines Gutes wird den geronnenen „labor et expensae" gleichgesetzt, allerdings ist die Arbeitswertlehre von Aquin in dem Sinne allgemeiner, als er vermutlich meinte, dass die expensae in Arbeit auszudrücken oder labor et expensae zu monetarisieren sind. In Fortführung der Scholastiker wird die Vorstellung, der Preis hängt mit labor et expensae zusammen, weiter aufgeweicht, sodass sowohl das, was man heute als Profitrenten bezeichnet, als auch – alternativ – die Zerstörung des Gewerbetreibenden, so moralisch verderblich dies auch ist, eingeschlossen wurden (Rationalisierungsgedanken waren den Scholastikern fremd). Arbeit ist für Aquin ein Schöpfungsauftrag, eine menschliche Pflicht, um das „Abschlaffen" zu verhindern, die Begierde zu zügeln und um materielle Werte für eine standesgemäße Nahrung und das Geben von Almosen zu schaffen. Eigentum wird unterstützt, weil sich Menschen vor Arbeit am Gemeineigentum scheuen; allerdings sieht er die Notwendigkeit einer starken sozialen Verpflichtung.

2.6 Die Stadtwirtschaften des ausgehenden Mittelalters (12. bis 16. Jh.)

Die Städte des ausgehenden Mittelalters verdankten ihre Entstehung und Stellung ihrer Funktion als kirchliche Residenzen (Würzburg, Bamberg), als relativ autonome Freihandelsstädte (Brügge, Lübeck) oder als Landstadt mit grundherrschaftlichem Einfluss. Die ersten beiden Funktionen überlagerten sich häufig, wie die Städte Köln, Mainz oder Straßburg belegen.

Grundlage der Stadtwirtschaft waren – neben einer gesunden landwirtschaftlichen Basis, die einen zunehmenden Grad der Arbeitsteilung erlaubte – das Handwerk und der Handel (Märkte), die den Städten eine einzigartige Prägung gaben. Ihre wirtschaftliche und politische Entwicklung war durch folgende dogmengeschichtlich relevanten Vorgänge und Veränderungen, die schließlich in die Aufklärung der Renaissance münden, möglich:

(1) Gedanken über die Freiheit des Individuums fanden besonders in Städten eine verstärkte Resonanz (im Gegensatz zum eher kollektivistisch organisierten System der Grundherrschaft). Waren den Christen vormals die unehrlichen Berufe, insbesondere das Ausleihen von Geld gegen Zins verboten (kanonisches Zinsverbot), so entstand nun ein den Handel begünstigendes System des Geldtausches und Geldverleihs und später, ausgehend von den oberitalienischen Städten (insbesondere Venedig und Florenz), ein weitgespanntes Bankensystem (Medici). Es bildeten sich städtische Kaufmannsgeschlechter („königliche Kaufleute") heraus, die zum Teil bis heute Bedeutung haben.

Hier entstand erstmals das, was Werner Sombart (1913) als „kapitalistischen Geist" bezeichnet, d. h. eine Wirtschaftsgesinnung, die vom Prinzip der Bedarfsdeckung und dem Traditionalismus zugunsten eines dynamischen Unternehmertums in Form von „Geldgier, Abenteurerlust und Erfindungsgeist" und Bürgergeist in Form von „Rechnerei und Bedachtsamkeit, …, Vernünftigkeit und Wirtschaftlichkeit" Abschied nahm (S. 27).

(2) Die Souveränitätsrechte der Städte (Stadtrechte) schränkten den Zugriff der Grundherrschaft ein. Der Satz „Stadtluft macht frei" erinnert an die Tatsache, dass der Leibeigene oder Fronverpflichtete durch „Flucht" in die Stadt ein Mehr an Freiheit gewinnen konnte (auch wenn er damit noch keine städtischen Bürgerrechte besaß). Durch diese Abwanderung, die Wanderungsverluste der Ostkolonisation und die Menschenverluste der Kreuzzüge verbesserte sich die Lage der Landbevölkerung gegenüber den in zunehmend geringer werdendem Umfang selbst wirtschaftenden Grundherren, sodass die Bedeutung der Meierhöfe stieg.

(3) Städte boten durch Markt- und Messerechte, den Privilegienerwerb von Beschaffungs- und Absatzgebieten sowie das Ausschließlichkeitsrecht des Handels als städtisches Monopol den Freihändlern – im Gegensatz zu den früheren Emporien – die Möglichkeit, dauerhaft sesshaft zu werden. Hierdurch entstand die Möglichkeit der schriftlichen Niederlegung kaufmännischer Techniken, die häufig nur innerhalb der Familie weitervererbt, teilweise aber auch schriftlich kommuniziert wurden: Die doppelte Buchführung wurde 1494 von dem italienischen Mathematiker Luca Pacioli entwickelt; Grundlagen des Scheck- und Wechselverkehrs wurden von den MEDICI gelegt; als wirtschaftliches Lehrinstitut ist die 1228 erstmals schriftlich erwähnte Fondaco dei Tedeschi als deutsches Kontor in Venedig zu nennen, an dem auch Jakob Fugger studierte.

(4) Ein privatwirtschaftlich und privatrechtlich selbständiger, wenn auch nicht immer mit Bürgerrechten ausgestatteter Handwerkerstand konnte sich in Zünften organisieren; letztere waren gleichzeitig Beschaffungs- und Absatz-„Genossenschaften", Berufsverbände mit Zwangsmitgliedschaft und Zulassungsbeschränkungen bei der Berufsausübung, wirtschaftliche Kartelle, soziale Sicherungsfonds und Berufsbildungseinrichtungen.

Dogmengeschichtlich von hoher Bedeutung für die wirtschaftliche Entwicklung an der Wende vom 15. zum 16. Jahrhundert war die durch die (theologischen) Gedanken der Reformatoren Luther (1483–1546), Zwingli (1484–1531) und Calvin (1509–1564) entstandene neue Wirtschaftsethik. Luther blieb weitgehend bei den auf Aristoteles zurückgehenden Vorstellungen der Scholastiker über die Stellung des Christen im Wirtschaftsleben und verhinderte die Entstehung eines kapitalistisch-marktwirtschaftlichen Systems durch seine Unterstützung feudaler Herrschaftsstrukturen, die vorrangig außerhalb der Städte zu finden waren. Insbesondere verteufelte Luther den Handel und den Geldverleih gegen Zins (Essay: *Von Kauffshandlung und von Wucher* (1524), sowie die späteren Judenschriften). Trotzdem gewannen durch die Reformation weltliche Normen und Maßstäbe, hauptsächlich in Bezug auf die Freiheit des Menschen, an Gewicht. Calvins Lehre der Prädestination, dass weltlicher Erfolg, Tüchtigkeit und Bescheidenheit auf Erden ein Zeichen für Gottes Wohlgefälligkeit sind, gab dem gewinnorientierten Wirtschaften, das das Verlangen nach „Gnadengewißheit" stillen sollte, eine moralphilosophische Begründung. In England und in den USA zeigte diese Glaubenslehre ihre Wirkungen in der industriellen Revolution (vgl. Max Weber 1905).

2.7 Das Zeitalter des Absolutismus und des Merkantilismus (16. bis 18. Jh.)

Im Laufe der Entwicklung gelang es den mittelalterlichen Landesherren, ein immer größeres – bisher grundherrschaftlich organisiertes Gebiet – unter ihre Herrschaft zu bringen und unter ein einheitliches Recht zu stellen. Das vollzog sich zu Lasten der Bauern und der Ritterschaft. Aufgrund der Tendenz zu steigenden Betriebsgrößen, vor allem in der Getreide- und Viehwirtschaft, die von steigenden Arbeitslöhnen und sinkenden Absatzpreisen ausging, konzentrierte sich die Landwirtschaft (besonders im deutschen Osten) zur Gutsherrschaft, d. h. zu einer Verbindung von Grund- und Gerichtsherrschaft, die die soziale, wirtschaftliche und rechtliche Lage der Landbevölkerung stark verschlechterte. Ausnahmen bildeten nur Regionen mit Sonderkulturen (insbesondere beim Weinbau), in denen sich eine führende Bauernschicht ausbilden konnte. Einheitliches Recht bedeutet insbesondere Rechtsschöpfung (Rezeption des römischen Rechts), die dem Gewohnheitsrecht, das die ursprünglichen Beziehungen der Kolonen, Grundherren und Bauern untereinander regelt, entgegensteht. Reaktionen hierauf waren unter anderem die Bauernkriege.

Mit dieser Einbringung des aus der Organisation der Stadtwirtschaften bekannten Denkens und Handelns in den Staat zentralisierte sich die Macht in den Händen eines absoluten Herrschers, der die Rechtfertigung seiner Macht aus der Staatsnotwendigkeit herleitete. Dies wird z. T. von den Staatsphilosophen der damaligen Zeit gestützt; es entwickelten sich aber auch individualistische Auffassungen:

(1) Nicolò Machiavelli (1469–1527) untersucht in seiner Abhandlung *Il Principe* (1710) die Vereinbarkeit von Politik und Moral, das sittliche Problem der Macht und postuliert, dass die Staatsräson über der Moral stehe.

(2) Jean Bodin (1530–1596) sieht in seinem Werk *Les six livres de la République* (1576) den Staat als Diener des Individuums und definiert die Souveränität als die Unabhängigkeit staatlicher Gewalt von innerstaatlichen, vor allem ständischen, Bindungen.

(3) Thomas Hobbes (1588–1679) leitet in seinem Hauptwerk *Leviathan* (1651) die Autorität des Staates, d. h. des Souveräns, und die Subordinationspflicht des Bürgers aus allgemeinen menschlichen Eigenschaften her. Diese Grundantriebskräfte seien das Streben nach Selbsterhaltung und nach Lustgewinn und würden durch die Macht befriedigt. Die Gleichheit aller im Naturzustand (im Schlaf kann auch der Stärkste umgebracht werden) und das natürliche Recht auf Einsatz aller notwendigen Mittel zur Selbsterhaltung (homo homini lupus est) mache einen Herrschaftsvertrag zwingend:

> Ich autorisiere diesen Menschen oder diese Versammlung von Menschen und übertrage ihnen mein Recht, mich zu regieren, unter der Bedingung, dass Du ihnen ebenso Dein Recht überträgst und alle ihre Handlungen autorisierst.

Nach der Konstituierung dieses Staates, des Leviathan, durch einen „Begünstigungsvertrag (Leviathan ist kein Vertragspartner) können die Individuen gegen den Staat keinerlei Rechte mehr geltend machen und er kann gegen sie kein Unrecht tun, ist allerdings nicht an die Individuen gebunden. Hobbes zählt daher auch zu den frühen Aufklärern.

Interessant ist, dass Hobbes zwar die Macht des Souveräns in diesem starken Staat, der die Freiheit der Individuen einschränkt, als unveräußerlich ansieht, dennoch aber nicht alle Befehle befolgt werden müssen; insbesondere darf das Individuum

- sich weigern, Selbstmord zu begehen,
- den Kriegsdienst verweigern (Recht auf Feigheit),
- den Befehl im Bürgerkrieg verweigern, da hier die Treuepflicht gegenüber dem Souverän endet.

(5) Ebenso wie Hobbes geht John Locke (1632–1704), der ebenfalls zu den frühen Aufklärern zählt, in den *Two Treatises of Government* (1690) von einem Urzustand ohne Staat aus, in dem alle Menschen frei über sich verfügen können, aber bereits mit Eigentumsrechten ausgestattet sind. Der Mensch sei in der Lage, durch vernunftmäßiges Einhalten der „Gesetze der Natur" einen erträglichen Zustand zu erzielen; dennoch könne dieser aus Mangel an einer anerkannten Rechtsprechung auch gewalttätig sein, da jeder das natürliche Recht habe, einen Angriff, den er für rechtswidrig hält, abzuwehren oder zu vergelten.

Der Naturzustand entwickelt sich nach Locke von einer lockeren Gemeinschaft durch die Einführung des Geldes zu einer arbeitsteiligen Tauschwirtschaft, die die Ungleichheiten verschärft, sodass der Naturzustand in dieser zweiten Phase immer instabiler wird. Das verleitet die Individuen (besser: die Besitzenden) dazu, einen original compact zu schließen und damit der Gemeinschaft ihre natürlichen Rechte, insbesondere das Eigentumsrecht, sowie das Recht auf Selbstjustiz zu überantworten. Das entstehende civil government herrscht nicht unumschränkt und kann notfalls mit Gewalt abgesetzt werden. Oberste Pflicht des Staates ist der Erhalt von Leben, Freiheit und Eigentum der Bürger. Eigentümer haben das Recht, ein Parlament zu wählen.

Der absolute Herrscher war höchster Gesetzgeber, Richter und Verwaltungsbeamter in einer Person (Ludwig XIV: „L'état c'est moi"), wobei der Umfang seiner Macht von Land zu Land oder in der Zeit durchaus im Wandel war. Die Integration des Staates führte zur Vereinheitlichung des Geldwesens, zum Ausbau des Verkehrsnetzes und zum Aufbau eines stehenden Heeres, das über Steuern finanziert wurde, sodass der Finanzverwaltung eine zunehmende Bedeutung zukam. Der absolute Herrscher setzte aus diesem Grunde Fachminister ein, die einen großen Einfluss hatten: Der Merkantilismus als Wirtschaftspolitik absoluter Herrscher (in Deutschland Kameralismus, in England Boullionismus) wurde entscheidend von Finanzminister Colbert (1619–1683) geprägt („Colbertismus"), der ursprünglich in den Diensten des Kardinals Mazarin stand und ab 1661 Leiter der Staatsfinanzen wurde (contôleur général des finances). Er schuf die Zolleinheit Frankreichs, reformierte das Steuerwesen (System der Steuerpacht, Einführung indirekter Steuern) und postulierte, dass Geldmenge und Staatshaushalt im Verhältnis 3:1 stehen müssten; dies gelte auch regional wegen der Steuerfähigkeit vor Ort. Er verfolgte eine Erziehung zu disziplinierter Arbeit, weil hierdurch die staatliche Steuerbemessungsgrundlage wächst, und unterschied zwischen den produktiven Tätigkeiten in der Landwirtschaft, im Handel, in der Produktion und im Kriegsdienst und der unproduktiven Arbeit von Mönchen, Nonnen und der Verwaltung.

Ziel des Merkantilismus war die Förderung des staatlichen Wohlstands in Form eines möglichst großen Gold- und Silberbudgets des absolutistischen Herrschers. Als Mittel dazu bediente er sich der Förderung des Handels, insbesondere des Außenhandels (bei Behinderung des Imports, z. B. durch Zölle; guerre d'argent). Hierzu wurde die in großgewerblichen Formen (Verlag, Manufaktur, Fabrik) organisierte Industrie gefördert und große Handelskompanien gegründet, die mit Privilegien für den Übersee-(Kolonien-) Handel ausgestattet waren, um billig Rohstoffe beschaffen zu können.

Zum Zwecke der Aufrechterhaltung eines hohen Exportniveaus wurde gefordert, das allgemeine Lohnniveau niedrig zu halten, um die internationale Konkurrenzfähigkeit zu erhalten. Man versuchte, das durch eine aktive Bevölkerungspolitik zu erreichen, die zugleich ein umfangreiches Arbeitsangebot und eine starke Binnennachfrage gewährleistete.

2.8 Die ökonomischen Aufklärer: Physiokraten und Klassiker (18. Jh. und erste Hälfte des 19. Jh.)

In England entstand, im Gegensatz zum absolutistischen, autokratischen System Georg III, die von Adam Smith mit seiner *An Inquiry into the Nature and the Causes of the Wealth of Nations* (1776) begründete klassische Schule. Die Theorien der Physiokraten und der klassischen Schule entwickelten sich also im Gegensatz zu dem sie umgebenden Wirtschaftssystem und begründeten den volks- und weltwirtschaftlichen Kapitalismus des 19. Jahrhunderts. Eine Fülle von Einflüssen war maßgeblich für diese Entwicklung; neben den hier aufgeführten ist auch die beträchtliche Wirkung der sprunghaften Bevölkerungsvermehrung für die Entwicklung der kapitalistischen Staaten zu erwähnen.

(1) Die Realität der industriellen Revolution mit der Veränderung der Klassenstrukturen, der Entstehung eines freien Arbeitsmarktes, der Fabrik- und Massenproduktion und der Ausbildung eines Industrieproletariats veränderte die wirtschaftlichen Denkkategorien.

(2) Die moderne Staatsauffassung begründet Gottfried Wilhelm v. Leibniz (1646–1716), der eine Erneuerung des Staatswesens an Haupt und Gliedern – heute als Verwaltungsreform zu bezeichnen –, die Konzentration der Staatstätigkeit auf die Kernkompetenzen (Verteidigung und Ordnung, Bildung und Erziehung, Fürsorge) fordert und für öffentliche Ausgaben Kosten-Nutzen-Analysen entwickelte. Als Universalgelehrter entwickelt er die Infinitesimalrechnung, das duale Zahlensystem, eine Rechenmaschine und den Dübel. Er postuliert, dass alles mit allem zusammenhängt und dass es nur eine Rationalität zur Erforschung gibt. Die Freiheit, „in der besten aller Welten zu leben", begründet für ihn ein offenes Menschenbild in dem moralische Verwerflichkeit als Erkenntnisunfähigkeit zu interpretieren ist.

(3) Die Ideen des Naturrechts, dass aus der Würde des Menschen sein Anspruch auf Freiheit und Gleichheit folge, werden von Jean Jacques Rousseau (1712–1778) dahingehend interpretiert, dass Herrschaftsverhältnisse nur durch vertragliche Übereinkunft (contrat social, 1762) geschaffen werden dürfen, wobei der Staat den Kollektivwillen repräsentiere. Nach Rousseau ist der Mensch im Urzustand unabhängig und gegenüber anderen gleichgültig sowie ohne moralische Verpflichtung; er versucht, seine Bedürfnisse zu befriedigen, ohne andere zu stören. Bevölkerungszunahme und Naturkatastrophen bringen diese heile Welt immer stärker ins Wanken, sie droht sich in Richtung auf eine Situation Hobbes'scher Prägung hinzuentwickeln durch die Eigenliebe und die Selbstsucht sowie durch das Auftreten von Arbeitsteilung und Eigentum. Der Kampf aller gegen alle führe schließlich zu einem contrat social, bei dem alle durch einen Kollektivwillen, die volonté générale verbunden sind, der nicht die einfache Addition der Einzelwillen, der volontés particulières, darstellt, sondern sich dadurch ergibt, dass sich beim Abstimmen gegensätzliche Auffassungen kompensieren.

(4) Immanuel Kant (1724–1804) betrachtet den Gesellschaftsvertrag als Gedankenexperiment, um hierdurch oberste Maßstäbe zur moralischen Beurteilung rechtlicher Regelungen ableiten zu können. Im Urzustand herrsche Rechts- und Verfassungslosigkeit, wobei Besitz- und Eigentumsrechte, die aber nicht gegen Übergriffe anderer geschützt sind, existieren können. Die Vertragsnotwendigkeit ergäbe sich zwangsläufig aus dem Entstehen von Streitfällen bei ungeregeltem Zusammenleben der Menschen, wobei die Einschränkungen der Freiheit (ganz im Gegensatz zu Hobbes) auf ein Minimum zu reduzieren seien.

Der fiktive Zusammenschluss der Menschen manifestiere sich in einer Staatsverfassung, wobei die Gesetze so auszugestalten seien, dass man sie sich als Ergebnis derselben vorstellen könne. Kant postulierte, dass der Wille des Menschen durch das „moralische Gesetz" bestimmt werde und in eine „reine" praktische Vernunft münde. Durch diese Anatomie des Willens werde dieser zum Gesetz. Das „moralische Gesetz" verwirkliche in der realen Welt den Begriff der Freiheit. Als sittlichen Grundsatz forderte Kant in der Kritik der praktischen Vernunft (1788): „Handle so, dass die Maxime deines Willens jederzeit zugleich als Prinzip der allgemeinen Gesetzgebung gelten könne"– der kategorische Imperativ als Antwort auf die dritte Kantsche Frage: „Was soll ich tun?"

Schließlich ist die Bedeutung Kants als großer Aufklärer für den Anspruch der Gesellschaft auf Rationalität nicht zu unterschätzen.

Aufklärung ist der Ausgang des Menschen aus seiner selbstverschuldeten Unmündigkeit. Unmündigkeit ist das Unvermögen, sich seines Verstandes ohne Leitung eines anderen zu bedienen. Selbstverschuldet ist diese Unmündigkeit, wenn die Ursache derselben nicht am Mangel an Verstand, sondern der Entschließung und des Mutes liegt, sich seiner ohne Leitung eines anderen zu bedienen. Sapere aude! Habe Mut, dich deines eigenen Verstandes zu bedienen! ist also der Wahlspruch der Aufklärung.

(5) Die Ideen Montesquieus (1689–1755) von der Gewaltenteilung (*L'esprit des lois*, 1748) halfen, den bürgerlich-konstitutionellen Staat zu begründen, und beeinflussten in hohem Maße die amerikanische und französische Revolution.

(6) Die Freiheitsideen des bürgerlichen Nationalismus unterschieden sich deutlich vom absolutistischen Nationalismus mit dem Adel als Träger des Staates.

(7) Die Auflösung des theozentrischen Weltbildes wurde teilweise durch den mathematisch-naturwissenschaftlichen Rationalismus bewirkt.

(8) Im wirtschaftlichen Bereich führte das zum Glauben an die natürliche Ordnung, das freie Unternehmertum (calvinistische Ethik), die wirtschaftliche Freizügigkeit, die Selbstverantwortlichkeit des Individuums, das Prinzip der Arbeitsteilung und die unbeschränkte Anerkennung des Privateigentums.

Die Zeitspanne von der zweiten Hälfte des 18. Jahrhunderts bis zu der ersten Hälfte des 19. Jahrhunderts wurde durch gesellschaftliche Umbrüche gekennzeichnet, die für die Ausgestaltung und Verbreitung wirtschaftsphilosophischen Gedankenguts von großer Bedeutung waren, insbesondere durch die Französische Revolution (1789), den amerikanischen Unabhängigkeitskrieg (1776) und durch Napoleons Imperialismus und seine Kriegszüge in Europa, schließlich durch dessen Niederlage und die Restauration. Die sich entwickelnden wirtschaftlichen Lehrmeinungen reflektieren diese Entwicklung:

(9) Die Lehre der Physiokraten: Mit der Veröffentlichung des Tableau Economique im Jahre 1758 durch den Franzosen François Quesnay (1694–1774), Leibarzt der Marquise de Pompadour, der Maitresse von Ludwig XV und des Königs selbst,), schlägt die Geburtsstunde der Wirtschaftswissenschaften. Angeregt durch die vorangegangene Entdeckung des Blutkreislaufs beschreibt er die Einkommens- und Güterströme im damaligen Frankreich in einem Kreislaufmodell. Mit diesem Konzept der Darstellung der Beziehungen zwischen verschiedenen Aggregaten der Wirtschaft wird Quesnay zum Vordenker der Schule der Physiokraten. Deren Grundüberzeugung besteht darin, dass alleine der Boden die Fähigkeit, produktiv zu sein, d. h. neue Werte zu schaffen, aufweist, weil die Landwirtschaft die einzige Produktion ist, bei der sich der geschaffene Wert nicht allein aus der Addition der Kosten ergäbe, sondern noch ein produit net, den Reinertrag oder Mehrwert, enthalte. Der bon prix ergibt sich durch Handelsfreiheit und Konkurrenz als Kostenpreis, in der Landwirtschaft also als Summe von Kosten und Reinertrag. Durch die zirkuläre Darstellung wird dieser Überschuss als Differenz von produzierten Gütern und verbrauchten Reserven sichtbar, sodass der Reinertrag als Maß des Reichtums verwendet werden kann und eine Rente darstellt, die wiederum für die künftige Kapitalbildung entscheidend ist.

(10) Adam Smith (1723–1790) und der Wohlstand der Nationen: In seinem Hauptwerk *An Inquiry into the Nature and the Causes of the Wealth of Nations* (1776) formuliert Smith eine Theorie der wirtschaftlichen Entwicklung und des wirtschaftlichen Wachstums auf der Grundlage einer Trilogie von Ethik, Ökonomie und Politik als Ordnungsrahmen. Im Gegensatz zu den Physiokraten sieht er die menschliche Arbeit als Quelle allen Wohlstandes, zu dessen Entfaltung die Arbeitsteilung beiträgt. Unter dieser versteht er sowohl die Spezialisierung der Arbeitsplätze als auch die räumliche Spezialisierung der Tätigkeiten und gibt damit der industriellen kapitalistischen Produktion ihr theoretisches Fundament. Weiterhin unternimmt er eine Trennung in produktive und unproduktive Arbeit; letztere umfasst – beeinflusst von den Physiokraten – vor allem die Dienstleistungen. Das Entfalten der menschlichen Produktivkräfte, das Investieren von Kapital, erfordere eine freie Rechts- und Wirtschaftsordnung und eine über Märkte und Wettbewerb koordinierte Wirtschaft. Denn von jedem Tausch profitierten beide Partner, sonst käme ein solcher nicht zustande; nicht durch Zwang, sondern dadurch, dass jeder seine eigenen Ziele verfolge und von einer „unsichtbaren Hand" geführt ein Ziel erreiche, das er gar nicht angestrebt habe, fördere der egoistische Trieb zugleich die Interessen der Allgemeinheit. Smiths Leistung besteht in der Anpassung der Moralphilosophie an die Bedingungen einer modernen,

arbeitsteiligen und hochkomplexen Wirtschaft, bei der das Gesamtergebnis nicht mehr durch individuelle Moral gesteuert werden kann, weshalb eine Ordnungsethik – ein Ordnungsrahmen – eine entscheidende Bedeutung gewinnt.

(11) Jean-Baptiste Say (1767–1832) und die Theorie der Absatzwege: Die später von Ricardo und Mill weiterentwickelten Vorstellungen vom allgemeinen Gleichgewicht der Wirtschaft werden von dem französischen Ökonomen Say formuliert, der in seinem Werk *Traité d'Économie Politique* (1803) das Gesetz von der Erhaltung der Kaufkraft bzw. die Theorie der Absatzwege postuliert: Güter werden im Endeffekt mit Gütern bezahlt; Geld wirkt damit nur wie ein Schleier, was zählt sind die relativen Preise, die im realen Sektor der Wirtschaft bestimmt werden. Eine generelle Überproduktion ist damit nicht möglich. Eine partielle Überproduktion impliziert eine Unterproduktion auf anderen Märkten, d. h. verstopfte Absatzwege. Da Geld kein Wertaufbewahrungsmittel ist, können keine monetäre Überschussnachfrage und somit auch kein Überschussangebot an Gütern existieren. Die Produktion, so SAY, nicht die Konsumfähigkeit, begrenze die Zufriedenstellung menschlicher Bedürfnisse, die unersättlich sind. Eine gute Regierung fördere demzufolge die Produktion, eine schlechte den Konsum.

(12) David Ricardo (1772–1832) und die Lehre von der Einkommensverteilung, den Steuern, den Differenzialrenten und der internationalen Arbeitsteilung: Mit dem Erscheinen der *Principles of Political Economy and Taxation* (1817) begründet David Ricardo seinen Ruf als führender Wirtschaftswissenschaftler seiner Zeit. Er postuliert, dass in allen Ländern und zu allen Zeiten der Gewinn von der Arbeitsmenge abhängt, die auf dem Land eingesetzt oder die mit dem Kapital kombiniert wird; daraus folgt eine Verteilung des Einkommens als Lohn, Grundrente und Profit. Die Arbeitsmenge ist der Höhe nach so bestimmt, dass die hieraus erzielte Entlohnung den Lebensunterhalt der Arbeiter gewährleistet. Der natürliche Wert aller reproduzierbaren Güter geht ausschließlich auf den eingebrachten realen Arbeitsaufwand zurück.

Ricardo prägt die Steuerlehre durch die Erkenntnis, dass die Möglichkeit der Rückwälzung von Lohnsteuern und von Steuern auf lebensnotwendige Güter an die Bezieher von Renteneinkommen nicht möglich sei, weil der Grenzbetrieb keine Steuern zahle und postulierte stattdessen eine Inzidenz auf den Profit, sodass die Profite fielen. In der Theorie der Differenzialrente erkennt er, dass mit steigenden landwirtschaftlichen Preisen zusätzliche Flächen in die Bewirtschaftung einbezogen werden, weshalb dann auch schlechtere Böden kultiviert werden können, die dann als Grenzertragsböden definiert werden; die guten Äcker ebenso wie die bisherigen Grenzertragsböden erwirtschaften einen leistungslosen Gewinn, die Differenzialrente. Hiervon wird die Vorstellung der Rente als leistungsloses Einkommen und das Rent seeking der später betrachteten Institutionenökonomik geprägt. Hintergrund dieser Entwicklung sind die durch die Blockade Napoleons stark gestiegenen Getreidepreise, die die Massen ins Elend stürzten.

Ricardo glaubt an den Freihandel und begründet die Theorie der komparativen Kosten- und Standortvorteile, deren zentrale Aussage darin besteht, dass Handel nicht nur bei absoluten, sondern auch bei relativen Kostenvorteilen günstig sei, und belegt das mit einem Handelsabkommen zwischen England und Portugal (1703):

- Zur Erfüllung des Tauschabkommens benötigt England die jährliche Arbeitskraft von 100 Arbeitern zur Herstellung des nach Portugal zu exportierenden Tuches; ohne Vertrag wären 120 Arbeiter nötig, die aus Portugal importierte Weinmenge selbst herzustellen.
- Zur Erfüllung des Tauschabkommens benötigt Portugal die jährliche Arbeitskraft von 80 Arbeitern zur Herstellung der nach England zu exportierenden Weinmenge; ohne diesen Vertrag wären 90 Arbeiter nötig, die aus England importierte Tuchmenge herzustellen.

Obwohl Portugal den Engländern bei der Produktion beider Güter absolut überlegen ist, gereicht der Tausch dennoch beiden zum Vorteil.

- Die Engländer sparen den Einsatz von 20 Arbeitskräften ein, die sie anderweitig beschäftigen können – es entsteht mithin ein volkswirtschaftlicher Gewinn in Höhe der Produktionsleistung von 20 Arbeitern.
- Der volkswirtschaftliche Gewinn Portugals liegt analog in der Leistung von 10 eingesparten Arbeitern.

Um diese Vorteile nutzen zu können, ist ein stabiles Finanzsystem nötig, und so fordert Ricardo die Golddeckung des Geldumlaufes. Zugleich leitet er aus Handelsungleichgewichten, die mit Edelmetallen ausgeglichen werden müssten, deren Ungleichverteilung in den Ländern der Welt ab.

(13) Thomas Malthus (1766–1834 und die pessimistische Bevölkerungslehre: Malthus schreibt sein Hauptwerk *The Principles of Political Economy Considered with a View to their Practical Application* (1820) in einer Zeit, in der sich durch die Kontinentalsperre Napoleons die Lebensmittelversorgung Englands verschlechtert hatte, gleichwohl der Census von 1801 ein explosionsartiges Bevölkerungswachstum signalisiert. Malthus formuliert daraufhin in der *Abhandlung über das Bevölkerungsgesetz in seiner Bedeutung für den Fortschritt der Gesellschaft* (1798):

Unter der Annahme, dass Lebensmittel für die Existenz des Menschen notwendig sind und dass die Leidenschaft zwischen den Geschlechtern notwendig ist, behaupte ich, dass die Kraft der Bevölkerung unendlich viel größer ist als die Kraft der Erde, dem Menschen ein Auskommen zu gewähren. Die Bevölkerung wächst, wenn sie nicht kontrolliert wird, in geometrischer Reihe. Die Subsistenz wächst nur in arithmetischer Reihe.

Malthus nimmt daher an, dass Löhne über dem Subsistenzniveau zu starker Bevölkerungsexpansion und letztlich zum Sinken der Einkommen unter das Subsistenzniveau und somit zur Verelendung führten; dadurch würde Arbeitskraft knapp und der Preis der Arbeit steige wieder usw. Malthus fordert daher präventive Hemmungen (Geburtenkontrolle), um repressive Hemmungen (Krieg, Hunger, usw.) zu vermeiden.

Wer in eine bereits in Besitz genommene Welt geboren wird, hat, wenn er die Mittel zu seiner Existenz weder von seinen Verwandten noch durch seine Arbeit finden kann, durchaus kein Recht auf Ernährung. An der großen Tafel der Natur ist kein Gedeck für ihn aufgelegt. Die Natur befiehlt ihm zu gehen und säumt nicht, ihren Befehl zu vollziehen.

Malthus sieht nicht, dass der technische Fortschritt zum Wachstum der Wirtschaft und somit zur langfristigen Versorgung der Bevölkerung oberhalb des Subsistenzniveaus führen würde. Demgegenüber steht die optimistische Bevölkerungstheorie von Friedrich List, der auf noch ungenutzte landwirtschaftliche Flächen verweist, von Herbert Spencer (1820–1903), der auf den mit dem Wohlstand abnehmenden Vermehrungsdrang des Menschen verwies, oder von Franz Oppenheimer (1864–1943), der – im Sinn der Agglomerationsvorteile – feststellte, dass erst die hohe Bevölkerungsdichte den technischen und wirtschaftlichen Fortschritt durch einen Produktivitätsdruck erzeugt.

(14) John Stuart Mill (1806–1873) und die Theorie von Nutzen und Wohlfahrt: Zum Zeitpunkt des Erscheinens der *Principles of Economic Thought* (1848) hatte sich die englische Wirtschaft stark verändert: Die Korngesetze waren 1846 gefallen, die Golddeckung hatte Englands Währung stabilisiert. Mill formuliert die Gedankengänge seiner Vorgänger neu und ergänzt sie um wesentliche Punkte: Die Unterscheidung in produktive und unproduktive Arbeiten erscheint ihm fragwürdig. Er weist in seinem ersten Kapitel der Prinzipien nach, dass Smiths Suche nach einem invarianten Wertmaßstab für Güter aus logischen und empirischen Gründen falsch ist; er unterscheidet jedoch auch zwischen dem natürlichen Preis eines Gutes und dessen Marktpreis und erkennt, dass der Wettbewerb, insbesondere bei Vorhandensein nur weniger Anbieter, nicht immer ein effektives Instrument der Preisfestlegung ist.

Zu den wesentlichen Beiträgen Mills gehören die Erkenntnisse über die Gesetzmäßigkeiten von Produktion und Einkommensverteilung: Während die Produktion durch technische und naturwissenschaftliche Gesetze nicht vom Menschen beeinflusst werden könne, habe er – im Gegensatz zur Auffassung von Malthus – Macht über die Verteilung des Einkommens, sodass die vorhandene Einkommensverteilung veränderbar sei. In diesen Änderungen sieht er eine Chance, aufgrund fallender Gewinnraten den Übergang der Wirtschaft in einen stationären Zustand zu vermeiden. Die Stagnation hält er zwar für wünschenswert, aber für instabil, weil Spekulanten (ohne Erfolg) versuchen, mit risikoreichen Investitionen eine erhöhte Gewinnrate zu erreichen.

Dem Staat spricht Mill ordnungspolitische Funktionen zu, um die individuellen Freiheitsrechte zu gewährleisten. Er ist Anhänger der „Lehre von der

Nützlichkeit" (Utilitarismus) und fordert ein Gesellschaftssystem, das die Wohlfahrt aller Bürger maximiert. Diese Richtung wird auch von dem Ökonomen Jeremy Bentham (1748–1822) vertreten, dem die Maxime des „größten Glücks der größten Zahl" zu verdanken ist und der die gesellschaftliche Wohlfahrt gleich der Summe individueller Lust- und Glücksgefühle setzt, die durch einen unparteiischen Beobachter aggregiert wird. Dieser Auffassung zufolge besitzt eine Person ethischen Wert, weil sie Nutzen empfinden kann. Weiterhin verlangt Mill, das staatliche Steuersystem so zu gestalten, dass alle Steuerschuldner gleiche Opfer zu erbringen hätten (Opfertheorien).

2.9 Die Zeit des weltwirtschaftlichen Hochkapitalismus (zweite Hälfte des 19. Jh. bis zum Ersten Weltkrieg)

Die Zeit des weltwirtschaftlichen Hochkapitalismus zeichnete sich durch die Verbindung des Nationalismus als politische Idee, der Gewerbefreiheit und des Freihandels als wirtschaftspolitische Leitmotive sowie des imperialistischen Sendungsbewusstseins aus. Es entstanden in dieser Zeit Unternehmungen zur Verwirklichung weitsichtiger Pläne; der Unternehmergeist war geprägt durch die Mentalität des Eroberers, des Organisators und des Händlers (Sombart 1913, S. 61). Ziel war es, Mittel durch den Einsatz von Kapital, durch Erfindungen, durch Eroberungen, durch Spekulation und durch den Einsatz von Gewalt einzubringen. Die ökonomische Theorie entwickelte sich einmal in Richtung der Erklärung dieser Entwicklungen, zugleich aber auch in Opposition hierzu.

– In England wird 1842 der konservative Robert Peel zum Premierminister gewählt, der radikal mit der bisherigen Wirtschaftspolitik bricht: In der Bankakte von 1844 wird festgelegt, dass eine Notenausgabe von 14 Millionen Pfund durch Regierungsobligationen und jede weitere Notenausgabe durch Gold und Silber zu decken sei; 1845/46 werden die Getreideschutzzölle aufgehoben und die Zölle für industrielle Erzeugnisse gesenkt. London wird zum Zentrum des internationalen Banken- und Versicherungsgeschäfts und ist hierdurch in der Lage, die notorisch passive Handelsbilanz Englands auszugleichen. Die Getreideverbilligung führt zu einer starken Abwanderung von Bauern, die ihre Existenzgrundlage verlieren, in die Kolonien; das wiederum fördert den Ausbau des Empires und stärkt Englands Position im Welthandel.

– Mit den Gründerjahren (1862–1872) erlebte Deutschland industrielle Blütejahre; die Neugestaltung des Aktienrechts, der Freihandelskurs des Deutschen Reiches nach 1871, die Vereinheitlichung des Währungssystems (1873: Schaffung des Goldstandards; 1875: Gründung der Reichsbank aus den 33 deutschen Notenbanken), die Zunahme der Kapitalliquidität, das Sinken des Zinsniveaus und der Zufluss französischer Kriegsreparationen (5 Mrd. Franc) waren hierfür maßgeblich. Ab Mitte der siebziger Jahre führte eine Depression zum Zusammenbruch vieler mit billigem Geld finanzierten Unternehmen, sodass ab 1879 Schutzzölle für die einheimische Industrie- und Agrarproduktion eingeführt wurden, vor allem, um die technologische Überlegenheit Englands und die sinkenden Agrarproduktionskosten in den USA und im Osten abzufangen. Sondertarife erhielten lediglich Österreich-Ungarn, Italien, Belgien und die Schweiz.

– Ab 1892 führte auch Frankreich Zölle zum Schutze seiner Landwirtschaft und Schwerindustrie ein.

– Der amerikanische Bürgerkrieg (1861–1865) beendete mit dem Sieg der industriellen Nordstaaten, die für eine Schutzzollpolitik eintraten, über die agrarisch organisierten Südstaaten, die dem Freihandel zuneigten, deren (auf der Grundlage von Sklavenarbeit) etabliertes Weltbaumwollmonopol (cotton is king). Die anschließende Zollpolitik führte zur Begünstigung inländischer Erzeugung und Rohstoffausbeutung und zur Monopolbildung in den USA.

– Sozial betrachtet führten Landflucht, Bauernvertreibung, Bevölkerungswachstum, Verstädterung und Industrialisierung zur Bildung von Gewerkschaften: 1868 wurde in England der Trade Union Congress (TUC) als Dachorganisation der Gewerkschaften, 1883 die Fabian Society als Vorläufer der Labour Party (1906) gegründet. Im Jahr 1886 entstand in den USA aufgrund der Initiative von Facharbeitern die American Federation of Labour. Ferdinand Lasalle gründete 1863 den Allgemeinen Deutschen Arbeiterverein, Wilhelm Liebknecht und August Bebel 1869 die Sozialdemokratische Arbeiterpartei, die sich 1875 zur Sozialistischen Arbeiterpartei zusammenschlossen.

Die ökonomische Theoriebildung dieser Zeit vollzog sich in zwei gegensätzlichen Richtungen, nämlich der Neoklassik und der Antiklassik. Eine Sonderstellung nahm die institutionenökonomische Theorie, die Friedrich List begründete, ein.

Die Neoklassiker befassten sich mit den Einflussgrößen, die in einer Konkurrenzwirtschaft die Allokation von Ressourcen bewirkten. Ihre Untersuchungen, die insbesondere das Konzept der Marginalanalyse beinhalteten, standen damit im Kontrast zu denen der Klassiker und der Antiklassiker, die sich mit der langfristigen wirtschaftlichen Entwicklung und der Einkommensverteilung beschäftigten. Diese Neuorientierung lässt sich unter anderem damit begründen, dass der wachsende Wohlstand im 19. Jahrhundert ohne die Verelendung der Arbeiterklasse und ohne den Zwang zum Eingreifen in den Wirtschaftsprozess (vgl. Malthus und Marx) zustandekommt. Vom Standpunkt der neoklassischen Theorie war das Funktionieren des Marktsystems als Allokationsinstrument von zentralem Interesse; vom Naturalismus und den Naturwissenschaften leitete sie (Marx: Vulgärökonomie) ab, dass

– Produktion ein natürlicher und kein gesellschaftlicher Vorgang ist;

– die Gesellschaft als Ansammlung von Individuen mit verschiedenen psychologischen Eigenschaften aufzufassen ist;

– die Individuen die Gesellschaft erklärten und nicht – wie bei Marx – umgekehrt;

– der einzige wirtschaftliche Zusammenhang der Gesellschaft der Tausch von Gütern durch An- und Verkauf ist.

Hieraus folgerten die Neoklassiker, dass Arbeitslosigkeit als spezielle Form der Unterbeschäftigung durch Marktungleichgewichte entsteht und durch Verbesserung der Konkurrenz und der Marktorganisation abgebaut werden kann. Der Zusammenschluss der Arbeiter zu Gewerkschaften und das gemeinsame Durchsetzen höherer Löhne würden die Situation aller Arbeiter nicht verbessern, sondern lediglich Arbeitsbesitzende auf Kosten der hierdurch arbeitslos gewordenen begünstigen.

Zu den Vorläufern der Neoklassik sind Johann Heinrich von Thünen und Augustin Cournot zu zählen. Zu den Begründern der Grenznutzenschule gehören unter anderen Hermann Heinrich Gossen, William Stanley Jevons (1835–1882), Leon Walras, Carl Menger, Alfred Marshall, Francis Edgeworth (1845–1926), Vilfredo PARETO, Eugen von Böhm-Bawerk und Arthur Cecil Pigou.

(1) Johann Heinrich von Thünen (1783–1850) und der isolierte Staat: Er zählt zu den Vorläufern der Grenznutzenschule, der die ökonomischen Gesetzmäßigkeiten der Raumwirtschaft durch isolierte Abstraktion und partialanalytische Vorgehensweise innerhalb von Zwei-Sektoren-Modellen, insbesondere im Hinblick auf die landwirtschaftliche Produktion, analysiert, formuliert und auf seinem Landgut Tellow bei Rostock auch praktisch überprüft. Durch seine letztgenannten empirischen Anwendungen auf der Basis mathematischer Strukturmodelle kann er auch als Begründer der modernen mathematischen Wirtschaftstheorie und der Ökonometrie angesehen werden. Berühmt ist sein Landschaftsstrukturmodell mit den Thünenschen Kreisen, denen zufolge um das Zentrum einer Agglomeration bei konstanter Flächenproduktivität kreisförmige Wirtschaftszonen entstehen. Vom Zentrum aus betrachtet sinken mit zunehmender Entfernung die flächenbezogenen Gewinne, weil ein Optimum aus sinkenden Flächenproduktivitäten und Transportkosten der erzeugten Waren zum zentralen Markt gefunden werden müsse.

(2) Augustin Cournot (1801–1877) und die wirtschaftliche Konzentration: Er begründet die moderne Monopol- und Duopoltheorie (1838); zugleich gilt er als Vater der mathematischen Wirtschaftstheorie durch die Analyse von Vorgängen in der Wirtschaft auf der Basis des Marginalkalküls und des Zufallsprinzips. Für ihn ist – ganz im Sinne seiner Zeitgenossen und Vorgänger (Poisson, Laplace, Bernoulli, Gauss) – nicht nur das Determinierte vollkommen. Er zeigt, dass eine Konzentration auf der Angebotsseite, verglichen mit dem Fall einer Versorgung durch viele Anbieter in einem Polypol, zu zusätzlichen volkswirtschaftlichen Kosten führt. Zugleich er-kennt er, dass die Besteuerung eines Monopolisten in der Regel preiserhöhend und absatzhemmend wirkt, wobei die Gewinneinbuße des Monopolisten die Steuereinnahme übersteigt. Schließlich zeigt er, dass sich staatliche Monopolleistungen selbst finanzieren können, indem den Nutzern Steuern

auferlegt werden, die ihrer Höhe nach dem Vorteil, den diese aus diesen Maßnahmen gewinnen, entspricht.

(3) Hermann Heinrich Gossen (1810–1858) und die Gesetze menschlichen Verhaltens: Ihm gebührt die Urheberschaft im Bemühen, die subjektive Größe des Nutzens zu ergründen und in objektive Gesetze zu fassen. In seinem Hauptwerk, seiner subjektiven Wertlehre formuliert er in mathematischer Darstellung *Die Entwicklung der Gesetze des menschlichen Verkehrs und der daraus fließenden Regeln für menschliches Handeln* (1854), die für die damalige Zeit so kompliziert war, dass der Wert seiner Ausführungen erst spät erkannt wurde, nämlich nachdem viel später Jevons und Marshall gleichzeitig Ähnliches formulierten. Hierin wird postuliert, dass der Nutzen mit jeder zusätzlichen Gütereinheit, die konsumiert wird, um einen geringer werdenden Betrag steigt (abnehmender Grenznutzen), bis ein Sättigungspunkt erreicht ist. Weiterhin stellt ein Wirtschaftssubjekt verschiedene Güter mengenmäßig so zusammen, dass die Grenznutzen aller letzten Einheiten gleich sind, da ansonsten Umschichtungen eine Nutzenverbesserung ermöglichen. Beide Theoreme sind als Gossensche Gesetze bekannt.

(4) Carl Menger (1840–1921) und die subjektivistische Ökonomie: Mit seiner Habilitationsschrift *Grundsätze der Volkswirtschaftslehre* (1871) begründet er die Österreichische Schule der Volkswirtschaftslehre. Diese baut auf dem Schaffen einer Reihe subjektivistischer deutscher Volkswirte auf, für die der Wert eines Gutes aus der menschlichen Psyche folgt: Von Karl Heinrich Rau (1826) und Wilhelm Roscher (1854) stammt die heute übliche Definition eines Gutes, nämlich all desjenigen, „was zur Befriedigung eines wahren menschlichen Bedürfnisses anerkannt brauchbar ist". Hierdurch werden die Dienstleistungen unter dem Gutsbegriff subsumiert. In der Preistheorie formuliert er eine gleichgewichtige Berücksichtigung von Angebot und Nachfrage (darauf baute vor allem Alfred Marshall auf), wobei zunächst die Nachfrage preisbestimmend wirkt und auf den Gebrauchswert rekurriert. Erst hierdurch werden Güter vergleichbar und begründen relative Preise. Dabei wird – wie bereits vorher bei Gossen, die Konkavität der Nutzenfunktion erkannt. Erwähnung finden in seinem Werk auch Transaktionskosten und Informationsmängel als beeinflussende Größen eines Tausches. Er betont die Interdependenz von wirtschaftlicher Entwicklung und Veränderungen der Faktorpreisverhältnisse auf der Basis von Grenznutzen- und Opportunitätskostenkalkülen. Der subjektivistische Ansatz macht auch vor der Geldtheorie nicht halt, bei der sich Carl Menger in Gegensatz zur englischen Tradition stellt: Er unterscheidet Transaktion und Vorsicht als Kassenhaltungsmotive und unterstellt eine variable Umlaufgeschwindigkeit, womit er einer rationalen Geldmengenpolitik den Boden entzieht.

(5) Leon Walras (1834–1910) und das Gleichgewicht: In seinem Hauptwerk *Éléments d'économie pure ou théorie de la richesse sociale* (1874) weist er in einem mathematisch formulierten Modell nach, dass in einer Wirtschaft mit vollständiger Konkurrenz alle Wirtschaftssubjekte ihre individuellen Interessen verfolgen

können und sich wegen flexibler Preise durch das Wechselspiel von Angebot und Nachfrage ein Gleichgewicht ergibt. Das gewährleistet die bestmögliche Güterversorgung und wird auch häufig als Walrasianisches Preissystem bezeichnet. Das mengen- und preismäßige Wechselspiel des Angebots und der Nachfrage ist Ausdruck eines Abstimmungsprozesses (tâtonnement) unterschiedlicher Grenznutzen der Marktteilnehmer.

(6) Alfred Marshall (1842–1924) und die Preissysteme: In seinem Hauptwerk *Principles of Economics* (1890) postuliert er, dass die Annahme rationalen Verhaltens der Menschen bei der Verfolgung wirtschaftlicher Ziele eine realistische Ausgangshypothese ökonomischer Untersuchungen ist (homo oeconomicus), wenngleich nicht alle wirtschaftlichen Tätigkeiten rational begründet seien, und daher Produzenten ihre Einkünfte und Konsumenten ihren Nutzen maximierten. In scharfem Kontrast zur klassischen Schule führt er aus, dass der Sinn eines Wirtschaftssystems nicht darin bestehe, Güter zu produzieren, sondern darin, Bedürfnisse zu befriedigen. Der Preis sei eine fallende Funktion der Nachfrage und die Konsumenten stellten ihre Güterbündel so zusammen, dass der Grenznutzen aller gewählten Güterarten gleich hoch sei. Weiterhin wird der Preis durch die Kosten der Produktion, d. h. die Entlohnung der Produktionsfaktoren bestimmt: Der Einsatz einer zusätzlichen Inputeinheit zur Ausweitung der Güterproduktion führe zu überproportional steigenden Kosten und sei daher nur bei erhöhten Preisen zu rechtfertigen; das impliziere abnehmende Ertragszuwächse in der Produktion. Die somit festgelegte Angebotskurve weist im Schnittpunkt mit der Nachfragekurve Gleichgewichtspreis und -menge auf dem Markt aus. Diese kurzfristige Betrachtung ergänzt Marshall durch eine langfristige Analyse des Angebotsverhaltens, da die Unternehmen versuchen, durch Kapazitätsausweitungen die Kosten einer erhöhten Produktionsintensität aus Gründen der Wettbewerbsfähigkeit zu senken. Die kurzfristige Analyse gilt für die Marktperiode, in der der Produzent nicht in der Lage ist, das Güterangebot als Folge von Preisänderungen zu variieren. In diesem Zusammenhang prägt Marshall den Begriff der Elastizität zweier ökonomischer Größen.

Im Marktgleichgewicht gibt es für Marshall keine Gewinne, d. h. die (Stück-)Kosten der Produktion entsprechen den Preisen; als Kosten sind alle Entlohnungen für produktive Dienste der Arbeit, des Kapitals und des Bodens zu berücksichtigen (d. h. der normale Gewinn des Unternehmers aus dem Kapitaleinsatz bzw. die normale Verzinsung des Eigenkapitals wird – als kalkulatorische Größe – zu einem Kostenbestandteil). Hierbei legt er die Grundlagen für die moderne neoklassische Produktionstheorie.

(7) Vilfredo Pareto (1848–1923) und die Effizienz: Er gilt als Begründer der modernen Wohlfahrtstheorie, die er, aufbauend auf Erkenntnissen der Grenznutzenschule, entwickelt und als Verkünder einer Lehre, die die Geschichte zum sinnlosen Machtkampf der Eliten erklärt. In seinem Hauptwerk *Grundriß der allgemeinen Soziologie* (1916) postuliert er, dass die meisten menschlichen Handlungen im

objektiven Sinne nichtlogisch (subjektiv logisch), deshalb jedoch nicht unlogisch (absurd) sind. Hierzu prägt er die Begriffe des Residuums als konstanten Kern von Verhaltensweisen und Denkmustern, insbesondere der Neigung des Verharrens und des Kombinierens, und der Derivation als Versuch des Menschen, nichtlogischen Verhaltensweisen einen logischen Anstrich zu geben.

Pareto weist nach, dass unter der Annahme eines vollkommenen Marktes in einer Konkurrenzwirtschaft die Allokation der Produktionsfaktoren „Pareto-optimal" ist, d. h. die allgemeine Wohlfahrt nicht mehr zu steigern ist. Der Begriff der Pareto-Optimalität besagt, dass der Nutzen (oder Ertrag) eines Marktteilnehmers nicht erhöht werden kann, ohne dass durch dieselbe Maßnahme der Nutzen (oder Ertrag) mindestens eines anderen Marktteilnehmers vermindert wird. Da eine absolute Nutzenmessung nicht möglich ist, können extrem ungleiche Einkommens- oder Vermögensverteilungen Pareto-optimal sein, wenn sich die Lage der Minderbemittelten nur auf Kosten der Reichen verbessern lässt, da nicht zu beweisen ist, dass der Nutzenverlust der Reichen durch den Nutzengewinn der Armen überkompensiert wird.

(8) Eugen von Böhm-Bawerk (1851–1914) und die Theorie der Produktionsumwege: Er begründete die österreichische Kapitaltheorie; ihre Fragestellung reiht sich in die Entwicklung ein, die bereits durch von Thünen begründet wurde, nämlich die Untersuchung der Bestimmungsgründe eines „gerechten Lohnes" und der sozialen Frage. Schumpeter nennt ihn später einen bürgerlichen Marx, weil er sich als einer der wenigen intensiv mit den Werken von Lassalle und Marx auseinandergesetzt und versucht hat, diesen durch Erklärung des Kapitalertrages ein geschlossenes Denksystem entgegenzusetzen. In seinem Hauptwerk *Kapital und Kapitalzins* (1884) postuliert Böhm-Bawerk, dass Gütern, die erst in Zukunft verfügbar sind, ein umso geringerer Wert zuzuordnen sei, je weiter dieser Termin entfernt läge. Infolge der Unterschiedlichkeit gegenwärtig und zukünftig verfügbarer Güter entstehe ein Agio, auf dem der Kapitalertrag bzw. Zins beruhe, sobald gegenwärtig verfügbare Güter höher bewertet würden als künftig erhältliche.

(9) Arthur Cecil Pigou (1877–1959) und die externen Effekte: In seinem Werk *Economics of Welfare* (1920) und *A Study in Public Finance* (1928) vertritt er die Auffassung, dass es nicht möglich ist zu folgern, dass das, was gut für den Einzelnen ist, auch der Gemeinschaft wohlbekommt. In seiner Steuertheorie fordert er, die Steuern so zu gestalten, dass die Wohlfahrtsverluste im Sinne eines „Prinzips des geringsten Opfers" minimal werden. Dieses Verteilungspostulat bedingt eine Einkommensnivellierung, die aber unvereinbar mit der Forderung ist, die Steuern um der Allokationsneutralität willen pauschal zu erheben, sodass die Wirtschaftspolitik einen Mittelweg gehen muss. Berühmt wird Pigou wegen seiner Unterscheidung zwischen privaten und sozialen Kosten und Erträgen, den externen Effekten. Präzise beschreibt er, wie eine Internalisierung möglich mit Hilfe von Steuern und staatliche Finanzhilfen wird. Eine die Pareto-Optimalität sichernde Pigou-Steuer ist jedoch finanztechnisch kaum zu erheben, sodass vielfach zweitbeste Lösungen zu wählen sind, wie Pigou selbst betont. Später

hat sich Coase (1960) mit diesem Problem intensiv auseinandergesetzt und im Falle fehlender Transaktionskosten auf die Möglichkeit verwiesen, durch die Zuweisung von wohldefinierten Eigentumsrechten, die Kompensationszahlungen zwischen Bevorteilten und Benachteiligten ermöglichen, externe Effekte zu reduzieren.

Als Antiklassiker bezeichnet man die gegen die klassische Wirtschaftslehre opponierenden Vertreter des Sozialismus und der Historischen Schule. Letztere ist wegen des von ihr ausgelösten Methodenstreits, d. h. durch die Auseinandersetzung über die Verwendung der induktiven anstelle der deduktiven Methode, und durch den Werturteilsstreit, d. h. durch die Frage nach einer wissenschaftlichen Überprüfbarkeit von Normen bzw. den Verzicht auf solche, von großer Bedeutung für die Entwicklung der Volkswirtschaftslehre.

Ebenso wie der Liberalismus ist zunächst auch der Sozialismus eine sittliche Idee, die zu allen Zeitepochen (wenngleich meist unter einem anderen Namen) gegenwärtig war. Üblicherweise unterscheidet man den vorwissenschaftlichen Sozialismus mit den Ausprägungen des Utopischen Sozialismus und der Sozialreformerischen Bewegungen sowie den Wissenschaftlichen Sozialismus.

(10) Die Sozialreformerische Bewegung: Sie wird von Simon de Sismondi (1773–1842) auf der Grundlage der Erkenntnisse von Smith begründet. Sismondi sieht die soziale Ungerechtigkeit des Verteilungsprozesses im Wettbewerb begründet und fordert daher staatliche Interventionen sozialpolitischer Art; über die Theorie der Wirtschaftsbilanz erklärt er kreislaufanalytisch den Einfluss von Veränderungen der Produktion und des Absatzes auf das Volkseinkommen.

Henri de Saint-Simon (1760 – 1825) ist ein scharfer Kritiker des Liberalismus, der die gesellschaftlichen Formen auflöst, und hat mit seinen christlich-sozialen Ideen großen Einfluss auf die Genossenschaftsbewegung. Von ihm stammt der Ausspruch; „A chacun selon sa capacité, à chaque capacité selon ses œuvres".

Die von Thompson (1785–1833) begründete Mehrwertlehre, die allein der Arbeit die Fähigkeit, Mehrwert zu schaffen, zuspricht, wird von Proudhon (1809–1865) zu einer Kritik der Eigentumsrechte, die arbeitsloses Einkommen erlauben, erweitert: „La proprieté, c'est le vol!"

In Deutschland üben die Kathedersozialisten wie Adolph Wagner, Ludwig v. Brentano und Gustav Schmoller, die für eine staatliche Sozialpolitik eintreten, um Klassengegensätze abzubauen und im Jahr 1872 in Eisenach den Verein für Socialpolitik gründen, einen großen Einfluss aus.

Der wissenschaftliche Sozialismus baut zunächst auf der Lehre Ricardos auf. Als sein Begründer kann Johann Karl Rodbertus-Jagetzow (1805–1875) gelten, der die Boden- und Kapitalrente als Raub am Produkt fremder Arbeit betrachtet und das Gesetz von der fallenden Lohnquote formuliert; dieses besagt, dass mit steigender Arbeitsproduktivität die Rente steigt und der Anteil der Löhne am gesamten Volkseinkommen sinkt.

(11) Karl Marx (1818–1883) und der Wissenschaftliche Sozialismus: Diesen prägt er entscheidend. Angeregt durch die dialektische Methode Hegels (1770–1831) und durch den religiösen Materialismus Feuerbachs (1804–1872) entwickelt er den Historischen Materialismus: Die Entwicklung der Menschheit vollziehe sich entsprechend der jeweiligen Produktionsverhältnisse (These) und deren Veränderungen (Antithese), woraus gesetzmäßig eine höhere wirtschaftliche und gesellschaftliche Situation (Synthese) entstehe (z. B. Feudalismus – Kapitalismus – Sozialismus). Der materielle Unterbau einer Gesellschaft bedinge ihren ideellen Überbau, die verschiedenen Klassen, die in jeder Gesellschaft existieren, stünden im Widerstreit miteinander. Die Auseinandersetzung des Proletariats mit der Bourgeoisie aufgrund unterschiedlicher, durch den Kapitalismus bedingter Eigentumsverhältnisse, würde den Klassenstaat durch die Diktatur des Proletariats in einen klassenlosen Staat überführen (Uneinigkeit in wirtschaftswissenschaftlichen Meinungen war für Marx die zwangsläufige Folge der Klassengegensätze). Er gilt – nach Quesnay – als einer der wesentlichen Begründer der Kreislaufanalyse.

(12) Friedrich List (1789–1846) befasst sich in seinem Hauptwerk *Das nationale System der politischen Ökonomie* (1841) mit Problemstellungen, die man aus moderner Sicht mit dem Titel Das nationale System der Technologiestrategien belegen würde, und begründet die Institutionenlehre. Ausführlich untersucht er hierin nationale technologische Aufholstrategien, mit denen er den Rückstand Deutschlands gegenüber England überwinden will. Im einzelnen nennt er folgende wichtige Elemente:

- Die Bedeutung des Humankapitals, besonders einer differenzierten Qualifikationsstruktur, und die Notwendigkeit einer intensiven Ausbildung; hier steht er im Gegensatz zur Klassik, die derartige Aktivitäten als unproduktiv begreift.
- Die Notwendigkeit, die besten verfügbaren Technologien zu importieren.
- Die Integration von Humankapital und investiertem Kapital; er weist darauf hin, dass die Fähigkeit, Wohlstand zu erzeugen, wichtiger als der Wohlstand selbst und die Ausbildung am Arbeitsplatz von zentraler Bedeutung für die Entwicklung sei.
- Die Bedeutung des verarbeitenden Gewerbes für die Entwicklung der Wirtschaft; er betont, dass Landwirtschaft und Dienstleistungen für ihre eigene Entwicklung hierauf angewiesen seien.
- Die Bedeutung eines Ordnungs- und Institutionenrahmens; nur hierdurch sei eine konstante nationale Wirtschaftspolitik zu gewährleisten. Zugleich wirke diese transaktionskostensenkend.
- Die Notwendigkeit, Schutzzölle für aufstrebende Branchen zu gewähren; ausgiebig diskutiert er die Probleme des Freihandels und befürwortet Erziehungszölle (Entwicklungszölle), um minder vorgerückte Volkswirtschaften vor billigen Importen zu schützen und zu entwickeln.

List lehrt an der Universität Tübingen und ist wegen seiner antibürokratischen Haltung als Rationalisierungsbeauftragter des württembergischen Herrschers nicht beliebt. Daher kommt ihm die Möglichkeit, strategischer Planer der deutschen Zollunion zu werden, sehr gelegen. Er fordert die Abschaffung der Zölle und Mauten im Innern Deutschlands sowie ein auf der Grundlage der Retorsion beruhendes Zollsystem an den Außengrenzen solange, bis alle die Grundsätze der europaweiten Handelsfreiheit anerkennen (demzufolge werden Einfuhrzölle in gleicher Höhe erhoben, wie deutsche Produkte mit Zöllen im jeweiligen anderen Land belegt sind).

List gilt auch als Begründer des Konzepts der Großraumwirtschaft, der alleinig eine unabhängige nationale Existenz zukäme und die einen gewissen Grad von Autarkie infolge territorialer Abrundung habe. So ist ihm der Gedanke nicht fern, durch ökonomische Beziehungen politische Einigungsprozesse voranzutreiben. Aufgabe des Staates sei es, seinen Mitgliedern die höchstmögliche individuelle Wohlfahrt zu ermöglichen. Im Gegensatz zur klassischen Schule betont er hierbei, dass die Individuen den größten Teil ihrer produktiven Kraft aus gesellschaftlichen Institutionen und nicht aus der Konkurrenz beziehen, und leitet daraus umfassende Aufgaben des Staates in der Wirtschaft ab. Im Bereich des Währungswesens ist er ein Anhänger des Papiergeldes, das durch die Produktivität der Wirtschaft gedeckt wird (z. B. durch Eisenbahnanlagen), und erkennt – ganz im Sinne der modernen Theorie – die Möglichkeit einer Konkurrenz um das bessere Geld.

(13) Die historische Schule und der Methodenstreit: Gustav von Schmoller (1838–1917) gilt als einer ihrer wichtigsten Väter und betont eine der werterückgebundenen und der praktischen Wirtschaftspolitik dienenden ökonomische Lehre, deren formale Entwicklung er stärker durch eine induktiv-empirische Methode als durch abstrakte Deduktion sieht, weil nur so die realen Probleme einer Volkswirtschaft, von denen viele politisch und sozial bedingt sind, analytisch gefasst werden können. Damit ist er neben den wichtigen Voraussetzungen, die er für die Entwicklung der Sozialen Marktwirtschaft geprägt hat, auch der Vater der modernen Wirtschaftsgeschichte und Wirtschaftssoziologie.

Die Nationalökonomie als Sozialwissenschaft hat für ihn die Aufgabe, einen Weg zwischen dem Manchesterkapitalismus und dem Sozialismus/Kommunismus zu finden und ist damit auch prägend für die wirtschaftliche Entwicklung im 1871 neugegründeten Deutschen Reich. Der von ihm mitbegründete Verein für Socialpolitik und die *Zeitschrift für Nationalökonomie und Statistik* (Schmollers Jahrbuch) sind wesentliche Organe der öffentlichen Debatte seitens der Wissenschaft zur Beeinflussung des wirtschaftspolitischen Geschehens zu Zeiten der Regierung Bismarcks. Diese staatstragende Verschränkung bringt der Schule um Gustav von Schmoller auch den Namen Kathedersozialisten ein. Sein wichtigstes Werk ist der zweibändige *Grundriß der Volkswirtschaftslehre*.

Der Gegensatz zwischen Individuum und Gemeinschaft bzw. der individuellen Nutzenorientierung und des methodologischen Individualismus und der kulturell gefassten Ökonomik eskalierte im sogenannten Methodenstreit, der erst die Abgrenzung der österreichischen Schule der Nationalökonomie verdeutlicht. Dabei ist der „Jüngeren Schule" der Nationalökonomie, die Gustav von Schmoller vertritt, das normativ und theoretisch geleitete Vorgehen nicht fremd; vielmehr ist er der Meinung, dass das menschliche Handeln gegenüber den Rahmenbedingungen nicht invariant ist, es damit also keine allgemeingültigen Gesetze gibt, es zu fassen.

Dieser Streit ist auch heute noch von Bedeutung, weil eine Vielzahl von Maßnahmen ökonomischer Organisationen, beispielsweise der Weltbank oder des Währungsfonds, mit deren Hilfe krisengeschüttelte Länder ökonomisch und sozial befriedet werden sollen, stark von der Allgemeingültigkeit von Gesetzmäßigkeiten ausgehen, die gelegentlich das Gegenteil von dem bewirken, was sie beabsichtigen. Besonders die Interventionen in Lateinamerika zeigen, wie wichtig die kulturellen Bedingtheiten eines ökonomischen Systems sind.

2.10 Die wirtschaftswissenschaftliche Theoriebildung in der ersten Hälfte des 20. Jahrhunderts

Mit dem Kriegsausbruch 1914 stellten die Notenbanken Österreichs, des Deutschen Reiches und Großbritanniens ihre Goldzahlungen ein. Da die Konvertibilität der Währungen jedoch (insbesondere im Fall Frankreichs, Englands und der USA) aufrechterhalten wurde und die englische und französische Regierung zum Kauf von Kriegsgütern in den USA ihre Goldvorräte in Anspruch nahmen, kam es zu erheblichen Goldabflüssen aus Europa; am Ende des Krieges hörte der internationale Goldstandard auf zu existieren.

Nach dem Krieg nahm Frankreichs Wirtschaft durch Finanzierungsmaßnahmen im Vorgriff auf zukünftige Reparationsleistungen des Deutschen Reiches einen starken Aufschwung. Hinzu trat, dass ihm durch die Abtretung Elsaß-Lothringens durch Deutschland bedeutende Rohstoffquellen zur Verfügung standen. Der Aufschwung wurde von erheblichen Preissteigerungen begleitet, die durch die Rückkehr zum Goldstandard (1928) zum Abschluss kamen.

Das Deutsche Reich hatte nach Kriegsende annähernd ausgeglichene öffentliche Haushalte, stand aber vor einer Reihe wirtschaftlicher Probleme:
- Zur Kriegsführung waren über 100 Mrd. RM an Obligationen aufgelegt worden, die eine relativ schnell liquidierbare Vermögensmasse darstellten.
- Reparationen in der (astronomischen) Höhe von 132 Mrd. (Vorkriegs-) RM waren (bei einem Volkseinkommen von etwa 50 Mrd. RM) zugunsten der Kriegsgegner aufzubringen.

Leicht liquidierbare Vermögenswerte werden dann auf den Markt geworfen, wenn ihr weiteres Halten gegenüber anderen Anlagen weniger Gewinne, evtl. sogar Verluste, bringt. Die vermutete Konsequenz der Reparationszahlungen – die laut Keynes die Wirtschaftskraft des Deutschen Reiches bei weitem überforderte (Keynes trat deshalb als Mitglied der englischen Delegation in Versailles, wo er für wirtschaftliche Fragen zuständig war, zurück) – nämlich die Inflation, führte zur Veräußerung von leicht monetarisierbaren (Geld-) Vermögenswerten in hohem Umfang und damit zu einer Hyperinflation. Als am 20.11.1923 die alte Reichsmark durch die Rentenmark, die durch eine erste Hypothek auf den Grundbesitz gesichert war, abgelöst wurde, stieg das allgemeine Preisniveau auf das über 1,5-billionenfache des Vorkriegsniveaus.

Am gleichen Tag wurde Hjalmar Schacht neuer Reichsbankpräsident. Als „Retter der Währung" von 1923 erlangte er im Dritten Reich zweifelhafte Berühmtheit durch den Trick, die in der Reichsverfassung niedrig angesetzte Verschuldungsgrenze (eine Aufnahme kurzfristiger Handelswechsel war allerdings vorgesehen) zu umgehen. Nach seiner Berufung zum Reichswirtschaftsminister im Jahr 1934 und zum Generalbevollmächtigten für die Kriegswirtschaft im Jahr 1935 wurde auf seine Initiative hin gemeinsam mit deutschen Großkonzernen die Metallurgische Forschungs-GmbH gegründet. Diese stellte MeFo-Wechsel aus, die die Reichsbank diskontierte, wodurch staatliche Aufträge zugunsten der beteiligten Firmen finanziert werden konnten. Der dem Reich zwischen den Jahren 1934 und 1938 über die MeFo gewährte Kredit belief sich auf insgesamt 12 Mrd. RM und deckte 85 % des deficit spendings ab; dieser sollte nach mündlicher Absprache zwischen Hitler und Schacht innerhalb von fünf Jahren getilgt werden, was jedoch nie geschah. Wegen seiner Verurteilung der Aufrüstungspolitik, seinen Warnungen vor einer Zerrüttung der Währung und seinen Stellungnahmen gegen Judenpogrome verlor Schacht schließlich seine Stellung.

Die durch die Finanzspekulation in den USA herbeigeführte Weltwirtschaftskrise trieb in den Jahren von 1929 bis 1932 die Arbeitslosigkeit im Deutschen Reich auf 6,7 Millionen Personen und führte – nach der Inflation zehn Jahre davor – zum zweiten Mal innerhalb kurzer Zeit zu einer Verelendung breiter Schichten der Bevölkerung. Die in dieser Zeit von Reichskanzler Brüning durch Notverordnungen erzwungene Senkung der industriellen Abgabepreise um etwa 10 % sowie der Löhne und der Gehälter im öffentlichen Dienst um ein Drittel zum Abbau der Defizite der öffentlichen Kassen führte nach Meinung vieler Wirtschaftswissenschaftler von heute zur Verstärkung der wirtschaftlichen Kontraktion.

Die unorthodoxen Ideen von Keynes wurden von den Nationalsozialisten als einzige massenstarke Partei in Europa aufgegriffen und in ihr wirtschaftspolitisches Programm integriert. Durch die Tradition des deutschen Etatismus begünstigt, waren sie in der Lage, früher als andere ein Primat der Politik über die Wirtschaft zu formulieren. Dem hatten die etablierten Parteien nichts entgegenzusetzen als alte, verbrauchte Konzepte und wirtschaftspolitische Misserfolge. Das Listsche Konzept der Raumwirtschaft sowie die von Adam Müller (1810), Georg Friedrich Knapp (1905) und Adolph Wagner entwickelte nominalistische Geldtheorie, die Geld als Zirkulationsmittel ansieht, das durch Konsens und Gesetz funktioniert (im Gegensatz zu den Metallisten), und daher zur Durchsetzung der wirtschaftlichen Souveränität eine Abkehr von der Metalldeckung der Währung forderte, kam den Nationalsozialisten ebenfalls entgegen. Selbst Keynes sah das so, als er in der deutschen Einleitung zu seiner *General Theory* (1936) darauf verwies, dass das der Tradition deutschen wirtschaftspolitischen Denkens entsprach.

Mit dem Ende des Ersten Weltkrieges stieg in England bei nachlassender Inflation die Arbeitslosigkeit. Mit dem Ziel der Vereinfachung des Welthandels, insbesondere auch im Commonwealth-Bereich, führte England unter maßgeblichem Einfluss seines damaligen Finanzministers Winston Churchill im Jahr 1925 den Goldstandard zu einer Parität, die dem Vorkriegsniveau entsprach, trotz erheblicher Bedenken vieler Wirtschaftswissenschaftler, z. B. Keynes, ein. Der sich hieraus ergebende viel zu hohe Kurs des Pfundes gegenüber anderen Währungen führte zum Kapitalabfluss ins Ausland, zum Zusammenbruch des Exports vor allem bei Kohle und Textilerzeugnissen und zu hoher Arbeitslosigkeit. Die Kürzung der Bergarbeiterlöhne löste einen Generalstreik aus. In der Zeit der Weltwirtschaftskrise wurden bis zu vier Millionen Arbeitslose registriert. Der Zusammenbruch konnte durch amerikanische Kredite, die mit der Auflage drastischer Einsparungen im Sozialbereich gegeben wurden, aufgefangen werden. Im Jahr 1931 entledigte sich die Regierung der Verpflichtung, Gold in Pfund tauschen zu müssen.

Die USA hatten auch in den Ersten Weltkrieg eingegriffen, um einen fast zwangsläufigen Zusammenbruch des Finanzsystems durch die immer bedrohlicher werdende Lage in England zu verhindern. Die Lieferung von Waffensystemen zunächst an England und Frankreich, später an die eigene Truppe, führte zu einer Kriegskonjunktur, die bis zum Jahr 1920 dauerte und durch eine heftige Rezession beendet wurde, die zu einem Verfall der landwirtschaftlichen Preise führte. Ab 1922 stabilisierte sich die Lage und mündete in eine Phase starken Wachstums im industriellen Bereich. Hierdurch erhöhten sich Gewinne und Investitionen und die Aktienkurse zogen an. Diese Hausse reizte die Anleger, verstärkt in Industriepapiere zu investieren: Kunden borgten sich Geld bei Banken, Banken bei ihren Reservebanken (den Vorläufern der amerikanischen Zentralbank), um an der Börse einzusteigen.

Jede Spekulation ist nur solange erfolgreich, wie alle an das gemeinsame Ziel glauben und die wirtschaftlichen Rahmenbedingungen stimmen, insbesondere die Geldversorgung ausreicht. Als beides durch ein leichtes Abflauen der Konjunktur ab Jahresanfang 1929 dahinging, brach die Spekulation in sich zusammen. Der Tag des stärksten Kurssturzes an der Wall-Street-Börse, als plötzlich alle Anleger ihre Papiere abstoßen wollten, der 25.10.1929, ging als „Schwarzer Freitag" in die Geschichte ein. Er bescherte den USA in der Folge einen Rückgang des Nationaleinkommens um die Hälfte, eine Arbeitslosigkeit von 12 Millionen Personen, eine Halbierung der Anzahl der Geschäftsbanken, ein Sinken des Geldumlaufs, weil zeitweilig auch intakte Kreditinstitute Bankferien machten, und insgesamt eine kumulative wirtschaftliche

Kontraktion. Die landwirtschaftlichen Preise verfielen besonders stark und wurden zur Vorlage für eine Vielzahl von Romanen und Filmen.

Unter der Präsidentschaft Roosevelts änderte sich die Wirtschaftspolitik radikal: Im New Deal wurden die monetären Restriktionen abgebaut, der Geldumlauf erhöhte sich, durch öffentliche Ausgabenprogramme wurde die Nachfrage angekurbelt, und die Verpflichtung, Gold in Dollar zu tauschen, wurde aufgehoben.

Zu den bedeutendsten Namen der Wirtschaftswissenschaften in dieser Epoche zählen die von Joseph Alois Schumpeter und John Maynard Keynes.

(1) Joseph Schumpeter (1883–1950) und die schöpferische Zerstörung: *In der Theorie der wirtschaftlichen Entwicklung* (1912) zeigt er, dass durch Innovationen eines schöpferischen Unternehmers die Strukturen einer (vordem zunächst) stationären Wirtschaft aufgebrochen werden. Er unterscheidet folgende Innovationsmöglichkeiten:

– die Einführung neuer Güter
– die Einführung neuer Produktionsverfahren
– die Öffnung neuer Absatzmärkte
– die Eroberung neuer Bezugsquellen für Rohstoffe und Halbfabrikate
– die Reorganisation der Industrie

Zur Durchsetzung von Innovationen benötigt der Unternehmer Geld, das er von den Banken in Form von Krediten erhält, wobei diese Kredite wieder aus Innovationsgewinnen gespeist werden können. Durch den Innovationsprozess wird ein wirtschaftlicher Aufschwung ausgelöst und durch Anschlussinnovationen und Imitationen verstärkt, sodass es auf den Faktormärkten zu Preissteigerungen kommt. Zugleich profitieren Unternehmen mit alten Produkten von der zusätzlichen Nachfrage nach Vorleistungen. Mit nachlassender Wirkung des Innovationsschubs sinken die Preise der Innovationsgüter und damit der Innovationsgewinn; die Wirtschaft tritt in eine Phase ein, in der Spekulation und fehlerhafte Kombinationen vorherrschen, die den Abschwung weiter beschleunigen. In der Depression stabilisiert sich die Wirtschaft durch die vorhandene Restnachfrage und durch Depressions- (Konkurs-) Geschäfte – allerdings auf gegenüber der Lage vor dem Aufschwung höherem Niveau, wobei die Preisrückgänge zu einer Autodeflation nach der Inflation der Aufschwungsphase führen.

Für Schumpeter ist die Triebfeder der wirtschaftlichen Entwicklung weniger die Preiskonkurrenz, als vielmehr der Unternehmer, der durch die schöpferische Zerstörung im Wettbewerb um Qualität und neue Ideen wirtschaftliche Strukturen aufbricht. Dabei wird er finanziert über die im kapitalistischen System typische Kreditschöpfung, durch die der Privatbankier dem dynamischen Unternehmer die erforderliche Kaufkraft vorschießt.

In seinem Werk über *Die Krise des Steuerstaates* (1918) postuliert Schumpeter, dass die kapitalistische Ordnung an ihren Erfolgen zusammenbrechen wird: Nicht der Markt der vielen kleinen konkurrierenden Anbieter, sondern die Konzentration wirtschaftlicher Macht mit der Möglichkeit eines hohen

Produktivitäts- und Technologiefortschrittes gewährleistet ein hohes Konsum- und Wohlstandsniveau.

Schumpeter stand den Monopolen daher aufgeschlossen gegenüber. Seinen Niederschlag findet das heute in der Kontinuität von Innovationen, die bei den Großunternehmen durch langfristige Planung möglich sind.

Kapitalismus setzt eine Ungleichheit der Einkommens- und Vermögensverteilung voraus, um seine Dynamik entfalten zu können, die zunehmend weniger akzeptiert wird. Er zerstört infolge des Dranges zur Konzentration seine eigene Wurzel – den schöpferischen Unternehmer, der neue Kombinationen am Markt durchsetzt. Diese gesellschaftspolitische Herausforderung durch Größtunternehmen sieht Schumpeter (1920/21) deutlich: Konzentration bedeutet, dass Großunternehmen die Führung leichter entwunden werden könne als einer Vielzahl kleiner und mittlerer Unternehmen. Die Sozialisierung ergäbe sich nicht durch Revolution und Klassenkampf, sondern schleichend, nur von kleinen und mittleren Unternehmen bekämpft. Dadurch entstehe eine bedenkliche Verschränkung von Politik und Konzernen.

Schumpeter sind auch wichtige Beiträge zum Verständnis demokratischer Prozesse zu verdanken. Den klassischen Demokratiebegriff definiert er wie folgt:

> Die demokratische Methode ist diejenige institutionelle Ordnung zur Erzielung politischer Entscheidungen, die das Gemeinwohl dadurch verwirklicht, dass sie das Volk selbst die Streitfragen entscheiden lässt und zwar durch die Wahl von Personen, die zusammenzutreten haben, um seinen Willen auszuführen (Schumpeter, 1946, S. 397).

Probleme dieser Definition liegen
- in der Schwierigkeit, den Begriff des Gemeinwohls eindeutig zu bestimmen („Mein Gemeinwohl geht über Deinen Eigennutz!"), da keine Einstimmigkeit der Ziele existiert, die allenfalls einen Streit über die Methoden zur Zielerreichung nötig machen würde;
- in der Erkenntnis, dass der Wille des Individuums, seine Unabhängigkeit und seine Rationalität nicht per se existieren und häufig vage Triebe im Vordergrund stehen; Maßnahmen für das Volk sind dadurch häufig nicht durch das Volk erzielbar.
- in der Kenntnis, dass Politik Gruppen begünstigen, ja korrumpieren, kann (mit sozialen Wohltaten);
- im reduzierten Wirklichkeitssinn der Bürger, beispielsweise in Fragen der Außen- oder Verteidigungspolitik.

Die praktische gesellschaftliche Tragfähigkeit des Konzepts liegt häufig in historischen Gründen, nämlich
- einer gemeinsamen geschichtlichen und demokratischen Entwicklung, wie sie beispielsweise aus den USA bekannt ist (Volk gegen Kolonialherrscher);
- in der gewonnenen gesellschaftlichen Akzeptanz der Opposition, beispielsweise der Sozialdemokraten und der Katholiken im Deutschen Reich von 1871 bis 1918;

- in den Rechtfertigungsmöglichkeiten für Politiker, dem Volk zu dienen und im Namen des Volkes, den politischen Gegner zu zerschmettern.

Dagegen setzt Schumpeter (1946, S. 428) seinen Demokratiebegriff:

Die demokratische Methode ist diejenige Ordnung der Institutionen zur Erreichung politischer Entscheidungen, bei welcher Einzelne die Entscheidungsbefugnis vermittels eines Konkurrenzkampfes um die Stimmen des Volkes erwerben.

Diese Definition erlaubt es
- eine operationale Unterscheidung von demokratischen und undemokratischen Systemen vorzunehmen,
- die Bedeutung der Führung – im Gegensatz zur klassischen Auffassung – zu unterstreichen, insbesondere die Konkurrenz um die Führung herauszuarbeiten,
- Willensäußerungen von Gruppen und Verbänden zu integrieren,
- das Spannungsverhältnis zwischen Demokratie und individueller Freiheit durch den Konkurrenzmechanismus klären zu lassen,
- den Wechsel der Führung zu begründen, und
- das Mehrheitssystem zu begründen.

Demokratie bedeutet damit nicht Herrschaft des Volkes, sondern die Möglichkeit, eine Führung abzuwählen. In einem gewissen Sinne gibt der Demokratiebegriff Schumpeters zugunsten einer Operationalität klassische Inhalte der Vertragslehre auf. Der Begriff des Gemeinwohls entleert sich seines ursprünglichen Sinnes, kann allenfalls im ordnungsökonomischen Sinne als gemeinsames Interesse an akzeptierten Spielregeln aufgefasst werden. Offensichtlich steht hier nicht die Frage des „Wer soll herrschen?" mit den Antworten: der Beste (Platon), die Proletarier (Marx), ich (Ludwig XIV, Napoleon, Hitler, Stalin, Mao) im Vordergrund, sondern die Frage, wie eine Regierungsform ausgestattet sein muss, damit sie nicht von vorneherein als moralisch verwerflich gilt (vgl. Popper 1988).

(2) John Maynard Keynes (1883–1946) und die allgemeine Theorie: Keynes ist Mitglied des Lehrkörpers am Kings College der Universität Cambridge, Finanzbeauftragter der britischen Regierung bei der Versailler Friedenskonferenz, wovon er zurücktritt, weil der den Versailler Diktatfrieden aus ökonomischen Gründen nicht mittragen will, und veröffentlicht seine Bedenken in einer Abhandlung: *Die wirtschaftlichen Folgen des Friedensvertrages* (1919). Er ist ein entschiedener Gegner der Golddeckung einer Währung, zu der England 1925 mit der Folge hoher Arbeitslosigkeit und Massenprotesten, die teilweise niedergeschossen wurden, zurückkehrt.

In seinem Hauptwerk *The General Theory of Employment, Interest and Money* (1936) erklärt er, dass das von den klassischen Ökonomen behauptete Streben des Marktes nach Gleichgewicht wegen zeitlicher Anpassungsverzögerungen nicht real ist. Keynes berühmtes Werk ist somit eine Kritik an den ökonomischen Theorien der Klassiker und Neoklassiker.

Ich wähle diesen Titel, weil ich die Art meiner Beweisführung und Folgerungen jenen der klassischen Theorie entgegenstellen will, jener Theorie, in deren Anschauungen ich erzogen worden bin, und welche heute, genau wie während der letzten hundert Jahre, das wirtschaftliche Denken und Handeln unserer regierenden und akademischen Kreise beherrscht. Ich werde darlegen, dass Postulate der klassischen Theorie nur in einem Sonderfall, aber nicht im allgemeinen gültig sind, weil der Zustand, den sie voraussetzt, nur ein Grenzpunkt der möglichen Gleichgewichtslagen ist. Die Eigenheiten des von der klassischen Theorie vorausgesetzten Sonderfalles weichen überdies von denen unserer gegenwärtigen wirtschaftlichen Verhältnisse ab, und ihre Lehren werden daher irreführend und verhängnisvoll, wenn wir versuchen, sie auf die Tatsachen der Erfahrungen zu übertragen (Keynes 1936, S. 1).

Zentraler Gegenstand in Keynes Werk ist der Grundsatz der wirksamen Nachfrage, der als Kritik der klassischen Behauptung: Jedes Angebot schafft sich selbst die Nachfrage anzusehen ist. Keynes behauptet, dass nicht immer der gesamte Wert der produzierten Güter unmittelbar nachfragewirksam wird, sondern nur im Zustand der Vollbeschäftigung, den die Klassiker als Normalfall ansehen. Denn es könne nicht gewährleistet werden, dass die Ersparnis als Residuum aus Einkommen und Konsum, die Ersparnis, vollständig zu Investitionen werde, weil das von den Zinsen abhängt. Für Keynes waren somit Zeiten der Voll-(oder Über-) Beschäftigung ebenso natürlich wie Zeiten der Rezession, letztere gekennzeichnet durch Nachfrageausfälle, wobei eine Stabilisierung des marktwirtschaftlichen Systems in Richtung auf Vollbeschäftigung nicht zwangsläufig erfolgt – wie die klassischen Ökonomen annahmen – sondern durch staatliche Maßnahmen erzielt werden muss. Drastisch kommentierte er das wie folgt (Keynes 1936):

Auf lange Sicht sind wir alle tot. Die Volkswirtschaftslehre macht es sich zu leicht und ihre Aufgabe wertlos, wenn sie in stürmischen Zeiten nur sagen kann, dass der Ozean wieder ruhig wird, nachdem der Sturm vorüber ist.

Keynes empfahl der britischen Regierung, die Folgen der Weltwirtschaftskrise durch staatliche Ausgabenprogramme zu bekämpfen, um die vorhandenen Nachfragelücken zu schließen – ganz im Gegensatz zu den Vorschlägen der damals führenden Ökonomen. Zu den großen Erfolgen Keynesscher Wirtschaftspolitik zählen die durch Roosevelts New Deal und durch Hitler ab 1933 eingeleiteten Wirtschaftsaufschwünge in den USA und in Deutschland – letzterer wird durch Keynes in seiner deutschen Auflage der *Allgemeinen Theorie* prominent kommentiert.

2.11 Die Theoriebildung in der Zeit nach dem Zweiten Weltkrieg

Die ökonomische Theoriebildung in der Zeit nach dem Zweiten Weltkrieg war nicht nur eine Funktion des Fortschreitens des Wissens, sondern auch der vorgegebenen und sich wandelnden Umfeldstrukturen, insbesondere

- der politischen Blockbildung,
- der Ausgestaltung, aber auch des Scheiterns des Sozialismus,
- der Beschreibung und Erklärung staatlichen Handelns.

Die keynesianische Revolution eröffnete die scheinbare Möglichkeit eines effizienten Steuerns der Wirtschaft durch den Staat im Hinblick auf die Verfolgung politisch vorgegebener Ziele innerhalb einer (zunächst) marktwirtschaftlichen Ordnung; sie verwies damit zugleich auf eine zusätzliche Möglichkeit für die Legitimation der Staatsnotwendigkeit. Hayek (1899–1992), der während des Krieges von Keynes aufgenommen worden war, personifizierte das Scheitern des Kollektivismus mit seiner Aussage, sozialistische Politik führe zur Knechtschaft und zum Totalitarismus. Die Theoriebildung vollzog sich einerseits in Richtung auf die Einbeziehung der Institutionen und des Rechts, zum anderen in der Infragestellung der klassischen Rationalitätsmodelle. Beides hatte erhebliche Folgen für die Wirtschaftspolitik.

Die grundlegende Frage der neuen Vertragstheoretiker, die den Forschungszweig der konstitutionellen Ökonomik begründeten, lautete: Unter welchen ökonomischen Regeln kommen konstitutionelle Arrangements zustande, welche ökonomischen Konsequenzen lassen sich hieraus ableiten und was begründet staatliche Legitimität?

(1) Robert Nozick (1938–2001) und die Theorie des Minimalstaates: In seinem Werk *Anarchy, State and Utopia* rechtfertigt er die Staatsnotwendigkeit gegenüber dem Anarchismus und geht dabei von einer günstigen Ausgangslage Lockescher Prägung aus. Hierzu führt er aus, dass jede beliebige Staatsform begründbar wird, falls man nur einen hinreichend abstoßenden Urzustand schildert. Die Rechtfertigung der Staatsnotwendigkeit ist gegeben, wenn in moralisch zulässigen Schritten ein Staat entstehen kann, der sogar dem günstigen Anarchiezustand vorzuziehen ist. Der Staat formiert sich unintendiert durch die unsichtbare Hand eines Konkurrenzmechanismus, der personelle Schutzvereinigungen (z. B. als Konsum- oder Produktionsvereinigungen) hervorbringt, an die die Mitglieder bestimmte Rechte abtreten, um die Durchsetzung ihrer natürlichen Eigentumsrechte zu ermöglichen. Über Konkurrenz, Verdrängung und Zusammenschluss entsteht ein einheitliches Rechtssystem. Sobald eine Schutzvereinigung das Gewaltmonopol für die zahlenden Mitglieder hat, entsteht ein Ultraminimalstaat, der sich zum Minimalstaat entwickelt, falls alle in seinen geografischen Grenzen Lebenden in den Schutz, auch gegen ein geringeres Entgelt (Gedanke der Umverteilung), einbezogen werden. Das Bild des Staates entspricht somit dem des Nachtwächterstaates des klassischen Liberalismus. Diese Integrationskraft der Schutzvereinigung ergibt sich einmal aus der Durchsetzung von Kompensation für externe Nachteile, die dem einzelnen die Wahrung seiner property rights durch die Hilfe des Staates gestattet, zum anderen durch das Verfügen von Verboten, insbesondere bei Existenzgefährdung, wobei im Sinne der Verhältnismäßigkeit die Transaktionskosten der Genehmigung der Handlung und der Nettonutzen der Gesellschaft zu berücksichtigen sind.

(2) James Buchanan (1919–2013) und die Grenzen der Freiheit: Seine in *The Limits of Liberty: Between Anarchy and the Leviathan* (1975) niedergelegten Gedanken basieren auf der Annahme einer denkbar schlechtesten Ausgangslage gesellschaftlicher Ordnung, nämlich einem Hobbesschen Dschungel. Im Status Quo, der irgendwie zustande gekommen ist, haben die Individuen gewisse Präferenzen und bewerten die Legitimität der vorhandenen Regeln durch Vergleich mit allen denkbaren property-rights-Vereinbarungen. Indikatoren des Legitimitätsglaubens sind hierbei

- Neuverhandlungserwartungen (renegotiation expectations), d. h. das Ergebnis der Neuverhandlungen der Regeln bei Rückfall in die Anarchie als explikativer Ansatz, auch um zu begründen, dass abweichende Präferenzen nicht notwendigerweise zu massiven Regelverstößen führen müssen, und
- Abstimmung über alternative Regeln.

Diese hypothetischen Überlegungen ermöglichen es zugleich, Anhaltspunkte über Mängel bei den Regeln zu gewinnen. Eine Regierung verdient ihre Legitimität dadurch, dass die Regeln der Kollektivverfassung so weiterentwickelt werden, dass sie konsensfähig bleiben und einen akzeptablen Kompromiss zu Neuverhandlungserwartungen darstellen.

(3) John Rawls (1921–2002) und der ideale Konsens: In seinem Buch *A Theory of Justice* (1971) geht er im Urzustand von keinerlei property-rights-Vereinbarungen, moralischen Verpflichtungen oder Erkenntnissen über eigene Fähigkeiten und Stärken (Schleier des Unwissens) aus. Die wirtschaftliche Lage wird durch mäßige Knappheit gekennzeichnet. Kooperation dient lediglich der Planabstimmung. Die Gleichheit der Individuen und ihre Lage bewirken nun auch die völlige Übereinstimmung beim Finden gemeinsamer Regeln, die folgenden Grundsätzen genügen müssen:

(1) Jeder hat das Recht auf das umfassendste Gesamtsystem gleicher Grundfreiheiten, das für alle möglich ist.

(2) Soziale und wirtschaftliche Ungleichheiten müssen wie folgt beschaffen sein:

   (a) Sie müssen unter der Einschränkung des gerechten Spargrundsatzes den am wenigsten Begünstigten den größtmöglichen Vorteil bringen.

   (b) Sie müssen mit Ämtern und Positionen verbunden sein, die allen gemäß fairer Chancengleichheit offenstehen.

Rawls stellt damit einen Bezug auf die distributive Gerechtigkeit her und zeigt zugleich eine untere Grenze der gerechten Kapitalakkumulation auf. Weiterhin gilt, dass (1) gegenüber (2) übergeordnet und (2b) wiederum wichtiger als (2a) ist. Der Grundsatz (2a) ist hierbei von zentraler Bedeutung und wird auch als Differenzenkriterium bezeichnet.

Das Maximum-Kriterium gründet sich auf extreme Risikoaversion und fordert letztlich die Maximierung der Auszahlung des schlechtestmöglichen Ergebnisses.

Damit wird die schlechter gestellte Person in ihrem Nutzenmaximum erfasst, während die besser gestellte Person Nutzenverzicht leistet. Rawls nennt als Vorteile des Differenzenkriteriums, dass
- Ungleichheiten zugunsten der weniger Begüterten wirken, und
- die Benachteiligung derjenigen Personen, die ansonsten mehr verdienten, sich in Grenzen hält und sie immer noch besser gestellt bleiben.

(4) James Buchanan, Gordon Tullock (1922–2014) und die *Theorie des Public Choice*: Die Public Choice Theorie hat starke Wurzeln in bzw. Verbindungen zur Theorie der Eigentumsrechte sowie zur Finanz- und der Verwaltungswissenschaft. Ziel ist es, einerseits die (normativen) Grundlagen der Kollektiventscheidungsmechanismen (Entscheidung über die Verwendung von Staatseinnahmen) und die Definition öffentlich zu erstellender Güter darzulegen sowie andererseits die (positive) Untersuchung der tatsächlichen Entscheidungsprozesse, die die Verteilung öffentlicher Mittel bestimmen, vorzunehmen. Im einzelnen geht es um
- die Beziehung zwischen politischen Institutionen und dem ökonomischen Optimum (Buchanan, Tullock 1962), insbesondere um Wahl- und Abstimmungsverfahren, die Rolle des einzelnen Wählers im Wahlsystem und die Ökonomie der Institutionen;
- eine Wirtschaftstheorie der Bureaukratie, insbesondere in Bezug auf Bureaukraten- bzw. Bureaukratieverhalten und die verschiedenen Effizienzgrade unterschiedlicher Organisationsformen (Tullock, 1965 (geschrieben 1950)) zu entwickeln;
- die Funktionsweise politischer Systeme zu erklären;
- ökonomische Faktoren zu identifizieren, die es erlauben, die Geschichte bestimmter Institutionen zu beschreiben, insbesondere auch im Hinblick auf eine moderne Theorie des Sozialvertrages.

Es wird das Instrumentarium der Ökonomie, das auch verwendet wird, um reale wirtschaftliche Lagen zu beurteilen (z. B. Marktversagen u. ä.), auf den öffentlichen Sektor angewendet, d. h. politische Entscheidungen werden wie die ökonomischen im Modell endogenisiert. Es wird zu einem zentralen Anliegen, ökonomische Probleme vor dem Hintergrund der Struktur von Kollektiventscheidungen zu erklären. Das hat
- die Interessenslagen einzelner Entscheidungsträger zu berücksichtigen,
- die Rückkopplung des Ergebnisses öffentlicher Entscheidungen auf die Entscheidungsträger und deren Präferenzstrukturen zu erfassen und
- die Formen der Entscheidungsfindung zu berücksichtigen.

Im Endeffekt entscheidet die Öffentlichkeit, welche Güter öffentlich bereitzustellen sind. Der Ausschluss ist schließlich eine Frage der Kosten, die man bereit ist zu tragen, um Sanktionen gegen diejenigen, die sich dem Beitrag entziehen wollen, durchzusetzen. Die Freiwilligkeit des Beitrages auf der Seite des Individuums ist das Ergebnis von dessen Einschätzung, welche Möglichkeiten der Partizipation an der öffentlichen Leistung ohne Zahlung bestehen. Dabei wird klar, dass die Essenz sozialer Koexistenz darin liegt, dass man mehr oder weniger bekommen kann, als man zahlt, sodass free rider (Trittbrettfahrer) existieren; mehr social choice weitet diesen Kreis aus. Gegenüber stehen sich das liberale, individualistische Allokationsparadigma des Wettbewerbs (ein jeder trage seine eigene Last, insbesondere die von ihm verursachten Opportunitätskosten, selbst) und das demokratische, kollektivistische der Definition öffentlicher Güter (ein jeder trage des anderen Last). Schließlich ist die Möglichkeit des Ausschlusses von der Nutzung eine Frage der Kosten, die die Gesellschaft auf sich zu nehmen bereit ist. Öffentlichkeit, d. h. Nichttrivialität der Nutzung, ist keine absolute Eigenschaft. Als alleiniges Kriterium des Angebots öffentlicher Leistungen kann diese daher nicht überzeugen, wenngleich hierdurch Anhaltspunkte einer sinnvollen Allokation geliefert werden können. Die Freiwilligkeit des Beitrages zur Bereitstellung des öffentlichen Angebots reduziert sich auf die Einschätzung des Verhaltens anderer, d. h. ob es auch ohne mich geht, nicht geht oder mit mir nicht geht.

Güter werden oft auch dann vom Staat bereitgestellt, wenn mit ihnen eine moralische Versuchung verbunden ist. So ändert sich bei einem risikoscheuen Konsumenten mit dem Abschluss einer Unfallversicherung möglicherweise das Risikoverhalten dergestalt, dass er sich weniger vorsorglich verhält. Da es für den Versicherer kaum möglich ist, die notwendigen Informationen zu beschaffen, um ein derartiges Verhalten bestrafen zu können, kann dieser externe Effekt nicht internalisiert werden. Wenn verbundene Risiken vorliegen (z. B. in einem Verbund von Kranken- und Alterssicherung), kann die öffentliche Bereitstellung derartiger Leistungen effizient sein und sogar natürliche Monopoleigenschaften aufweisen.

In der Regel wird es so sein, dass Nutzen und Lasten politischer Maßnahmen nicht gleichverteilt sind. Beispielsweise führt die Finanzierung eines Programms zur Subventionierung einer kleinen Gruppe (Kohlesubventionen) beim einzelnen Bürger zu kaum fühlbaren Belastungen (Kohlepfennig). Umgekehrt kann eine Infrastrukturmaßnahme (Straßenbau) eine kleine Gruppe stark belasten (Anrainer), während eine Mehrheit (Nutzer) vergleichsweise geringe Vorteile pro Person hat. Im ersten Fall werden sich die Nutzer, im zweiten Fall die Geschädigten als pressure groups organisieren, während ihnen keinerlei Opposition durch die geringfügig Betroffenen entsteht.

Dieser Mechanismus ist als Vorurteilstheorie bekannt und Teil der Theorie rationalen Verhaltens. Die Individuen organisieren sich dann, wenn ihre Interessen stark betroffen sind, ansonsten nicht, und verhalten sich damit rational; hierauf muss der politisch-institutionelle Apparat reagieren (ob dies institutionell effizient ist, ist eine andere Frage). Wenn auf vielen Ebenen derartige Prozesse ablaufen, werden die Ausweitung der Staatstätigkeit und das Aufblähen der Umverteilungsmaschine unausweichlich. Im weitesten Sinne lässt sich das Wachstum der

Staatstätigkeit als Ergebnis des zielgerichteten Gebrauchs der Staatsmacht zum Zwecke der Einkommenssicherung und -verbesserung bestimmter gesellschaftlicher Gruppen auffassen.

Der hier genannte Vorgang, staatliche Macht zum eigenen Vorteil einzusetzen, wird als Rent seeking bezeichnet. Als Rente werden diejenigen Zahlungen (oder Vorteile) bezeichnet, die über den Betrag hinausgehen, der bei nächstbester (alternativer) Verwendung der eingesetzten Ressourcen erzielt werden kann. Renten sind demzufolge Erträge aus Ressourcen, die deren Opportunitätskosten übersteigen. Sie können auf natürliche Weise im Preissystem entstehen, vor allem aber sind sie die Folge der Staatstätigkeit. Rent seeking umfasst alle Tätigkeiten, die darauf abzielen, künstlich geschaffene Renten zu erlangen. Hierdurch wird dieser Prozess vom profit seeking abgegrenzt, der auf das Erzielen natürlicher Renten abhebt. Letztere entstehen beispielsweise durch den Monopolgewinn auf Zeit einer Innovation (d. h. eine der Anreizfunktionen eines Marktes) und weisen damit für die Wirtschaft zusätzlich geschaffene Werte aus.

Eine weitere wichtige Linie der ökonomischen Entwicklung betrifft die Institutionenökonomik. Dabei grenzt sich die Neue Institutionenökonomik von der stark evolutionsökonomischen Alten Institutionenökonomik, die von Friedrich List, Joseph Schumpeter und Thorstein Veblen (1857–1920) geprägt wurde, durch den methodologischen Individualismus ab. Im Vordergrund stehen die Kosten des wirtschaftlichen Handelns, die Transaktionskosten. Die Kernaussage der Institutionenökonomik lautet: Sobald Transaktionskosten auftreten, werden institutionelle Arrangements relevant. Transaktionskosten sind Kosten, die mit dem Errichten und Betreiben – evtl. auch Auflösen – bestimmter Institutionen verbunden sind. Sie treten auf als Vertragskosten (einschließlich Anbahnung, Aushandeln und Durchsetzen), als Organisationskosten (für verschiedene Strukturen von Aufbau- und Ablauforganisationen), für den Staat und andere politische Institutionen, die wichtige öffentliche Güter (Sicherheit, Rechtsrahmen) anbieten und aufrechterhalten, und insbesondere auch für die Gewährleistung freier Märkte. Letztere nämlich sind eine zentrale Institution moderner Gesellschaften, da sie bei den Beteiligten ein hohes Vertrauenskapital voraussetzen. Daraus wird deutlich, dass auch Ethik und Kultur zu den Institutionen zählen, die die Transaktionskosten beeinflussen.

Als eine der bemerkenswertesten Institutionen, die die Entstehung der modernen Staaten begleitet hat, muss die Börse angesehen werden, also der institutionalisierte Marktplatz für Rechtstitel (beispielsweise Finanztitel, Rohstofftitel). Es werden die hohen Kosten der Koordination im geografischen Raum reduziert – man trifft sich an einem Ort – und es existiert ein hohes Vertrauenskapital, dass die Verträge, die eingegangen werden, auch erfüllt werden.

Ohne Transaktionskosten gibt es keine institutionellen Arrangements, die Realität würde hinreichend von der neoklassischen Theorie beschrieben. Institutionen haben die Aufgabe, die Effizienz einer Gesellschaft zu erhöhen (i. d. R. die

Transaktionskosten zu senken) und spiegeln damit eine konkrete Struktur dieser Transaktionskosten wider. Der Wettbewerb der Institutionen stellt einen Versuch dar, effiziente institutionelle Arrangements, also solche mit einer möglichst niedrigen Summe aus Transformations- und Transaktionskosten, hervorzubringen.

Verbunden ist die moderne Transaktionskostentheorie mit den Namen von Ronald Coase, Oliver Williamson und Douglass North.

(5) Ronald Coase (1910–2013) und die Natur des Unternehmens: Die neoklassische Theorie macht zu den Aufgaben von Unternehmen kaum Aussagen; allein die Technologie des repräsentativen Unternehmens ist so zu wählen, dass die Produktion im Durchschnittskostenminimum stattfinden kann. Schumpeter untersetzt das Unternehmen mit dem Unternehmer als treibende Kraft; die Größenstruktur der Unternehmen ist die Folge der erforderlichen Institutionalisierung von Innovationsprozessen. Coase dagegen setzt in *The Nature of the Firm* (1937) die These, Unternehmen hätten zur Aufgabe, Transaktionskosten einzusparen. Das Unternehmen wächst solange, wie die externen, also marktbedingten, Transaktionskosten über den internen Transaktionskosten, also den Kosten der hierarchischen Koordination, liegen, formal also dort, wo die Grenzraten der Substitution zwischen externer und interner Koordination identisch sind. Darüber hinaus gibt es Übergangsformen zwischen Markt und Hierarchie, die als Hybride identifiziert werden.

(6) Oliver Williamson (1932-), Märkte und Hierarchien: Sein Werk *The Economic Institutions of Capitalism* (1985) widmet sich der Aufarbeitung des Coase'schen Programms, indem er die Bestimmungsgründe der Transaktionskosten untersucht und ihren Bezug zu den Wettbewerbsbedingungen herstellt: Konzentration ist damit nicht nur ein Mittel der Wettbewerbsbeschränkung sondern vielmehr eine Antwort auf die Frage nach dem besten institutionellen Arrangement, das wiederum von den Transaktionskosten abhängt. In diesem Sinne spielt die Spezifität von Transaktionen eine gewichtige Rolle, also das Eingehen spezifischer Kosten, beispielsweise für Investitionsgüter oder für Informationen, die nur beschränkt anderweitig verwendet werden können, also irreversibel sind. Man kann auch vom Versenken von Kosten sprechen. Eine hohe Spezifität impliziert, dass die Ausweichmöglichkeiten gering sind; sie schaffen damit Verpflichtungen, auch gegenüber Transaktionspartnern, und implizieren hohe Transaktionskosten.

(7) Douglass North (1920-), Institutioneller Wandel und wirtschaftliche Entwicklung: Sein Augenmerk richtet sich in seinem Hauptwerk *Institutions, Institutional Change and Economic Performance* (1990) auf die Frage, was die wirtschaftliche Entwicklung fördert und was sie beschränkt. Er sieht hierbei eine langanhaltende Tendenz der Ausweitung der Transaktionskosten bei sinkenden Produktionskosten, wobei ersteres schließlich die volkswirtschaftliche Entwicklung beschränkt. Dabei werden Institutionen als zentrale Orientierungspunkte für individuelles Verhalten, insbesondere für Anreize, angesehen. Sie erzeugen pfadabhängiges Wachstum, das die Möglichkeit der Anwendung eines Optimierungskalküls für die Wahl der besten Organisationsform einschränkt.

(8) Friedrich August von Hayek (1899–1992), der bei Ludwig von Mises lernte, ist infolge seiner klassisch-liberalistischen Fundamentalkritik an den Theorien von Keynes, die später von Friedman durch die Theorie des Monetarismus akzentuiert wurden, von hoher Bedeutung für die Entwicklung der ökonomischen Theorie vor dem Zweiten Weltkrieg. Wichtiger erscheint aber aus heutiger Sicht seine Opposition gegenüber totalitären und etatistisch-sozialistischen Systemen, die sich aus dem Gedanken der spontanen Organisation offener Systeme ableitet. Es sind nicht so sehr die Wertannahmen, die v. Hayek (1937, 1945) kritisiert, als vielmehr die unterstellten institutionellen Arrangements der jeweiligen Ordnungen und ihre Funktionsprinzipien. In Anlehnung an v. Mises zeigt er, dass die reale Komplexität der Welt es nicht erlaubt, alle relevanten Informationen zu erfassen, die für eine zentrale Entscheidung erforderlich sind. Allein das Wettbewerbssystem ist in der Lage, dezentrale und verteilte Informationen dergestalt zu verdichten, dass daraus für alle effizient verwertbares Wissen entsteht. Das zentrale Entscheiden des Staates stellt damit ein Anmaßen von Wissen dar, das tatsächlich nicht existiert.

(9) Milton Friedman (1912–2006) und die Steuerung der Geldmenge: Friedman als Exponent der Chicago-Schule zählt neben v. Hayek und v. Mises zu den wenigen Ökonomen des 20. Jahrhunderts, die den klassischen Kapitalismus befürworten; er betrachtet seine Ideen als Konterrevolution zur Theorie von Keynes. Der Sozialstaat ist für ihn Betrug an all denjenigen, die arbeiten und Steuern zahlen. Hierzu seine Argumentation: Es gibt vier Möglichkeiten, Geld auszugeben, und zwischen diesen besteht ein klares Wertungsgefälle:
 – Man kann eigenes Geld zur Befriedigung eigener Bedürfnisse ausgeben, beispielsweise durch den Einkauf im Supermarkt für den eigenen Haushalt.
 – Man kann eigenes Geld zur Befriedigung fremder Bedürfnisse ausgeben, etwa in Form von Geschenken.
 – Man kann anderer Leute Geld zur Befriedigung eigener Bedürfnisse ausgeben, beispielsweise eine Mahlzeit auf Kosten der Firma einnehmen.
 – Man kann anderer Leute Geld zur Befriedigung der Bedürfnisse anderer ausgeben, etwa als Politiker.

Nach Friedmann nimmt die Leichtfertigkeit des Geldausgebens vom ersten zum letzten Punkt eindeutig zu; insbesondere der Sozialstaat bediene sich der beiden letztgenannten Möglichkeiten und sei daher ein Hort öffentlicher Verschwendung. Seine erste wirtschaftliche Forderung ist es daher, den Staatshaushalt zusammenzustreichen und insbesondere im Sozialhaushalt einzusparen. Friedman errechnete, dass der Betrag, der in den USA zur Bekämpfung der Armut ausgegeben wird, ausreicht, den Armen ein eineinhalb- bis zweimal so hohes Pro-Kopf-Einkommen zu garantieren wie dem Durchschnitt der Bevölkerung. Tatsache hingegen ist, dass bei den Armen wegen der riesigen Verteilungsbürokratie kaum etwas ankäme. In diesem Sinne finanziert der Arbeiter die Hochschulausbildung eines Studenten, der später ein überdurchschnittlich hohes Gehalt beziehen wird. Zu Friedmans Forderungen zählt daher die Schaffung einer negativen Einkommensteuer, d. h. Personen unterhalb eines bestimmten Einkommensniveaus erhalten – analog zu einer Steuerrückvergütung – vom Finanzamt einen Transfer, der ein menschenwürdiges Leben ermöglicht, wobei die Ausgestaltung weniger Möglichkeiten des Missbrauchs eröffnet und ein Anreiz zur Erzielung von Leistungseinkommen belassen werden sollte.

Friedman bestreitet, dass es einen festen Zusammenhang zwischen der Höhe der Arbeitslosigkeit und der Veränderung der Löhne gibt; man kann somit nicht, wie die Keynes'sche Lehre unterstellt, mit einer gegebenen Geldentwertungsrate ein bestimmtes Beschäftigungsniveau erkaufen. Er glaubt vielmehr, dass es in jeder Volkswirtschaft eine natürliche Arbeitslosigkeit gibt, die nicht beseitigt werden kann, weil sie sich aus Such- oder Freizeitarbeitslosen zusammensetzt.

Die von Friedman neukonzipierte monetaristische Theorie besagt, dass Güter- und Geldkreislauf in dem einfachen Modell identisch sind: Die Geldmenge multipliziert mit ihrer Umlaufgeschwindigkeit ist definitionsgemäß gleich dem Realwert aller Transaktionen multipliziert mit dem Preisniveau. Dabei stellt sich die Frage nach den Transmissionsmechanismen zwischen monetären Impulsen und Veränderungen der jeweiligen Zielgröße im güterwirtschaftlichen Bereich sowie nach den Bedingungen für simultanes Gleichgewicht auf Geld- und Gütermärkten. Die monetaristische Theorie betont die hohe Bedeutung von Veränderungen des Geldangebots. Sie geht auf die Neoklassiker Marshall (1923), Wicksell (1897), Pigou (1917) und Fisher (1913) zurück: Die Preisverhältnisse, die sich aufgrund von Angebot und Nachfrage im vollständigen Wettbewerb ergeben, legen die relativen Preise für Güter und Produktionsfaktoren fest. Über die umlaufende Geldmenge, die das absolute Preisniveau definiert, wird die Beziehung zum Gütermarkt hergestellt. Der Zins als Preis des Geldes bestimmt sich aus dem Angebot und der Nachfrage nach Leihkapital; Zinszahlungen sind realwirtschaftlich nur aufgrund der Produktivität des Kapitals möglich, da dessen Einsatz in Gestalt von Produktionsmitteln die Leistung der menschlichen Arbeit erhöht – wie bereits Smith und Say formulierten. Sie sind notwendig aufgrund der Zeitpräferenz der Gläubiger, d. h. als Kompensation für den Verzicht auf die Nutzung des Geldes oder wegen des Nutzens, den die Schuldner daraus ziehen. Hierbei wird von den Besonderheiten der Geldwirtschaft hinsichtlich verschiedener Formen des Geldangebots abstrahiert. In dieser neoklassischen Theorie hat Geld zunächst eine neutrale Wirkung; es wird postuliert, dass sich jede Geldmengenerhöhung proportional auf alle gehaltenen Kassen verteilt.

Vom Schweden Knut Wicksell (1881–1926) hat die Friedman'sche Konzeption die Idee übernommen, dass sich Geldmengenänderungen, die vom Bankensektor ausgehen, nicht proportional auf alle Kassen verteilen und dadurch Einfluss auf die relativen Preise nehmen. Allein die komparativ-statische Analyse zweier

Gleichgewichtszustände vor und nach einer Geldmengenänderung zeigt konstante relative Preise und eine Verschiebung des Preisniveaus in Richtung der Geldmengenänderung.

Tatsächlich war Geldmengenpolitik schon im Altertum ein bekannter Teil der Wirtschaftspolitik. Später formulierte der schottische Philosoph und Historiker David Hume (1711–1776), ein Freund Adam Smiths, in den *Political Discourses* (1752), dass Preisniveau und Geldmenge voneinander abhängen. Unter der Annahme eines freien Binnen- und Welthandels und eines Goldstandards in den am Handel beteiligten Nationen können keine Zahlungsbilanzüberschüsse und -defizite auftreten: Ein Zahlungsbilanzdefizit bedeutet, dass die Zahlungsmittel des Inlandes in der Hand ausländischer Wirtschaftssubjekte liegen, die diese (z. B. bei der inländischen Zentralbank) gegen Gold eintauschen; hierdurch müsste infolge der Golddeckung der inländische Geldumlauf sinken, während er im entsprechenden ausländischen Staat infolge der Mehrung der Goldreserven steige. Ein geringerer Geldumlauf führt zu einem Absinken des Preisniveaus und damit zu einer Verbesserung der internationalen Konkurrenzfähigkeit, sodass das Ausland die Einkäufe erhöht (u. a. mit den zusätzlichen durch den Goldimport geschaffenen Zahlungsmitteln). Langfristig bildet sich über diesen Anpassungsmechanismus ein Gleichgewicht heraus. In der Realität zeigt sich allerdings, dass Länder mit Zahlungsbilanzüberschüssen ebenso ungern eine Anpassungsinflation wünschen wie Defizitländer ihre Goldvorräte abschmelzen sehen, sodass die Wechselkurse leichter als die Preise schwanken. Auch John Stuart Mill (1848) hat sich mit diesen genannten Zusammenhängen befasst und postulierte, dass eine Verdoppelung des Güterangebots eine Verdoppelung der Geldmenge zur Folge habe und dass Ungleichgewichte nur aufgrund eines Warenüberangebots oder des Spekulationsverhaltens der Verkäufer in Erwartung höherer Preise zustande kommen.

Nach Meinung von Friedman unterschätzen die Keynesianer die Bedeutung der Geldpolitik: Auch die Keynes'sche Wirtschaftspolitik benötigt eine flankierende Geldpolitik. Friedman weist jedoch darauf hin, dass die Geldmenge bzw. deren Veränderung nicht nur das Preisniveau beeinflussen, sondern auch die Zusammensetzung der von den einzelnen Wirtschaftssubjekten gehaltenen Vermögensportfolios. Erhöht beispielsweise die Zentralbank die Geldmenge, dann steigt das Geld- bzw. Kreditschöpfungspotenzial der Banken; die Kurse von Wertpapieren werden durch eine erhöhte Wertpapiernachfrage steigen und die Zinsen sinken, das zusätzliche Kreditangebot wird ebenfalls zum Zinsrückgang führen. Eine neue Aufteilung der Haushaltsvermögen wird sich einstellen, weil durch die Zinssatzänderung die bisherige Portfoliostruktur suboptimal ist. Das führt zu Nachfrageverschiebungen, da die Wirtschaftssubjekte das zusätzliche Geld zum Kauf bestimmter Güter verwenden (z. B. Immobilien). Dadurch kann es zu Preissteigerungen kommen, die diesen Prozess der Umstrukturierung der Portfolios noch beschleunigen („Flucht in die Sachwerte"). Der monetäre Impuls ist auf die Güterwirtschaft übergesprungen.

Mit dem Stoppen der Geldausweitung seitens der Zentralbank zum Zwecke der Inflationsbekämpfung bricht der monetäre Impuls zusammen. Die Inflationsbekämpfung, so Friedman, muss für den Staat Vorrang haben, weil Veränderungen des Preisniveaus in erheblichem Umfang die Preisrelationen als Ausdruck der Knappheitsverhältnisse zwischen den Gütern beeinflussen und so die Kalkulationen der Wirtschaftssubjekte, die Verteilung des Einkommens, die Weitergabe von Informationen und Anreize zur Produktion stören. In der monetaristischen Theorie fordert Friedman daher, die Geldmenge immer nur entsprechend der Produktionstätigkeit zu verändern.

Stetiges, langsames Wachstum der Geldmenge bedeutet niedrige Zinsen. Es ist bedeutsam auch darauf zu verweisen, was der Monetarismus nicht leistet: Er sagt wenig über die Fiskalpolitik, die Regierungspolitik gegenüber der Industrie oder das langfristige Wachstum der Wirtschaft aus. Schlechte Geldpolitik kann eine gesunde Wirtschaft zerstören, aber gute Geldpolitik allein kann eine kranke Wirtschaft nicht heilen (Friedman 1982, S. 40).

(10) Der ordnungsökonomische Ansatz der Freiburger Schule und der Sozialen Marktwirtschaft: Sie gehen auf eine ökonomische Schule zurück, die sich stark an die historischen Auffassungen der deutschen Volkswirtschaftslehre anlehnt und seit der Weimarer Republik versucht, den Markt mit allgemeinen Werten der Gesellschaft, insbesondere dem Aspekt der Menschenwürde, vereinbar zu machen. Ziel ist, eine Werterückbindung der Ordnung vor dem Hintergrund der sich abzeichnenden und schließlich auch eintreffenden Katastrophen des Dritten Reichs zu erzielen. Ihr wesentlicher Unterschied zum klassischen Kapitalismus besteht in der expliziten Werterückbindung. An vorderster Stelle sind zu nennen: Franz Oppenheimer (1864–1943), Doktorvater von Ludwig Erhard, Alexander Rüstow (1885–1963) als Schöpfer des Begriffs des Neoliberalismus; Walter Eucken (1891–1950), dem die Unterscheidung zwischen Spielregeln und Spielzügen zu verdanken ist; Franz Böhm (1895–1977), der die freiheitsbedrohenden Rolle der Kartelle erkennt; Ludwig Erhard (1897–1977), der in seinem Buch *Wohlstand für Alle* (1957) den wirtschaftspolitischen Ordnungsentwurf der Sozialen Marktwirtschaft anbietet; schließlich Wilhelm Röpke (1899–1966), der die Wertrückbindung der Wirtschaftsordnung betont; Alfred Müller-Armack (1901–1978), der den Begriff der Sozialen Marktwirtschaft als Versöhnung zwischen Markt und sozialem Anliegen als irenische, also friedensschaffende, Formel auslegt.[4]

---

4 Eine andere Geschichte besagt, dass die Sekretärin von Ludwig Erhard die wirtschaftspolitischen Schriften beim Fortzug aus Fürth in einen Karton gepackt und auf diesen Soziale Marktwirtschaft geschrieben habe.

Walter Eucken (1952) gibt für eine funktionsfähige Wettbewerbsordnung eine Reihe von konstituierenden Prinzipien (Spielregeln) an, die ausnahmslos erfüllt sein müssen:

(1) Existenz eines funktionsfähigen Preissystems bei (relativ) vollständiger Konkurrenz, um die effiziente Allokation der Produktionsfaktoren zu garantieren.

(2) Freiheit des Markteintritts, um einen maximalen Leistungswettbewerb zu gewährleisten.

(3) Preisstabilität der Währung.

(4) Garantie der Vertragsfreiheit als rechtliche Voraussetzung für die Koordinierung der Teilpläne der Wirtschaftseinheiten am Markt.

(5) Privates Eigentum an Produktionsmitteln, da das Wettbewerbssystem vom Eigeninteresse der Wirtschaftseinheiten gesteuert werden soll.

(6) Abbau der Haftungsbeschränkungen, damit die Sanktionierungsmechanismen des Marktes voll zur Geltung kommen können.

(7) Stetige und vorhersehbare Wirtschaftspolitik, um die Investitionsbereitschaft zu verstetigen und den risikobedingten Konzentrationstendenzen in der Wirtschaft entgegenzuwirken.

Diese konstitutiven Prinzipien sind hinreichend, um eine marktwirtschaftliche Wirtschaftspolitik zu konzipieren. Sie sind jedoch durch regulierende Prinzipien (Schiedsrichter) zu ergänzen. Folgende Forderungen erhebt Walter Eucken (1952) dabei:

(1) Monopolkontrolle durch eine Monopolaufsichtsbehörde, d. h. die Monopolauflösung. Erweist sich die Auflösung eines Monopols als unmöglich, ist dafür zu sorgen, dass die Preisfestsetzung den Regeln des Wettbewerbs folgt. Das wiederum bedeutet eine Verhinderung von Preisdifferenzierung, von monopolistischer Gestaltung der Geschäftsbedingungen, von Behinderungswettbewerb sowie von ruinöser Konkurrenz gegenüber neuauftretenden Anbietern.

(2) Durch eine aktive Steuerpolitik ist für eine Korrektur der Einkommen zu sorgen, da das den Markt beherrschende Äquivalenzprinzip für sich allein genommen sozialethisch nicht akzeptabel erscheint.

(3) Die Wirtschaftsrechnung ist überall dort zu korrigieren, wo im einzelwirtschaftlichen Kalkül nicht die Rückwirkungen auf andere Wirtschaftseinheiten oder die Allgemeinheit (sogenannte externe Effekte) berücksichtigt werden.

(4) Ineffizienzen, die durch das anomale Verhalten des Angebots ausgelöst werden (d. h. sinkende Preise führen zur Ausweitung des Angebots, z. B. beim Arbeitsangebot), müssen durch das Herstellen einer vollständigen Konkurrenz oder das Festsetzen von Entlohnungsuntergrenzen in Höhe der Grenzproduktivität vermieden werden.

Auch wenn die Soziale Marktwirtschaft als Wettbewerbswirtschaft, die durch niedrige Preise bereits das Soziale einbezieht, in einem ordoliberalen Kontext definiert wird, dürfen die sozialpolitischen Ahnen nicht vergessen werden, weil diese bereits im 19. Jahrhundert und dann bis in die Zeit der Weimarer Republik hineinwirkten. Zu nennen sind insbesondere: Papst Leo XIII (1810–1903), der Verfasser der ersten Sozialenzyklika *Rerum Novarum* (Leo XIII, 1891), die sich mit der Lage der Arbeiterschaft befasst; Wilhelm Emanuel von Ketteler (1811–1877), Bischof von Mainz und Gründer der Katholischen Arbeiter-Bewegung; Gustav von Schmoller (1838–1917), einer der wichtigsten Vertreter der Jüngeren Historischen Schule und maßgeblicher Mitbegründer des Vereins für Sozialpolitik (1872); Ludwig Joseph Brentano (1844–1931), mit Gustav von Schmoller einer der sogenannten Kathedersozialisten; Oswald von Nell-Breuning (1890–1991), der unter Papst Pius XI maßgeblich die zweite Sozialenzyklika *Quadrigesimus Annus* (1931) mitschreibt und ein Begründer des Prinzips der Subsidiarität und der Sozialpflichtigkeit des Eigentums ist. Mit der Enzyklika *populorum progressio* (Paul VI 1967) wird die soziale Problematik der Globalisierung, insbesondere die Entwicklungsproblematik der Dritten Welt, thematisiert. Die Sozialenzyklika von Johannes Paul II, *Centesimus Annus* (1991), maßgeblich beeinflusst von Joseph Kardinal Ratzinger, versöhnt die katholische Soziallehre nach dem Zusammenbruch des Kommunismus mit der marktwirtschaftlichen Ordnung.

Die Soziale Marktwirtschaft ist keine um die Sozialversicherung ergänzte Marktwirtschaft; vielmehr ist das Soziale zunächst die Fähigkeit, Existenzrisiken bei denen, die etwas riskiert haben, also innovativ waren, nicht zur Ursache der wirtschaftlichen Vernichtung werden zu lassen. Vielmehr stellt die Versozialstaatlichung der marktwirtschaftlichen Ordnung unter den Bedingungen der Anspruchsdemokratie und der Globalisierung eine Bedrohung ersten Ranges statt.

(11) Rationalität und ihre Grenzen: Rationale Erwartungen und Neuroökonomik: Rationalität spielt in der ökonomischen Theorie eine herausragende Rolle, das Bild des homo oeconomicus basiert auf ihr. Allerdings wird sie seit Beginn der Entwicklung ökonomischer Theorien hinterfragt, besonders in Bezug auf die Fähigkeit, adäquat mit Risiko umzugehen. John Muth (1961) bezeichnet im Kontext eines Modells Erwartungen dann als rational, wenn sie mit den Vorhersagen des Modells identisch sind. Genau hier setzt die auch als Neue Klassische Schule bezeichnete Richtung der Ökonomie an, die jegliche Wirksamkeit der Fiskalpolitik bezweifelt. Ausgangspunkt ist hierbei die keynesianische Theorie, die innerhalb ihres totalen Gleichgewichtsmodells auf Güter- und Geldmärkten die Wirksamkeit von fiskalischen Maßnahmen darstellt und postuliert, dass Erwartungen nicht rational sind (z. B. im Sinne der Geldillusion).

In den fünfziger Jahren machten die Volkswirtschaften erste Erfahrungen mit gleichzeitiger Unterbeschäftigung und Inflation, wobei von den Nachfolgern von Keynes die Phillips-Kurve als Lösungsansatz bemüht wurde. Von Friedman wurde das Konzept adaptiver Erwartungen entwickelt, demzufolge Individuen ihre Erwartungsfehler aus der Vergangenheit korrigieren und ihre Erwartungen anpassen. Probleme ergeben sich dann, wenn Preis- und Inflationserwartungen zusammenspielen. Hier, sagt nun Robert Lucas (1972), nutzen Individuen alle verfügbaren Informationen und ihr Wissen über das Funktionieren der Wirtschaft aus, um ihre Erwartungen zu bestimmen. Weitet der Staat die Geldmenge aus, entstehen Erwartungen in steigende Preise und die Individuen korrigieren ihr Verhalten so, dass sie in der Lage sind, ihre ursprünglichen Pläne zu erfüllen. Während es bei Keynes unfreiwillige Arbeitslosigkeit gibt, behauptet Lucas, dass die Arbeitslosen nur in intelligenter Weise Arbeit suchten oder eine anderweitige intertemporale Substitutionsmöglichkeit wahrnehmen. In diesen wie in anderen Fällen betont er die Notwendigkeit einer Mikrofundierung der Makroökonomie, um die zugrundeliegenden dynamischen und zufallsgesteuerten Prozesse abbilden zu können.

Rationale Erwartungen sind nicht zu verwechseln mit vollkommener Vorsehung, weil sie das Risiko im ökonomischen System belassen. Insofern können durchaus zufällige Abweichungen auftreten. Systematische Irrtümer können jedoch nicht entstehen, weil ansonsten Informationsarbitrageprozesse möglich wären, die nur von ausreichend vielen Individuen wahrgenommen werden müssen, um den Markt auf den Rationalitätspfad zu zwingen.

Die wesentliche Aussage der Theorie der rationalen Erwartungen im Hinblick auf die Verwendung von ökonomischen Modellen zur Begründung von Wirtschaftspolitik ist damit folgende: Um der wirtschaftspolitischen Operationalisierung willen werden makroökonomische Theorien in Modelle gefasst, und ihre reduzierten Formen sind beispielsweise später Gegenstand einer ökonometrischen Schätzung. Es wird unterstellt, dass die Koeffizienten dieser Modelle, die die Verhaltensbeziehungen ausdrücken, echte Parameter und damit gegenüber Änderungen wirtschaftlicher Maßnahmen invariant sind. Sowohl die ökonomische Wirklichkeit als auch die ökonometrischen Modelle selbst werfen erhebliche Zweifel über die Validität dieser Aussage auf; die Art, wie wir Beziehungen sehen und Modelle schätzen können, ist immer Ausfluss konkreter Wirtschaftspolitiken, sodass alternative Maßnahmen möglicherweise ungenaue oder sogar falsche Wirkungen aufzeigen.

In ihrer stärksten Form sagt die Theorie der rationalen Erwartungen, dass jegliche systematische makroökonomische Wirtschaftspolitik durch Antizipation seitens der betroffenen Wirtschaftssubjekte ineffizient wird. So schrieben Sargent und Wallace (1975), dass monetäre Politik keinerlei Wirkungen haben könne, weil die Wirtschaftssubjekte die Wirkungen vorhersehen; hierdurch ändert sich nur die nominale, nicht die reale Ökonomie. So gibt es keine Wahl zwischen Inflation und Beschäftigungsniveau. Die Ankündigung einer stärkeren Kontrolle der Geldmenge durch die Zentralbank würde richtig antizipiert und damit ohne Reibungsverluste zur rechtzeitigen Anpassung von Preisen und Löhnen führen.

Umgekehrt ergibt sich aus einer Geldmengenausweitung keinerlei Stimulans für die Wirtschaft. Damit kann Wirtschaftspolitik nur noch bei einem unbekannten Transformationsmechanismus oder als unsystematische (chaotische) Politik Wirkungen zeigen. Da insbesondere letzteres unerwünscht ist, haben beispielsweise feste Regeln der Geldpolitik Aufschwung zu Lasten keynesianischer Vorstellungen gewonnen.

Wichtige Vertreter der modernen neuroökonomischen Forschung sind David Kahneman und Amos Tversky (1979), die die Bedeutung kognitiver Verzerrungen für Entscheidungen aufzeigen. Axel Ockenfels (1999) betont die Rolle der Fairness und zeigt, dass dann, wenn diese nicht gegeben ist, Menschen sich auch selbst schaden, um anderen Nachteile zu bereiten. Michael Tomasello (2008, 2011, 2014) hebt die Bedeutung der Kommunikationsstrukturen für das Entscheidungsverhalten, insbesondere auch für kollektives Handeln, hervor. Paul Glimcher (2011) zeigt diese Entwicklungen im Überblick, insbesondere wie Neurowissenschaften, Psychologie und Ökonomik wissenschaftlich interagieren. Die Überlagerung dieser drei Ebenen ist wichtig für das neuroökonomische Forschungsprogramm.

Verhaltensökonomen weisen darauf hin, dass die kleinen, inkrementellen Abweichungen von der Wahrhaftigkeit Menschen auf eine schiefe Bahn und schließlich zum maximalen Handeln gegen soziale Normen bringen. Oft sind es nämlich kleine Anstöße, die, wenn sie häufig genug hintereinander geschaltet werden, Veränderungen auslösen. Richard Thaler und Cass Sunstein (2009) behaupten, dass kleine Schubser (nudge) viel bewegen können. Denn die Erkenntnis, derer sich bereits Sokrates in der Mäeutik (Hebammenkunst) bediente, lautet, dass die Art, wie eine Entscheidung präsentiert wird, das Verhalten beeinflusst. So kann eine zögerliche Wirtschaftspolitik eine probate Methode sein, Unbeliebtes zu verwirklichen.

Marktformen: monopol → 1 Anbieter (keine konkurrenz)
Oligopol → wenige Anbieter
polypol → viele Anbieter
viele Nachfragen

Marktteilnehmer . Nachfrage (konsument)
= Kaufkraft
. Angebot (Produzent)
= Produzieren Güter

Wettbewerb ist der Motor eines Marktes

3 Produktion, Absatz und Märkte in der Neoklassik

3.1 Der Markt als institutioneller Ort des Tauschs

Der Markt als institutioneller Ort des Zusammenkommens von Angebot und Nachfrage ist eine kulturelle Leistung ersten Ranges. Seine wichtigste Währung ist, wie auch in der übrigen Gesellschaft, das Vertrauen, denn nur damit können die Transaktionskosten minimiert werden und Märkte effizient funktionieren. Genau diese Transaktionskosten, also die Handlungskosten, um eine Institution aufzubauen und zu erhalten, werden in den nun folgenden Ausführungen als nichtexistent angesehen und ausgeklammert. Diese Idealisierung erlaubt es, Gesetzmäßigkeiten zu beschreiben, die als Referenzgrößen der Realität dienen, und zugleich in didaktischer Sicht das ökonomische Denken zu schulen.

Unter dem **Markt** versteht man den Ort der Koordination von Angebot und Nachfrage.

Man unterscheidet in der Realität verschiedene Arten von Märkten:
- Nach der Art des Handels unterscheidet man Märkte für Waren, Dienstleistungen, Rechte, Arbeit, Geld und Kapital.
- Nach der zeitlichen Verfügbarkeit gliedert man in Kassa- und in Terminmärkte.
- Nach der räumlichen Abgrenzung teilt man in örtliche, regionale, nationale und internationale Märkte auf.

In der neoklassischen Theorie werden die zeitliche und die örtliche Ausdehnung ausgeblendet, man spricht deshalb von einem sogenannten Punktmarkt.

Als **vollkommenen Markt** bezeichnet man einen Markt mit folgenden Eigenschaften:
(1) Es werden nur homogene und fungible (vertretbare) Güter gehandelt.
(2) Der Marktzugang ist frei.
(3) Es herrscht vollkommene Markttransparenz.
(4) Es existiert keine räumliche und/oder zeitliche Differenzierung zwischen Angebot und Nachfrage.
(5) Es existieren keine persönlichen Präferenzen von Käufern für bestimmte Verkäufer und umgekehrt.

Unter der **Markträumung** versteht man den vollständigen Eigentumsübergang der am Markt angebotenen Güter.

Unter der **vollständigen Konkurrenz** versteht man die Beziehungen zwischen Konsumenten und Produzenten auf einem vollkommenen Markt, auf dem viele Anbieter und viele Nachfrager auftreten, die nur kleine Mengen anbieten und nachfragen (atomistische Konkurrenz).

DOI 10.1515/9783110515473-003

Die Annahme eines vollkommenen Marktes impliziert die Einheitlichkeit des Marktpreises; durch die vollständige Konkurrenz wird gewährleistet, dass für die einzelnen Anbieter und Nachfrager der Preis ein Datum ist, auf das diese nur mit Mengenanpassungen reagieren können. Das hier zunächst vorgestellte neoklassische Konzept des Marktes unterstellt, dass keinerlei externe Effekte und keinerlei Skalenökonomien vorliegen und dass alleinig private Güter getauscht werden. Darüber hinaus gelten als Totalbedingungen: Angebotsseitig sind der Faktorbestand und die Technologie gegeben; Innovationen finden nicht statt. Nachfrageseitig werden konstante Präferenzen sowie eine vorgegebene und nicht veränderliche Verteilung der Einkommen unterstellt.

Nach der Zahl der Anbieter und der Nachfrager auf dem Markt unterscheidet man Angebots- bzw. Nachfragepolypole sowie, unter den Bedingungen von Marktunvollkommenheiten und häufig damit auch Marktmacht, Angebots- oder Nachfrageoligopole oder -monopole. In diesem Kapitel wird nur der polypolistische Wettbewerb behandelt. Unternehmen streben Marktmacht an, um (Differenzial-) Renten abschöpfen zu können. Hiermit befasst sich die moderne Industrieökonomik.

3.2 Angebot und Produktion

3.2.1 Das Produktionsverfahren

Durch die Produktion werden Güter bzw. Outputs erstellt. Hierzu sind Produktionsfaktoren bzw. Inputs sowie Zeit erforderlich. Die Art der Kombination wird durch die Technologie der Produktion ausgedrückt, die beispielsweise sehr arbeits-, sehr kapital- oder sehr zeitintensiv sein kann. Auf abstrakter Ebene wird das wie folgt formalisiert:

Unter einem **Produktionsverfahren** versteht man die Erstellung der Güter $x \in IR^n_+$, $n \geq 1$, aus einer Kombination von Produktionsfaktoren $v \in R^m_+$, $m \geq 1$, in einer notwendigen Produktionszeit $t \geq 0$.

Häufig werden Kennfunktionen eingeführt, um verschiedener Produktionsverfahren zu charakterisieren, z. B.

$$\text{Produktivität} := \frac{\text{Produktionsergebnis}}{\text{Faktoreinsatz}} \qquad (3.1)$$

(z. B. als Arbeitsproduktivität, Kapitalproduktivität, Bodenproduktivität). Bei einer Bewertung der Produktionsfaktoren mit monetären Größen ergeben sich

$$\text{Rentabilität} := \frac{\text{Gewinn}}{\text{Kapital}} \text{ oder } \frac{\text{Gewinn}}{\text{Vermögen}} \qquad (3.2)$$

Produktionsfaktoren: Arbeit, Umwelt, Kapital

$$\text{Wirtschaftlichkeit} := \frac{\text{Verkaufserlöse}}{\text{Gesamtaufwand}} \tag{3.3}$$

Die Produktionsfaktoren besitzen konkrete Eigenschaften, und bereits im vorangegangenen Kapitel wurde verdeutlicht, wie einzelne ökonomische Philosophen den Schwerpunkt beim Boden, bei der Arbeit oder beim Kapital sahen – und über die Entlohnung dann das Thema Ausbeutung problematisierten.

3.2.2 Der Produktionsfaktor Umwelt

Der Produktionsfaktor Boden ist einerseits ein elementarer aktiver Wirtschaftsfaktor in Form von Anbau- und Abbauböden, andererseits ist er ein Produktionsstandort für Landwirtschaft, Industrie und sonstiges Gewerbe. Für die Anbauböden der Landwirtschaft formulierte Turgot den sogenannten ertragsgesetzlichen Produktionszusammenhang, d. h. bei konstanter Fläche und Vermehrung des Arbeits- und Kapitaleinsatzes ergeben sich zunächst zu-, dann abnehmende Ertragszuwächse (vgl. Abschnitt 3.3).

Der Abbauboden ist Träger der Bodenschätze (z. B. Kohle, Erze, Mineralien). Zu den weiteren Eigenschaften des Bodens zählen seine Unvermehrbarkeit und räumliche Immobilität, sodass bestimmte Qualitäten, die örtlich an ihn gebunden sind, zu Lage- und Standortvorteilen führen können. Die wirtschaftliche Bedeutung dieser Standortfaktoren war bereits im Altertum bekannt (z. B. die des Meereszuganges).

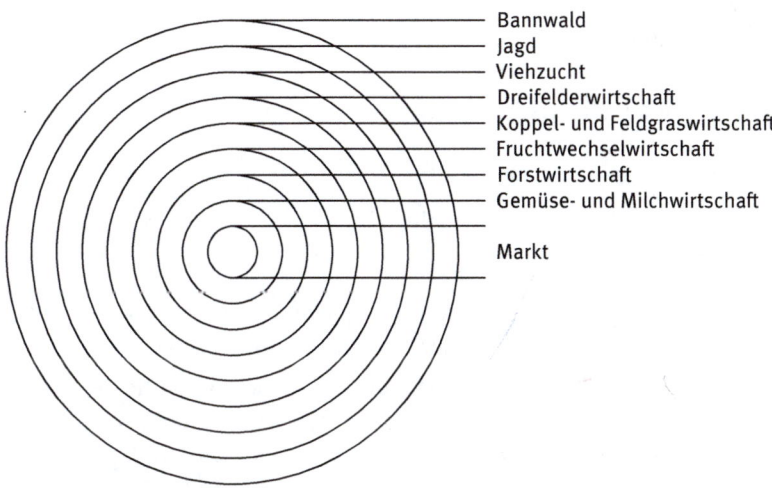

Abb. 3.1: Die Thünen'schen Kreise (Quelle: Eigene Darstellung)

Eine erste modellmäßige Durchdringung erfuhren diese Zusammenhänge im Landschaftsmodell von Johann Heinrich v. Thünen, dem Begründer der **landwirtschaftlichen Standorttheorie**, niedergeschrieben in dem Werk *Der isolierte Staat in Bezug auf Landwirtschaft und Nationalökonomie* (1826). Thünen folgerte aus seinen Überlegungen, dass die Standortverwendung wesentlich von den Transportkosten, den Produktionskosten, dem Grad der Verderblichkeit der Güter und dem Bodenwert abhängt. Mit zunehmender Entfernung vom zentralen Markt wird die Bodennutzung extensiver (siehe Abb. 3.1).

In Weiterführung dieser Gedanken wurde von William Alonso (1964) und anderen die städtische Standortlehre entwickelt. Zu den wesentlichen Determinanten der städtischen Standortwahl zählen Transportkosten, Bodennutzung, Flächenbeanspruchung sowie der zentrale Markt. Die Zuordnungen folgen den Präferenzen von Produzenten und Konsumenten, Einkommen, Güterpreisen sowie der Entfernung zu Beschaffungs- und Absatzmärkten.

Die **industrielle Standorttheorie** wurde insbesondere von Alfred Weber (1868–1957) geprägt. Mit seinem Buch *Über die Standortwahl der Industrien* (1909) begründete er die klassische Standorttheorie, die im Gegensatz zu den oben genannten Vorstellungen nicht von einer Homogenität der Fläche ausgeht. Bei gegebenen Zulieferer- und Absatzorten sind die mit den Transportmengen und Frachtkosten gewichteten Entfernungen zu minimieren. Die Größe der Agglomerationen und die Entfernungen zu den Konkurrenten werden dabei als Variable betrachtet. Gleichzeitig ist in das Entscheidungsproblem die Frage einzubeziehen, ob die Ansiedlung am optimalen Produktionsstandort oder im nächstgelegenen Verdichtungsgebiet vorzunehmen ist; hier sind trade-offs zwischen Transportkosten und Fühlungsvorteilen zu beachten. Folgende wirtschaftliche Einflussfaktoren sind für die Standortwahl im allgemeinen maßgeblich:

- die Nähe zu Lieferanten,
- die Nähe zu Abnehmern,
- Qualität und Quantität der Verkehrswege,
- Einrichtungen des Handelsverkehrs,
- Niveau der Arbeitskosten,
- Fühlungsvorteile (Agglomerationsvorteile),
- Höhe der öffentlichen Abgaben.

Betriebe können an gewisse Standorte gebunden sein, falls dies die Verfügbarkeit bestimmter Ressourcen bestimmt; das ist beispielsweise bei Kieswerken oder Kohlebergwerken der Fall. Man spricht dann von gebundenen Standorten. Die im Gegensatz hierzu ungebundenen Standorte können weiter untergliedert werden: Kaufhäuser oder Betriebe der Fahrzeugindustrie sind zwar in der Standortwahl frei, benötigen aber einen festen Standort; im Gegensatz dazu ist der fahrende Händler nur auf einen freien Standort angewiesen.

Gewässer sind zunächst eine bedeutende Nahrungsmittelquelle. Darüber hinaus wird Wasser im Rahmen verschiedener Produktionsverfahren benötigt (z. B. zur Stahlerzeugung), dient als Rohstoffquelle (z. B. zur Salzgewinnung) oder als Einleitmedium für Stoffe (z. B. als Vorfluter eines Klärwerkes). Schließlich gehören Gewässer zu den bedeutendsten Verkehrsmedien und müssen somit zu den natürlichen Standortfaktoren gezählt werden.

Luft ist die Voraussetzung für eine Anzahl technischer Prozesse und wird daher umgesetzt bzw. als Einleitmedium verwendet. Sie ist die Bedingung für die Existenz der bekannten Formen des Lebens und ebenfalls ein bedeutendes Verkehrsmedium.

Belebte Natur ist ein Produktionsfaktor im unmittelbaren Sinne, da sie gewisse Rohstoffe bereitstellt (z. B. Holz, Wildfleisch), und hat im Rahmen der natürlichen Regelkreise eine wichtige Absorberfunktion für die Störungseinflüsse, die von Produktions- und Konsumprozessen ausgehen, zu erfüllen.

3.2.3 Der Produktionsfaktor Arbeit

Die Arbeit ist ebenso wie die Natur zu den ursprünglichen Produktionsfaktoren zu rechnen; bereits im zweiten Kapitel wurde auf dogmengeschichtliche Bewertungsunterschiede der Produktionsfaktoren (Smith, Ricardo und Marx: Arbeitswertlehre) verwiesen. Träger der Arbeit ist die Bevölkerung.

Die Arten der Arbeit unterteilt man in
- exekutive (ausführende) Arbeit: gelernt, angelernt, ungelernt;
- dispositive (planende, anordnende) Arbeit, geleistet durch Unternehmer (Freiberufler, Handwerker, Manager, ...);
- explorative (schöpferische, forschende) Arbeit der Wissenschaftler und Künstler.

Die Qualität des Produktionsfaktors Arbeit ist abhängig von der Altersstruktur, dem Bildungsstand und der räumlichen Verteilung der Bevölkerung sowie von kulturellen und zivilisatorischen Einflüssen. Der Altersaufbau eines Landes kann folgendermaßen typisiert werden:
- Die Pyramidenform kommt bei konstanter Geburtenrate und proportionaler Sterberate der Altersjahrgänge zustande, wobei die Nettoreproduktionsrate über Eins liegt.
- Die Glockenform entsteht bei konstanter Geburtenrate, einer Nettoreproduktionsrate über Eins und mit dem Alter überdurchschnittlich zunehmender Sterblichkeit.
- Die Zwiebelform ist das Ergebnis stark rückläufiger Geburtenziffern nach einer Periode des Bevölkerungswachstums.

Als **Nettoreproduktionsrate** bezeichnet man die Quote aus der Anzahl des weiblichen geborenen Geschlechts bezogen auf eine Generation von 1000 Müttern (Feichtinger 1979, S. 98).

Gründe für diese eingeschlechtliche Vorgehensweise sind die bessere Zurechenbarkeit unehelicher Geburten und die deutlich definierte reproduktionsfähige Periode der Frau.

Wesentliches Kennzeichen der modernen Industrie- und Dienstleistungsgesellschaft ist die Arbeitsteilung, die der englische Ökonom Adam Smith als eine wesentliche Ursache für den Wohlstand der Nationen bezeichnete. Die Arbeitsteilung kann durch Berufsbildung oder Berufsspaltung beruflicher Natur und durch Produktionsteilung oder Arbeitszerlegung gesellschaftlich-technischer Natur sein. Vorreiter der industriellen Arbeitszerlegung waren insbesondere Frederic Winslow Taylor (1865–1915) als Begründer der Arbeitswissenschaft, Henry Ford (1864–1947), der als einer der ersten Fließfertigung und Produktionsplanung in seinen Betrieben einführte, und der Reichsausschuss für Arbeitszeitermittlung (Refa, gegründet 1924) bei der Findung des gerechten Leistungslohnes. Die nationale Arbeitsteilung wird heute stark von der internationalen Arbeitsteilung überlagert bzw. sogar ersetzt.

3.2.4 Der Produktionsfaktor Kapital

Über die begriffliche Festlegung, was unter Kapital zu verstehen sei, gibt es aus volks- und betriebswirtschaftlicher Sicht keine Einigkeit. Wegen des volkswirtschaftlichen Charakters dieses Buches soll der Kapitalbegriff der Volkswirtschaftslehre zugrundegelegt werden.

Als **Kapital** bezeichnet man die Summe der in einer Volkswirtschaft verfügbaren Betriebsmittel und Arbeitsgegenstände; in einer erweiterten Definition können finanzielle Ressourcen (dies entspricht im wesentlichen dem Vermögensbegriff der Betriebswirtschaftslehre.) eingeschlossen werden.

In der Regel teilt man das Kapital in (güterwirtschaftliches) Realkapital und (finanzwirtschaftliches) Geldkapital ein. Kapital ist ein abgeleiteter Produktionsfaktor; er entsteht durch die nicht-konsumtive Nutzung von Gütern. Voraussetzung hierfür ist die Existenz eines Subsistenzmittelfonds, oder einfacher, eines Vorrates, der sicherstellt, dass für die Zeit der Kapitalbildung keine Bedrohung der physischen Existenz eintritt.

- Ein Fischer baut ein Netz; Subsistenzmittelfonds: Fischvorrat;
- Forschung in arbeitsteiliger Gesellschaft; Subsistenzmittelfonds: Gehalt aus Steueraufkommen.

Geldkapital stellt häufig eine Vorstufe des Realkapitals dar. Weitere interessante Kapitalbegriffe sind:

- Produktivkapital: Das Realkapital der Unternehmen;
- Sozialkapital: Einrichtungen für die Allgemeinheit, im speziellen Fall als Unterstützung der Produktionsstätten durch Infrastruktur;
- Humankapital: Das in den Produktionsfaktor Arbeit in Form der Qualifikation investierte Kapital, das sich mit dem Produktionsfaktor Arbeit und dem Sozialkapital überschneidet;
- Organisationskapital: Das Kapital im Unternehmen, das sich aus kulturellen Faktoren, der Fähigkeit zu Innovation und zu Aufbau- und Ablaufprozessen ergibt, also die Intelligenz einer Institution.

Unter einer **Investition** versteht man die Schaffung von Kapital.

Als **Infrastruktur** bezeichnet man die Teile des Kapitalstocks der Wirtschaft, die meist von der öffentlichen Hand bereitgestellt werden und die Voraussetzung für die produktive und konsumtive Nutzung von Produktionsfaktoren und Gütern sind.

Man grenzt zum einen die materielle Infrastruktur ab; diese besteht aus der Netz-, der Nodal- und der Punktinfrastruktur. Für die erste Gruppe mögen Transport- und Kommunikationsnetze, für die zweite Verladeeinrichtungen, für die dritte öffentliche Verwaltungseinrichtungen als Beispiele dienen. Die immaterielle Infrastruktur besteht aus dem Humankapital und der Art der Organisation des öffentlichen Sektors.

Folgende Arten von Investitionen werden u. a. unterschieden:
- Finanz- oder Sachinvestitionen;
- Bruttoinvestitionen: Alle in einer Wirtschaftsperiode getätigten Investitionen
- Nettoinvestitionen: Bruttoinvestitionen abzüglich der Abschreibungen
- Anlageinvestitionen:
  - Neuinvestitionen;
  - Ersatzinvestitionen;
  - Rationalisierungsinvestitionen;
- Vorratsinvestitionen: Investitionen in das Umlaufvermögen.

3.3 Die Kombination der Produktionsfaktoren im Produktionsprozess

3.3.1 Allgemeine Darstellung von Produktions- und Kostenfunktionen

Zentraler Gegenstand der (neo-) klassischen Produktions- und Kostentheorie sind die Produktions- und Kostenfunktionen. Falls durch ein Produktionssystem nur ein Gut oder nur Kuppelprodukte (also Produkte, die nur gemeinsam erzeugt werden können wie beispielsweise bei einer Raffinerie Diesel und Benzin) hergestellt werden oder aber eine monetäre Bewertung der Produktion erfolgt, ist die Analyse mit Hilfe von Produktionsfunktionen möglich.

Ein reales ökonomisches System, das aus Personen, Produktionsfaktoren und Gütern besteht und eine Umgebung hat, aus der es Personen, Produktionsfaktoren und Güter entnehmen und Güter abgeben kann, wird als **Produktionssystem** bezeichnet.

Werden Produktionssysteme mittels Produktionsfunktionen untersucht, so wird angenommen, dass das Rationalitätsprinzip erfüllt ist, d. h. den Produktionsfaktoren oder Inputs werden nur die maximalen Produktionsmengen oder Outputs zugeordnet.

Sei $v \in R_+^m$, $m \geq 1$ der Vektor der Produktionsfaktoren und $x \in R_+$ der damit erstellte Output, so gilt:

Eine **Produktionsfunktion** ist eine Abbildung

$$\begin{cases} \text{P}: & R_+^m \to R_+ \\ & v \mapsto P(v) = x \end{cases} \tag{3.4}$$

die mindestens folgende Eigenschaften aufweist:
1. Die Funktion P wächst monoton in den Faktoren v_j, $j = 1,2,\ldots,m$;
2. $P(\underline{0}) = 0$, $P(\underline{v}) > 0$ für $\underline{v} > 0$.

Führt man für die oben angegebenen Inputquantitäten Preise $\underline{p}$ ein, so können Kostenfunktionen hergeleitet werden:

Eine **Kostenfunktion (1)** ist eine Abbildung

$$\begin{cases} K: R_+^{2m} \to R_+ \\ (v, p) \mapsto K(v, p) \end{cases} \tag{3.5}$$

die mindestens folgenden Eigenschaften genügt:
1. K wächst monoton in v_j und p_j, $j = 1,2,\ldots,m$;
2. $K(\underline{0},\underline{0}) \geq 0$, $K(\underline{v},\underline{p}) > 0$ für $\underline{v} > 0$ und $\underline{p} > 0$.

Durch Umrechnen ist es möglich, die Kosten alleine von den Outputquantitäten abhängig zu machen (Voraussetzung hierfür ist, dass das Rationalitätsprinzip erfüllt ist); dann gilt: Eine **Kostenfunktion (2)** ist eine Abbildung

$$\begin{cases} K: R_+^{2m} \to R_+ \\ (v, p) \mapsto K(v, p) \end{cases} \tag{3.6}$$

die mindestens folgenden Eigenschaften genügt:
1. K wächst monoton in x und p_j, $j = 1,2,\ldots,m$;
2. $K(0,\underline{0}) \geq 0$, $K(x,\underline{p}) > 0$ für $x > 0$ und $\underline{p} > 0$.

Auf die Produktionskosten nehmen Faktoren wie die Preise der Produktionsfaktoren, die Faktorqualitäten, der Beschäftigungsgrad (Auslastungsgrad) der Produktion, die Betriebsgröße, die Produktionstechnologie und das Produktionsprogramm Einfluss.

Es ist zu fragen, welchen Einfluss die mengenmäßige Änderung eines Produktionsfaktors auf das Produktionsergebnis hat. Untersucht wird dies mit Hilfe einer Durchschnitts- oder Grenzbetrachtung bzw. des Elastizitätenkonzepts. Bei der Durchschnittsbetrachtung wird die durchschnittliche Beziehung zwischen einer exogenen (hier beispielsweise einem bestimmten eingesetzten Produktionsfaktor) und der endogenen Größe (hier dann dem Output) hergestellt. Bei der Grenzbetrachtung wird gefragt, welchen Einfluss die infinitesimale Veränderung der exogenen Größe (näherungsweise: um eine Einheit) auf die endogene Größe hat (hier beispielsweise die Auswirkung der Veränderung des Arbeitsinputs um eine Einheit auf das Produktionsergebnis). Bei der Elastizitätsbetrachtung wird die prozentuale Auswirkung der Veränderung der exogenen Größe um ein Prozent auf die endogene Größe untersucht.

Für eine Funktionsbeziehung $X = f(v)$, $v \in \mathbf{R}^m$, gilt
- für die Durchschnittsbeziehung:

$$\frac{f(v)}{v_j}, j = 1, 2, ..., m \tag{3.7}$$

- für die Grenzbeziehung (Marginalbeziehung):

$$\frac{\partial f(v)}{\partial v_j}, j = 1, 2, ..., m; \tag{3.8}$$

- für die Elastizität von X in Bezug auf Änderungen von v_j:

$$\Phi_j(v) \approx \frac{\Delta f(v)}{f(v)} : \frac{\Delta v_j}{v_j}, j = 1, 2, ..., m \tag{3.9}$$

Die Elastizität ergibt sich somit näherungsweise aus dem Quotienten der beiden prozentualen Veränderungen; in Differentialdarstellung kann man diese wie folgt ausdrücken:

$$\Phi_j(v) = \frac{\partial f(v)}{\partial v_j} \cdot \frac{v_j}{f(v)}, j = 1, 2, ..., m \tag{3.10}$$

Man kann die Elastizität analog zum Hookschen Gesetz der Physik sehen, bei dem die Veränderung der Ausdehnung und die Veränderung der Kraft eines

Körpers (beispielsweise einer Feder) die (konstante) Elastizität angeben. Die Elastizitätsfunktion ergibt sich somit aus dem Quotienten der Grenz- und der Durchschnittsfunktion. Liegt der Wert der Elastizitätsfunktion betragsmäßig über Eins, so spricht man von einer elastischen Reaktion, liegt sie unter Eins, von einer unelastischen Reaktion. Liegt der Wert bei Null, so spricht man von einem vollkommen unelastischen oder starren, liegt er bei Unendlich von einem vollkommen elastischen Verhalten. Bezogen auf die Produktion lauten die Beziehungen dann:

Als **Durchschnittsproduktivität** des Produktionsfaktors v_j bezeichnet man den durchschnittlichen Ertrag je eingesetzter Faktoreinheit; die Durchschnittsproduktivitätsfunktion lautet:

$$DP_j(v) = \frac{P(v)}{v_j}, \; j = 1, 2, ..., m \tag{3.11}$$

Der Kehrwert der Durchschnittsproduktivität wird als Produktionskoeffizient oder durchschnittliche Faktorintensität bezeichnet und ist ein Maß für die Effizienz des Produktionsprozesses.

Unter der **Grenzproduktivität** bzw. dem **Grenzertrag** eines Produktionsfaktors vj versteht man den Ertrag der letzten eingesetzten Faktoreinheit; die Grenzproduktivitätsfunktion lautet:

$$GP_j(v) = \frac{\partial P(v)}{\partial v_j}, \; j = 1, 2, ..., m \tag{3.12}$$

Den Kehrwert der Grenzproduktivität bezeichnet man als marginale Faktorintensität.

Die **Produktionselastizität** in Bezug auf Änderungen des Einsatzes des Faktors v_j gibt näherungsweise an, um wie viel Prozent die Produktion bei Veränderungen des Faktoreinsatzes um ein Prozent variiert; sie ergibt sich aus der Elastizitätsfunktion:

$$\Phi_j(v) = \frac{\partial P(v)}{\partial v_j} \cdot \frac{v_j}{P(v)}, \; j = 1, 2, ..., m \tag{3.13}$$

Produktionsfunktionen werden u. a. danach unterschieden, ob der Mindereinsatz eines Produktionsfaktors durch den Mehreinsatz eines anderen Faktors ersetzbar ist. Besteht diese Möglichkeit, so spricht man von substitutiven oder substitutionalen, ansonsten von limitationalen Produktionsverfahren (siehe Tab. 3.1).

Tab. 3.1: Einteilung der Produktionsfunktionen (Quelle: Eigene Darstellung)

Produktionsfunktionen			
Die eingehenden Produktionsfaktoren sind stetig substituierbar und teilbar		Die eingehenden Produktionsfaktoren sind nicht substituierbar (z. B. limitational)	
zunächst zunehmende, dann abnehmende Ertragszuwächse (klassische Produktionsfunktion)	von Anfang an abnehmende Ertragszuwächse (neoklassische Produktionsfunktion)	die eingehenden Produktionsfaktoren sind stetig teilbar: stetiger Expansionspfad	die eingehenden Produktionsfaktoren sind nicht stetig teilbar: diskrete Expansionspunkte

Die **Grenzrate der Substitution zweier Produktionsfaktoren** v_j und v_k gibt näherungsweise an, wie viele Einheiten des einen Produktionsfaktors nötig sind, um den Mindereinsatz des anderen Produktionsfaktors von einer Einheit im Produktionspunkt (d. h. bei gleichem Output) zu ersetzen; ihre Funktion lautet:

$$GRS_{jk}(\mathbf{v}) = -\frac{dv_j}{dv_k} = \frac{\dfrac{\partial P(\mathbf{v})}{\partial v_k}}{\dfrac{\partial P(\mathbf{v})}{\partial v_j}} = \frac{GP_k(\mathbf{v})}{GP_j(\mathbf{v})} \, , j \neq k,$$

$$j = 1, 2, ..., m,$$
$$k = 1, 2, ..., m$$
$$j \neq k$$

(3.14)

Die Grenzrate der Substitution entspricht somit dem Verhältnis der Grenzproduktivitäten der beiden Faktoren (das negative Vorzeichen vor dem Ableitungsterm der beiden Faktoren geht darauf zurück, dass es sich hier um ein totales Differenzial handelt).

Ein Produktionsverfahren heißt **linear**, wenn die Produktionszusammenhänge durch lineare (bzw. affin-lineare) Gleichungen und Ungleichungen dargestellt werden können.

Eine Produktionsfunktion heißt **homogen vom Grade r**, wenn gilt:

$$P(\mu \cdot \mathbf{v}) = \mu^r \cdot P(\mathbf{v}), v \in R_+^m, \ \mu > 0$$

(3.15)

Für $r = 1$ nennt man die Produktionsfunktion linear homogen.

Unter der Technologie eines Produktionsverfahrens versteht man die Struktur der Kombination der Produktionsfaktoren im Produktionsprozess.

Die Technologie Γ eines Produktionsverfahrens heißt **linear**, wenn sie additiv ist, d. h. für

$$(\mathbf{v}^1, \mathbf{x}^1) \in \Gamma, \quad (\mathbf{v}^2, \mathbf{x}^2) \in \Gamma, \quad \mathbf{v}^1 \in R_+^m, \quad \mathbf{x}^1 \in R_+^n, \quad \mathbf{v}^2 \in R_+^m, \quad \mathbf{x}^2 \in R_+^n \quad (3.16)$$

ist auch

$$(\mathbf{v}^1 + \mathbf{v}^2, \mathbf{x}^1 + \mathbf{x}^2) \in \Gamma \tag{3.17}$$

und wenn sie linear homogen ist.

Produktionsfunktionen sind stark vereinfachte Modelle des Produktionssektors einer Volkswirtschaft. Die hier behandelten Produktionsmodelle basieren auf folgenden Annahmen:

A 1: Es wird nur ein Gut (Output, Ertrag) in gleichbleibender Art und Qualität erzeugt.

A 2: Die Produktionsfaktoren und der Output sind stetig teilbar.

A 3: Alle Produktionsfaktoren sind in beliebiger Menge verfügbar.

A 4: Die Produktionsfaktoren werden technisch effizient im Sinne des Rationalitätsprinzips eingesetzt,[5] d. h.

- für die Herstellung einer bestimmten Outputmenge x werden nur die notwendigen Faktorquantitäten $\underline{v}$ eingesetzt;
- bei einem gegebenen Vektor der Faktorquantitäten v wird von den zur Verfügung stehenden Fertigungsverfahren nur dasjenige eingesetzt, das den höchsten Output erzielt;
- es wird ausgeschlossen, dass bei wachsendem Einsatz von Faktorquantitäten eine konstante oder abnehmende Outputmenge x entsteht.

A 5: Die technologischen Bedingungen bleiben konstant, d. h. die der Volkswirtschaft zur Verfügung stehenden Produktionsmittel und -gegenstände sowie -technologien bleiben im Zeitverlauf quantitativ und qualitativ unverändert.

Mit den Annahmen (A 1) bis (A 5) sind die Produktionsfunktionen skalarwertig und eindeutig, d. h. die Produktionsfunktion ordnet jedem Vektor der Faktorquantitäten $v \in R_+$ genau eine reelle Zahl $x \in R_+$ zu.

Für die klassischen und die neoklassischen Produktionsfunktionen gilt weiterhin:

A 6: Die Produktionsfaktoren sind stetig substituierbar mit der Einschränkung, dass kein Faktor durch einen anderen Faktor vollkommen ersetzt werden kann.

3.3.2 Die klassische Produktionsfunktion

Die klassische Produktionsfunktion wird – wie bereits erwähnt – durch zunächst zunehmende, später abnehmende Ertragszuwächse charakterisiert. Ihr liegt das erstmalig von dem französischen Physiokraten Turgot im *Gesetz vom abnehmenden Bodenertrag* (1768) formulierte **Ertragsgesetz** zugrunde: Turgot stellte fest, dass bei

---

[5] Siehe auch Rationalitätsprinzip im Kapitel 1.

konstanter Bodenfläche der vermehrte Einsatz von Arbeit und Kapital zu zunächst zunehmenden, später abnehmenden Zuwächsen beim Ernteertrag führt. Man kann sich das auch am Beispiel des Ausschachtens eines Grabens begrenzter Länge, Breite und Tiefe vorstellen. Kommt zum ersten ein zweiter Arbeiter hinzu, so profitieren beide von der Arbeitsteilung: der eine schachtet, der andere fährt den Aushub fort, beide wechseln sich ab, nutzen ihre Muskeln optimal. Steigert man die Zahl stetig, so kippt der Vorteil in einen Nachteil wegen des zunehmenden Organisationsaufwands und der Behinderung bei der Arbeit. Irgendwann sinkt die Leistung sogar. Analytisch bedeutet dies, dass

(1) ein Produktionsfaktor beschränkt ist, d. h. $v_k \leq v_k^{max}$ für mindestens ein k;
(2) die Grenzproduktivität der Faktoren positiv ist, d. h.

$$GP_j(\mathbf{v}) > 0, j = 1, 2, \ldots, m \text{ d. h. es herrscht unbegrenzte Faktorergiebigkeit;} \quad (3.18)$$

(3) die Produktionsfunktion bezüglich des nichtbeschränkten Faktors ($j \neq k$) zunächst einen konvexen, später einen konkaven Verlauf hat:

$$\frac{\partial^2 P(\mathbf{v})}{\partial v_j^2} \begin{cases} > 0 \text{ für } 0 \leq v_j < v_j^+, j = 1, 2, \ldots, m; \\ = 0 \text{ für } v_j = v_j^+, j = 1, 2, \ldots, m; \\ < 0 \text{ für } v_j > v_j^+, j = 1, 2, \ldots, m; \end{cases} \quad (3.19)$$

wobei mit v_j^+ der Wendepunkt angegeben ist.

Eine allgemeine Darstellung des Ertragsgebirges bei Veränderung zweier Produktionsfaktoren (mindestens ein dritter ist damit fest) findet sich in Abb. 3.2.

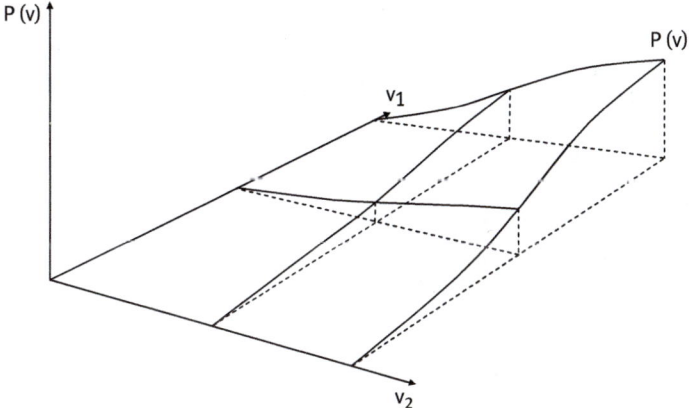

Abb. 3.2: Ertragsgebirge einer klassischen Produktionsfunktion (Quelle: Eigene Darstellung)

Als Optimalpunkt wird derjenige Punkt bezeichnet, für den die Ergiebigkeit – bezogen auf die eingesetzten Produktionsfaktoren – maximal ist, d. h. die maximale Durchschnittsproduktivität vorliegt:

$$\max: \ DP_j(\mathbf{v}) = \frac{P(\mathbf{v})}{v_j}, j = 1, 2, ..., m \tag{3.20}$$

Notwendige Bedingung für ein Optimum ist

$$\frac{\partial DP_j(\mathbf{v})}{\partial v_j} = 0, \ j = 1, 2, ..., m \tag{3.21}$$

Es folgt daraus

$$\frac{\partial DP_j(\mathbf{v})}{\partial v_j} = \frac{\partial \frac{P(\mathbf{v})}{v_j}}{\partial v_j} = \frac{v\,\mathbf{j} \cdot \frac{\partial P(\mathbf{v})}{\partial v_j} - P(\mathbf{v}) \cdot 1}{v_j^2} = 0 \, , j = 1, 2, ..., m$$

Für $v_j \neq 0$ lässt sich die Gleichung (3.18) mit v_j multiplizieren, und es gilt:

$$GP_j(\mathbf{v}) = \frac{P(\mathbf{v})}{v_j} \Leftrightarrow \frac{GP_j(\mathbf{v})}{DP_j(\mathbf{v})} = \Phi_j(\mathbf{v}) = 1, \ j = 1, 2, ..., m \tag{3.23}$$

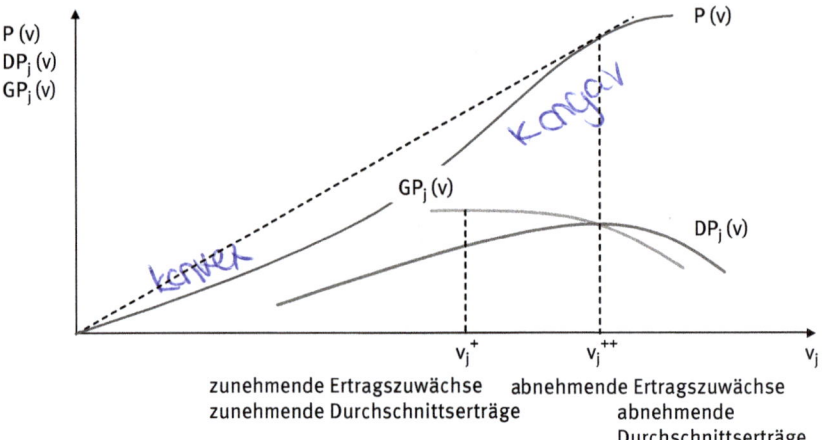

Abb. 3.3: Graph der ertragsgesetzlichen Produktionsfunktion (Quelle: Eigene Darstellung)

Durch die Konkavität der Produktionsfunktion für $v_j > v_j^+$ wird gewährleistet, dass ein Maximum vorliegt. Im Optimalpunkt schneiden sich die Durchschnitts- und die Grenzproduktivitätsfunktionen, sodass die Produktionselastizität Eins ist. Geometrisch wird das daran sichtbar, dass die maximale Durchschnittsproduktivität dort vorliegt, wo *tan α* – $DP_j(\underline{v})$ den größten Öffnungswinkel hat (vgl. gebrochene Linie in Abb. 3.3).

3.3.3 Die neoklassische Produktionsfunktion

Die neoklassische Produktionsfunktion zeichnet sich durch von Anfang an abnehmende Ertragszuwächse bei Erhöhung des Einsatzes eines Produktionsfaktors und Konstanz der übrigen aus (siehe Abb. 3.4). Sie ist geeignet, industrielle Produktionsverfahren zu beschreiben, bei denen der Produktionsfaktor Boden (außer als Standort) keine Rolle spielt. Eine der bekanntesten Darstellungen der neoklassischen Produktionsfunktion wird durch die Cobb-Douglas-Formulierung wiedergegeben, die folgendes allgemeines Aussehen hat:

$$P(\mathbf{v}) = a_0 \prod_{j=1}^{m} v_j^{\varepsilon_j}, \ a_0 > 0; \ \alpha_j > 0, j = 1, 2, \dots, m \tag{3.24}$$

Häufig wird als zusätzliche Bedingung gefordert:

$$\sum_{j=1}^{m} \alpha_j = 1 \tag{3.25}$$

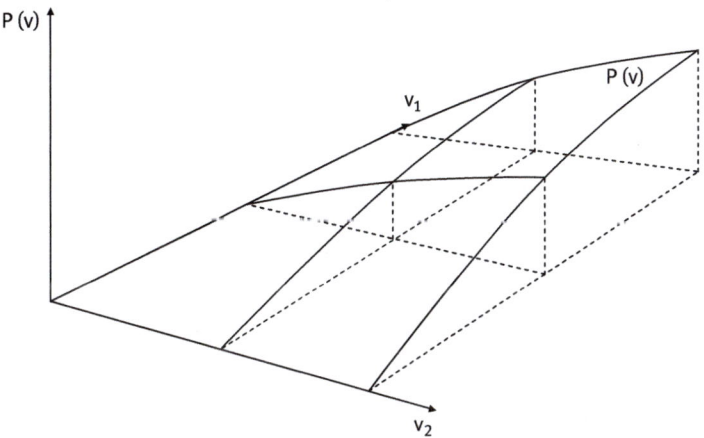

Abb. 3.4: Ertragsgebirge einer neoklassischen Produktionsfunktion (Quelle: Eigene Darstellung)

Hierdurch ist die Funktion linear homogen. *Homogenität*

Die Cobb-Douglas-Funktion hat folgende Eigenschaften:

(1) Die Grenzproduktivität der Faktoren ist positiv, d. h.

$$GP_j(\mathbf{v}) > 0, \ j = 1, 2, ..., m \tag{3.26}$$

d. h. es herrscht wiederum „unbegrenzte Faktorergiebigkeit";

(2) Die Produktionsfunktion hat einen von Anfang an streng konkaven Verlauf, d. h. *nach unten*

$$\frac{\partial^2 P(\mathbf{v})}{\partial v_j^2} < 0, \ j = 1, 2, ..., m \tag{3.27}$$

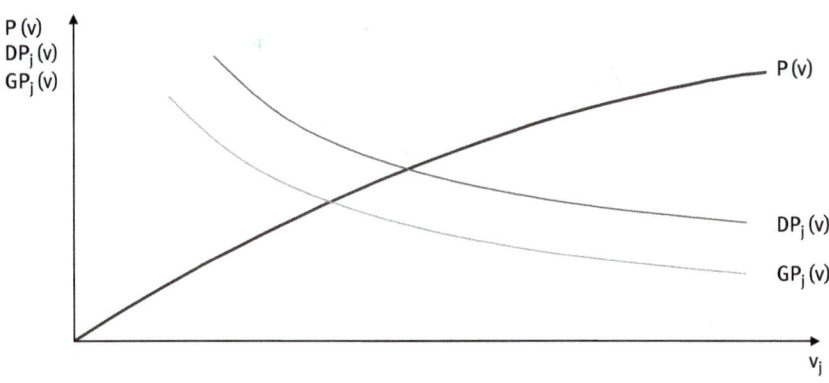

Abb. 3.5: Eigenschaften der neoklassischen Produktionsfunktion (Quelle: Eigene Darstellung)

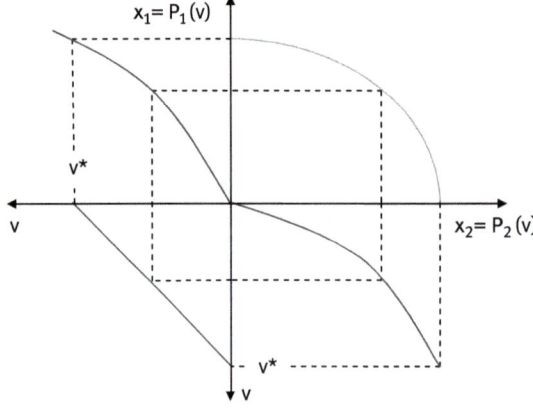

Abb. 3.6: Grafische Herleitung der Produktionsmöglichkeitenkurve (Quelle: Eigene Darstellung)

(3) Die Cobb-Douglas-Funktion ist homogen.
(4) Die Randwerte der Funktion GP_j sind null für $v = \infty$ und unendlich für $v = 0$.

Bei der Cobb-Douglas-Funktion entsprechen die Exponenten α_j den Produktionselastizitäten $\Phi_j(v)$. Die Produktionselastizität liegt immer unter eins, da die Durchschnittsproduktivität immer einen Wert über dem der Grenzproduktivität annimmt (siehe Abb. 3.5). Steht ein Input v zur Verfügung, der auf zwei Produktionen x_1 und x_2 aufgeteilt werden kann, so lässt sich die **Produktionsmöglichkeitenkurve**, die die aus der verfügbaren Faktormenge maximal erstellbaren Güterkombinationen darstellt, herleiten; diese ist in obig Abb. 3.6 im ersten Quadranten dargestellt. Weiterhin befinden sich im zweiten und im vierten Quadranten die jeweiligen Produktionsfunktionen. Der dritte Quadrant enthält den in seiner Verfügbarkeit beschränkten Produktionsfaktor.

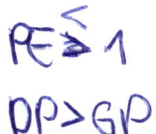

3.4 Haushalts- und Nachfragetheorie

3.4.1 Nutzen

Die Haushalts- bzw. Nachfragetheorie leitet ihre Ergebnisse mit Hilfe von Aussagen über den Nutzen von Gütern ab, wobei der Nutzen eine schwer quantifizierbare und operationalisierbare Größe ist.

Die vorparetianische Wohlfahrtsökonomie der Klassiker war charakterisiert durch zwei Elemente, nämlich einmal die (naive) Verengung des Wohlfahrtsbegriffes (wealth) auf die Verfügbarkeit von Gütern (commodities), womit die Messbarkeit der Wohlfahrt sehr einfach möglich war, zum anderen auf eine subjektiv-psychisch-utilitaristische Komponente, die auf das Individuum abzielte.

Die neoklassische Theorie versuchte, den Nutzenbegriff zu objektivieren; von Bedeutung sind hier die Pionierarbeiten von Gossen (1854), der versucht hat, die subjektive Wertlehre in objektive Gesetze zu fassen, und von Pareto, wobei auch andere wichtige Neoklassiker wie Walras, Marshall oder Pigou nicht vergessen werden sollten. Pareto wandelte das ursprünglich kardinale zu einem ordinalen Nutzenkonzept und engte die Rationalität der Wirtschaftssubjekte ein, indem er postulierte, dass ein Individuum zwar den Nutzen eines (zusätzlichen) Gutes nicht genau kenne, im konkreten Fall der Wahl zwischen zwei Gütern aber durchaus in der Lage sei, das für ihn nützlichere auszuwählen. Dieser behavioristische Ansatz abstrahierte damit völlig von der Motivation des Handelns.

Später bauten Allen, Hicks, Kaldor, Lange, Lerner, Reder und Samuelson u. v. a. darauf die New Welfare Economics und die Theorie der Wahlhandlungen auf. Hierbei ist besonders der Versuch interessant, eine vorurteilsfreie Wohlfahrtsökonomie zu entwickeln. Diese soll folgende Fragen beantworten:

–   Wie eindeutig lässt sich Wohlfahrt definieren und messen, insbesondere im Zeitablauf und bei Vergleich verschiedener Volkswirtschaften?

– Existieren notwendige Bedingungen zur Realisierung eines gesellschaftlichen Wohlfahrtsoptimums?

Die New Welfare Economics werden auch paretianische Wohlfahrtsökonomie genannt, weil sie methodisch die auf Pareto zurückgehende Indifferenz- und Präferenzanalyse übernimmt. Sie versucht, über wirtschaftstheoretische Erkenntnisse Ziel-Mittel-Probleme zu analysieren, wobei die zugrundeliegenden Normen aufgedeckt werden. Hierdurch werden das kritische Bewusstsein der Handlungsträger und die Transparenz bei der Behandlung wirtschaftlicher und wirtschaftspolitischer Fragen geschärft.

In der folgenden Darstellung wird der in Bezug auf die historische Entwicklung umgekehrte Weg beschritten, d. h. es werden Nutzenfunktionen aus Präferenzen entwickelt.

3.4.2 Die Präferenzordnung

Sei eine binäre Relation S zur Beschreibung von Wertschätzungen auf einer Alternativenmenge A durch $z_1, z_2 \in S \subseteq A \times A$ gegeben, wobei S als charakteristische Beziehung bezeichnet wird. $z_1 S z_2$ heißt: z_1 steht in Relation zu z_2. Als Relationen werden hier die Indifferenz, die Präferenz und die strikte Präferenz betrachtet.

Eine binäre Relation, die reflexiv, transitiv und vollständig ist, wird als **Präferenzordnung** bezeichnet.

Reflexivität heißt:
Es gilt für alle $z_i \in A$: $z_1 S z_1$, d. h. z_1 steht mit sich selbst in Relation; demzufolge wird jedes Güterbündel mindestens genausogut eingeschätzt wie es selbst.
Transitivität heißt:
Sei $z_i \in A$, $i = 1,2,3$, so folgt aus $z_1 S z_2$ und $z_2 S z_3$: $z_1 S z_3$.
Vollständigkeit heißt:
Seien $z_1 \in A$ und $z_2 \in A$; dann gilt entweder $z_1 S z_2$ oder $z_2 S z_1$; damit kann der Haushalt zwei beliebige Güterbündel vergleichen.

Typische Fälle, bei denen Güter in eine Präferenzordnung gebracht werden, sind beispielsweise Hitlisten, Schönheitswettbewerbe, Rangordnungen für Waschmittel, usw. Die Präferenzordnung ermöglicht somit eine ordinale Nutzendarstellung; diese kann durch eine reellwertige Funktion $U(.)$ erfasst werden.

Die strikte Präferenz ist offensichtlich keine Ordnung, weil sie keine Aussagen liefert, sobald der Haushalt zwei Güter z_1 und z_2 gleich schätzt: sie ist weder vollständig noch reflexiv.
– Bei strikter Präferenz: $z_1 P z_2 \Rightarrow U(z_1) > U(z_2)$
– Bei Indifferenz: $z_1 I z_2 \Rightarrow U(z_1) = U(z_2)$
– Insgesamt (Präferenz): $z_1 R z_2 \Rightarrow U(z_1) \geq U(z_2)$

Die eine Präferenzordnung repräsentierende ordinale Nutzenfunktion ist bis auf eine monotone Transformation bestimmt, d. h. es existieren beliebig viele reellwertige Funktionen, die als ordinale Nutzenfunktionen zu interpretieren sind. Diese erlauben allerdings keine Aussagen über Nutzenunterschiede; interpersonelle Nutzenvergleiche sind also ausgeschlossen. Wird eine Nutzenfunktion hingegen kardinal interpretiert, so kann eine Bewertung von Nutzenunterschieden erfolgen. Voraussetzung ist allerdings eine weit größere Anzahl an normativen Vorgaben (Annahmen, Axiomen) für ihre Begründung, wenngleich sie formal von gleicher Art wie eine ordinale Nutzenfunktion sein kann. Man sieht es also einer Nutzenfunktion nicht von außen an, ob sie kardinal oder ordinal aufzufassen ist. Gleiches gilt, wenn zusätzlich eine interpersonale Vergleichbarkeit gefordert wird.

Als weitere Annahmen über Präferenzordnungen von Haushalten sind zu nennen:

(1) Stetigkeit:

Es sollen keine „Sprungstellen" in der Präferenzordnung auftreten; dies stellt einen Bezug zur Teilbarkeit der Güter her. Diese Annahme bereitet dann Probleme, wenn nicht unterschreitbare Schwellenwerte vorliegen.

(2) Konvexität:

Für alle $z_1, z_2 \in A$ gilt mit $0 < \mu < 1$: $z_1 R z_2 \Rightarrow [\mu \cdot z_1 + (1 - \mu) \cdot z_2] R z_2$

Damit werden Mischungen mindestens so gut wie das weniger präferierte Güterbündel eingeschätzt. Ob das sinnvoll ist, mag dahingestellt bleiben; es lassen sich viele Gegenbeispiele finden (z. B. bei alkoholischen Cocktails; vgl. Pfingsten 1989, S. 39).

(3) Monotonie:

Die Präferenzen der Haushalte sind schwach monoton; steht von mindestens einem Gut mehr zur Verfügung, so wird dieses Güterbündel strikt präferiert.

Probleme bereiten die gleichzeitige Interpretation der Präferenzen mehrerer Personen und der Versuch, personale Nutzenfunktionen zu einer gesamtgesellschaftlichen Nutzenfunktion zu aggregieren. Das Arrowsche Abstimmungsparadoxon (Arrow 1951) befasst sich mit dieser Schwierigkeit. Seien drei Güterkombinationen gegeben, die drei Personen zur Auswahl stehen:

Person Nr.	Präferenz	Es gilt bei Transitivität
1	$z_1 P z_2 P z_3$	$z_1 P z_3$
2	$z_2 P z_3 P z_1$	$z_2 P z_1$
3	$z_3 P z_1 P z_2$	$z_3 P z_2$

Werden die Personen aufgefordert, über die Präferenzen abzustimmen, so ergeben sich beispielsweise:

Alternative	Abstimmung		Daraus folgt
	Dafür	Dagegen	
$z_1 P z_2$	1,3	2	
$z_2 P z_3$	1,2	3	$\left.\right\} z_1 P z_3$
$z_1 P z_3$	1	2,3	

Während im Falle einer Abstimmung die ersten beiden Präferenzen die Zustimmung der Mehrheit finden, wird ihre Folgerung mehrheitlich abgelehnt. Daraus lässt sich ableiten, dass es unmöglich ist, gesamtgesellschaftliche Nutzenvorstellungen, wie sie beispielsweise in der Wohlfahrtstheorie formuliert werden, einzelwirtschaftlich zu begründen.

3.4.3 Die Nutzenfunktion

Jeder rationale Haushalt versucht, mit seinem Budget (Einkommen) eine nutzen-maximale Gütermenge (-kombination) zu kaufen. Mit Hilfe von Nutzenfunktionen versucht man, eine vergleichende Bewertung von Gütern vorzunehmen. Die Güter-bündel werden als Elemente des IR^n_+ dargestellt.

Eine **Nutzenfunktion** ist eine Abbildung

$$\begin{cases} U : \mathfrak{R}^n_+ \to \mathfrak{R}_+, \\ \mathbf{x} \mapsto U(\mathbf{x}), \end{cases} \tag{3.28}$$

die mindestens folgende Eigenschaften aufweist:
(1) Die Funktion U wächst monoton in den Gütern x_i, $i = 1,2,\dots,n$;
(2) U ist über dem Definitionsbereich beschränkt;
(3) $U(\mathbf{0}) \geq 0$;
(4) U ist über dem Definitionsbereich konkav.

Formal entsprechen diese vier Eigenschaften denen, die auch an eine neoklassische Produktionsfunktion gestellt werden. Folgende Annahmen sind Voraussetzung der nachfolgend behandelten Nutzenmodelle:
A 1: Alle Güter sind beliebig teilbar.
A 2: Alle Güter sind beliebig verfügbar.
A 3: Die Haushalte verhalten sich rational, d. h. der Nutzenfunktion liegt eine Prä-ferenzordnung zugrunde; jede Güterkombination wird dem maximalen Nutzen zugeordnet.
A 4: Die Haushalts- und Konsumgewohnheiten bleiben konstant.
A 5: Die Güter sind stetig substituierbar mit der Einschränkung, dass kein Gut voll-ständig durch ein anderes substituiert werden kann.

Unter dem **Grenznutzen** eines Gutes versteht man näherungsweise den Nutzen der letzten konsumierten Gütereinheit, d. h. den Wert folgender Funktion:

$$GU_i(\mathbf{x}) = \frac{\partial U(\mathbf{x})}{\partial xi}, \; i = 1, 2, ..., n. \tag{3.29}$$

Es ist jedem bekannt, dass mit wiederholter oder zunehmender Befriedigung die Dringlichkeit eines Bedürfnisses sinkt. Anders ausgedrückt: Der Grenznutzen (d. h. die Fähigkeit des letzten konsumierten Gutes, Bedürfnisse zu befriedigen) nimmt mit wachsendem Güterkonsum ab (siehe Abb. 3.7).

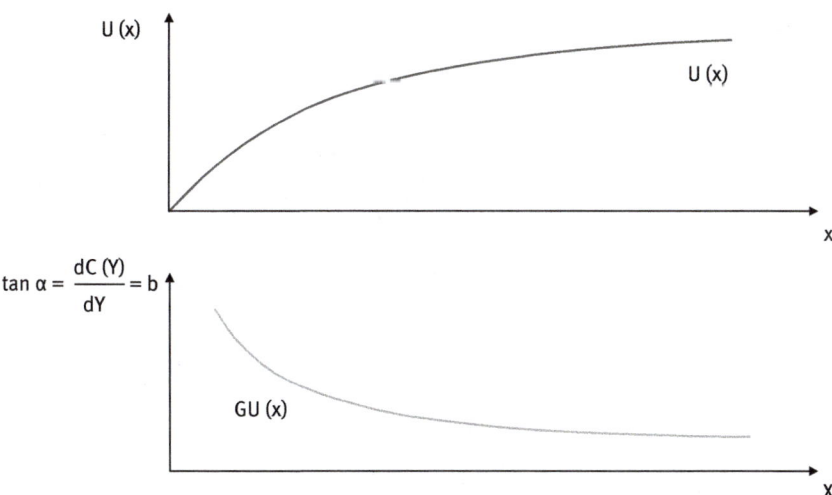

Abb. 3.7: Ableitung der Nutzenfunktion (Quelle: Eigene Darstellung)

Das Erste Gossensche Gesetz lautet: Mit zunehmender oder wiederholter Befriedigung nimmt die Dringlichkeit eines Bedürfnisses ab.

Eine Nutzenfunktion muss also, soll sie obiges Gesetz erfüllen, einen konkaven Verlauf nehmen. Die Aussage impliziert zugleich, dass der Wert eines Gütervorrates durch den geringsten Nützlichkeitsgrad festgelegt ist. Wie bereits weiter oben gesagt, können Nutzenfunktionen stetige Präferenzordnungen repräsentieren.

Den Zusammenhang, den das erste Gossensche Gesetz beschreibt, verdeutlichen Sprüche wie ‚der erste Schluck ist der Beste'. Die Erkenntnis, dass sich der Wert eines Gütervorrates nach dem Nutzen der letzten Einheit bemisst, folgt aus folgendem Beispiel: Wasser hat – ist es im Überfluss vorhanden – einen geringen Wert; in der Wüste ist dem Verdurstenden die letzte Einheit Wasser hingegen unermesslich teuer.

Schneidet man das oben gegebene Nutzengebirge parallel zur Grundfläche auf einem gegebenen Nutzenniveau $U(x_1,x_2) = I^+$, so ergibt die Projektion der Schnittlinie auf die Grundfläche die sogenannte Isonutzenlinie oder Indifferenzkurve (siehe Abb. 3.8). Diese hat offensichtlich die Eigenschaft, alle Güterkombinationen zu enthalten, die den gleichen Nutzen spenden. Die Kurve und die Fläche oberhalb enthält die Bessermenge $G(X) = \{y \in \mathfrak{R}_+^n | y \; R \; x\}$, d. h. die Gütermenge, die bezogen auf die auf der Indifferenzkurve gelegenen Güterkombinationen mindestens ebenso gut einge-schätzt wird, unterhalb die Schlechtermenge $S(X) = \{y \in \mathfrak{R}_+^n | x \; R \; y\}$, d. h. die Güter-menge, die genauso gut oder schlechter eingeschätzt wird. Der Schnitt ist die Indiffe-renzmenge, nämlich $I(x) = \{y \in \bullet_+^n | x \; I \; y\}$.

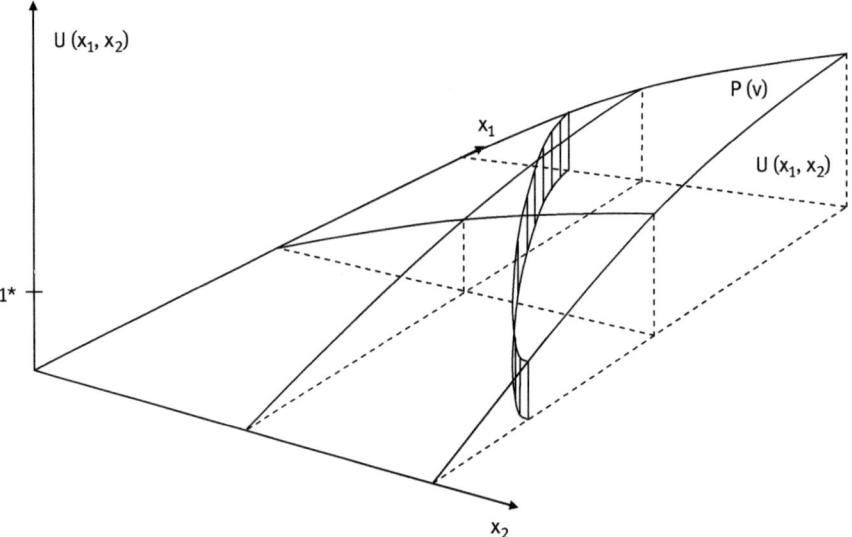

Abb. 3.8: Nutzenfunktion für zwei Güter (Quelle: Eigene Darstellung)

Für drei Nutzenniveaus sind in Abb. 3.9 die Indifferenzkurven gegeben. Wie man sieht, spenden die Gütermengen $(x_1;x_2) = (1,5;7,5)$, $(2,5;4,5)$, $(6,0;2,3)$, $(7,0;2,0)$ den gleichen Nutzen. Verringert man an der Stelle $(2,5;4,5)$ den Konsum von Gut 1 um eine Einheit, so muss man den Einsatz von Gut 2 um drei Einheiten erhöhen. Verringert man jedoch an der Stelle $(7,0;2,0)$ den Einsatz von Gut 1 um eine Einheit, so benötigt man zum Ausgleich nur 0,3 Einheiten von Gut 2. Man erkennt leicht, dass der Ersatz eines Gutes durch ein anderes umso einfacher ist, je mehr von Ersterem zur Verfügung steht; ist es knapp, so ist der Ersatz teuer. Damit ist es möglich zu definieren:

Die **Grenzrate der Substitution zweier Güter** gibt näherungsweise an, wie viel Einheiten von einem Gut benötigt werden, um bei gleichem Nutzenniveau den Min-dereinsatz eines anderen Gutes von einer Einheit zu kompensieren. Sie ist der Wert folgender Funktion:

$$GRS_{ih}(x) = -\frac{dx_i}{dx_h} \frac{\frac{\partial U(x)}{\partial x_h}}{\frac{\partial U(x)}{\partial x_i}} = \frac{GU_h(\mathbf{x})}{GU_i(\mathbf{x})}, \quad i \neq h; \; i = 1, 2, ..., n; \; h = 1, 2, ..., n. \quad (3.30)$$

Wiederum entspricht die Funktion der Grenzrate der Substitution dem Verhältnis der beiden Grenznutzenfunktionen. Unmittelbar klar wird das am Verhalten der Party-gäste, wenn der Wein knapp wird und noch reichlich Bier vorhanden ist: Der Gast-geber versucht, den Weinvorrat zu schonen, die Gäste hingegen versuchen, an den letzten Weintropfen heranzukommen. In der Praxis eines freien Markts werden daher die Preise dieser Grenzrate der Substitution folgen. Müssten die Partygäste bezahlen und würde der knapp werdende Wein immer teurer, so würden viele freiwillig auf Bier umsteigen.

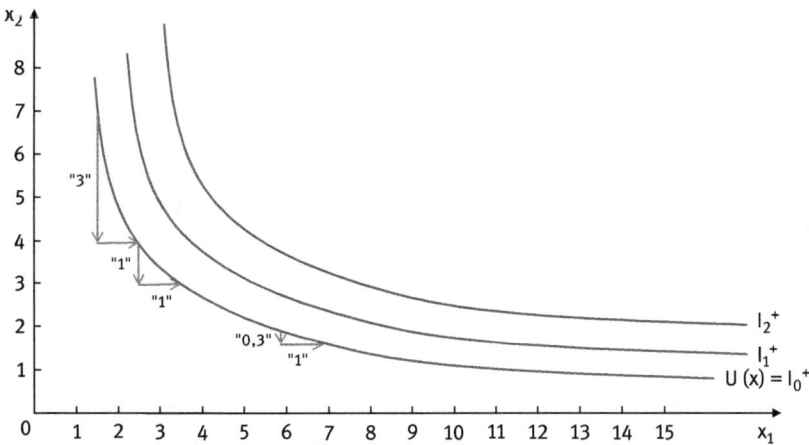

Abb. 3.9: System von Indifferenzkurven einer Nutzenfunktion für zwei substitutive Güter $(I_0^+ < I_1^+ < I_2^+)$ (Quelle: Eigene Darstellung)

3.5 Nachfragefunktionen

3.5.1 Allgemeine Darstellung

Im folgenden Abschnitt soll untersucht werden, von welchen Bestimmungsgründen die Nachfrage nach einzelnen Gütern abhängt.

Eine **Nachfragefunktion** ist eine Abbildung

$$\begin{cases} N : \mathfrak{R}_+^{n+1} \to \mathfrak{R}_+, \\ (\mathbf{q}, Y) \mapsto N_i(\mathbf{q}, Y) = x_i, \; i = 1, 2, ..., n, \end{cases} \quad (3.31)$$

die mindestens folgenden Eigenschaften genügt:
1. $N_i(\boldsymbol{0}, Y) \geq 0$ für $Y > 0$;
2. $N_i(\boldsymbol{q}, 0) = 0$ für $\boldsymbol{q} \geq 0$.

In den folgenden Betrachtungen wird wieder unterstellt:
A 1: Alle Güter sind beliebig teilbar;
A 2: Alle Güter sind beliebig verfügbar;
A 3: Die Haushalte verhalten sich rational;
A 4: Die Nachfragegewohnheiten bleiben konstant.

Im folgenden werden spezielle Formen von Nachfragefunktionen untersucht, nämlich
– Einkommens-Nachfragefunktionen $N_i(Y)$;
– Preis-Nachfragefunktionen $N_i(\boldsymbol{q})$.

3.5.2 Einkommens-Nachfragefunktionen

Die Abb. 3.10 zeigt den Expansionspfad, $E(\underline{x})$, der Haushaltsnachfrage für einen Zwei-Güter-Fall bei sich ausweitendem Einkommen (Budget); dieser wird auch als Einkommens-Konsum-Kurve bezeichnet.

Je nach Art der zugrundeliegenden Nutzenfunktion verschiebt sich bei Variation des Einkommensniveaus die Zusammensetzung des nachgefragten Güterbündels. Im Falle einer homogenen Nutzenfunktion liegt eine proportionale Veränderung vor, d. h. der Expansionspfad ist ein Strahl aus dem Ursprung. Ist die Nutzenfunktion inhomogen, so kann sich eine nichtlineare Verschiebung in der Zusammensetzung des Güterbündels – wie in obiger Abbildung gezeigt, in der das Verhältnis $x_2 : x_1$ wächst – ergeben.

Die Einkommens-Nachfragefunktionen, die sich aus obiger Darstellung für jedes Gut einzeln ableiten lassen, wachsen beide, solange eine strenge Monotonie des Expansionspfades vorliegt; möglicherweise bleibt jedoch die nachgefragte Menge eines der beiden Güter bei einer weiteren Einkommenserhöhung konstant oder sinkt sogar. Die daraus über das Optimierungskalkül ableitbaren Einkommens-Nachfragefunktionen werden als **Engel-Kurven** bezeichnet: Der deutsche Ökonom und Statistiker Engel (1821–1896) hatte als erster diesen Zusammenhang erkannt. Ein System von Engel-Kurven wird in Abb. 3.11 gezeigt.

Mit Hilfe von Engel-Kurven wird das Phänomen erklärt, dass gewisse Güter mit steigendem Einkommen stärker zu Lasten anderer Güter nachgefragt werden. Ein Gut wird als **inferior** bezeichnet, wenn die Nachfrage mit dem Einkommen fällt; steigt sie mit dem Einkommen unterproportional, so spricht man von einem **Engel-Gut**, steigt sie überproportional, so von einem **superioren Gut**. Sei beispielsweise Gut 1 Brot und Gut 2 Fleisch: Mit wachsendem Einkommen steigt zunächst der Brotkonsum bis zu einem Maximum; anschließend geht der Verbrauch zurück, da nunmehr die Haushalte vermehrt Fleisch nachfragen. Umgekehrt kann ein Einkommensrückgang zu einem Anwachsen des Brotverbrauches führen.

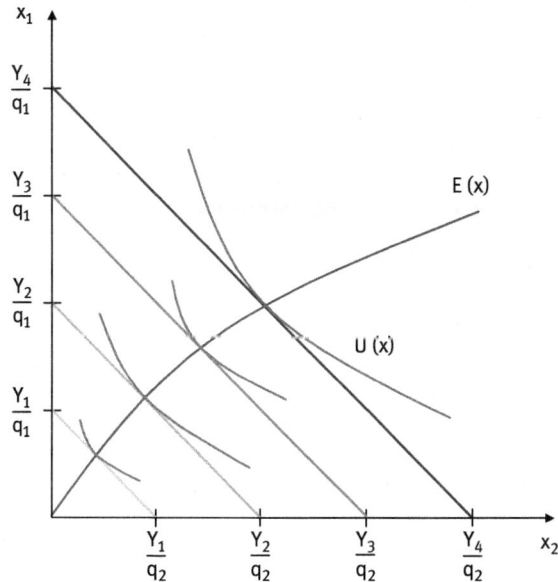

Abb. 3.10: Expansionspfad der Güternachfrage eines Haushaltes bei Variation des Einkommensniveaus (Quelle: Eigene Darstellung)

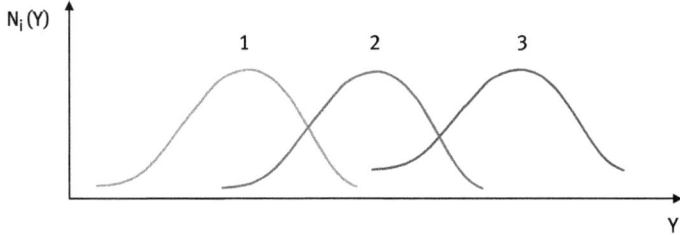

Abb. 3.11: System von Engel-Kurven für drei Güter mit aufsteigender Wertschätzung (Quelle: Eigene Darstellung)

3.5.3 Nachfrageelastizität bezüglich des Einkommens

Neben Preisen spielen auch Einkommen eine wesentliche Rolle für die Fähigkeit zu konsumieren.

Die **Nachfrageelastizität bezüglich des Einkommens** gibt näherungsweise an, um wie viel Prozent sich die Nachfrage bei Variation des Einkommens um ein Prozent verändert, und berechnet sich als Wert folgender Funktion:

$$\Phi_N(Y) = \frac{dN_i(Y)}{dY} \cdot \frac{Y}{N_i(Y)} \qquad (3.32)$$

für ein gegebenes Gut i, $i = 1,2,...,n$.

Falls – anders als bei superioren und inferioren Gütern sowie Engel-Gütern – eine Erhöhung des Einkommens ab einem bestimmten Einkommensniveau zu keinerlei Nachfrageveränderung führt, spricht man von einem **Sättigungsgut**.

3.5.4 Preis – Nachfragefunktionen

Die Erhöhung der Güterpreise bewirkt eine reale Einkommensminderung, sodass Änderungen der Preise Einkommenswirkungen auslösen. Als *Reservationspreis* bzw. **Prohibitivpreis** bezeichnet man dabei den Preis, den ein Käufer bereit ist, maximal zu entrichten; er drückt damit die höchstmögliche Kaufbereitschaft aus. Dies wird in Abb. 3.12 ersichtlich, die den Expansionspfad bei Variation des Preises wiedergibt; dieser wird oft als **Preis-Konsum-Kurve** bezeichnet.

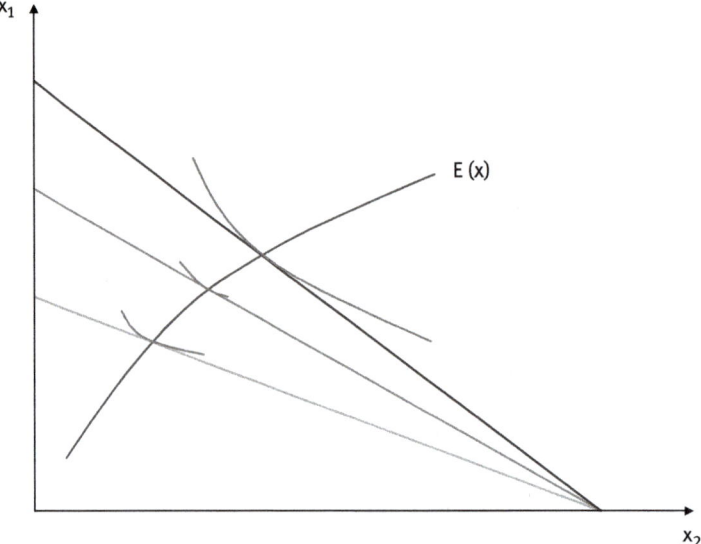

Abb. 3.12: Expansionspfad der Güternachfrage bei Variation eines Preises (Quelle: Eigene Darstellung)

Im Extremfall kann bei Preiserhöhung infolge extrem starker Inferiorität eines Gutes dessen Nachfrage steigen. Dieses Phänomen wird als Giffensches Paradoxon bezeichnet, genannt nach dem englischen Ökonom Sir Robert Giffen (1810–1910), der anlässlich der Hungersnot in Irland im Jahre 1845 bei wachsenden Kartoffelpreisen eine Zunahme des Kartoffelverbrauchs beobachtete. Im folgenden soll zunächst von einem Konstanthalten des Nutzenniveaus bei der Unterscheidung in Einkommens- und Substitutionseffekt ausgegangen werden (sog. Hicksscher Substitutionseffekt).

(1) Es wird zunächst angenommen, der Haushalt werde für die Preissteigerung beim ersten Gut vom Ausgangspreis q_1^0 nach q_1^1 durch eine Einkommenserhöhung entschädigt (gestrichelte Budgetgerade, die die durchgezogene Ausgangsbudgetgerade schneidet), sodass er sein Nutzenniveau aufrecht erhalten kann; dennoch verändert er seinen Warenkorb und konsumiert weniger vom ersten und mehr vom zweiten Gut (Tangentialpunkt wandert von U_1 nach U_2). Der Substitutionseffekt als Folge einer Preissteigerung ist somit immer negativ, da eine Preiserhöhung c. p. zu einer Verbrauchsminderung führt. Die dieser Überlegung zugrundeliegende Nachfragefunktion wird, weil sie den Einkommenseffekt ausgleicht, auch als kompensierte Nachfragefunktion bezeichnet.

(2) Tatsächlich tritt dieser Einkommensausgleich nicht ein; der Pfad von U_2 nach U_3 zum Tangentialpunkt der Nutzenfunktion mit der neuen Budgetgeraden wird als **Einkommenseffekt** bezeichnet. Im Falle eines inferioren Gutes 1 liegt U_3 links oberhalb von U_2 (eine gedachte Einkommenserhöhung führt zu einem

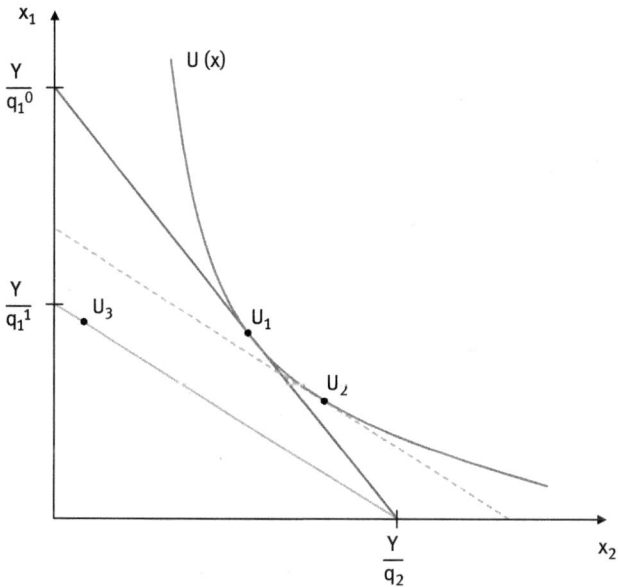

Abb. 3.13: Zerlegung von Preissteigerungen beim ersten Gut in einen Einkommens- und einen Substitutionseffekt (Quelle: Eigene Darstellung)

Minderverbrauch von Gut 1), sodass die Preiserhöhung zu einer Nachfrageerhöhung führt. Im Falle eines inferioren Gutes 2 läge U_3 rechts unterhalb von U_2. Ansonsten liegt U_3 links unterhalb von U_2. Der Einkommenseffekt ist somit insgesamt unbestimmt. Wenn die Nachfrageerhöhung aufgrund des Einkommenseffekts den **Substitutionseffekt** überkompensiert, so liegt der bereits als Giffen-Paradoxon beschriebene Sachverhalt vor.

Die Abb. 3.13 zeigt bereits, wie man die gewöhnliche und die kompensierte Nachfragefunktion ableiten kann:
– Bei der gewöhnlichen (Marshallschen) Nachfragefunktion erfolgt das Optimierungskalkül bei konstantem Budget und Variation eines Preises.
– Bei der kompensierten Nachfragefunktion (nach Hicks) erfolgt das Optimierungskalkül bei einem konstanten Nutzenniveau und Variation eines Preises.

Darüber hinaus zeigt der Sachverhalt folgendes: Werden Einkommenseffekte bei Preiserhöhungen ausgeschaltet, so sinkt die Nachfrage nach dem teurer gewordenen Gut (oder bleibt gleich).

Im folgenden wird, wenn nichts anderes gesagt wird, von einer Marshallschen Nachfragefunktion ausgegangen. Den Expansionspfad bei alleiniger Variation eines Preises und die Ableitung der nicht kompensierten Nachfrage zeigt Abb. 3.14.

Steigt der Preis des ersten Gutes um jeweils gleiche Beträge, so dreht sich die Budgetgerade gegen den Uhrzeigersinn und, wie aus der geometrisch hergeleiteten Nachfragefunktion links ersichtlich ist, werden steigende Preise einer zunächst schnell, dann immer langsamer abnehmenden Nachfrage zugeordnet.

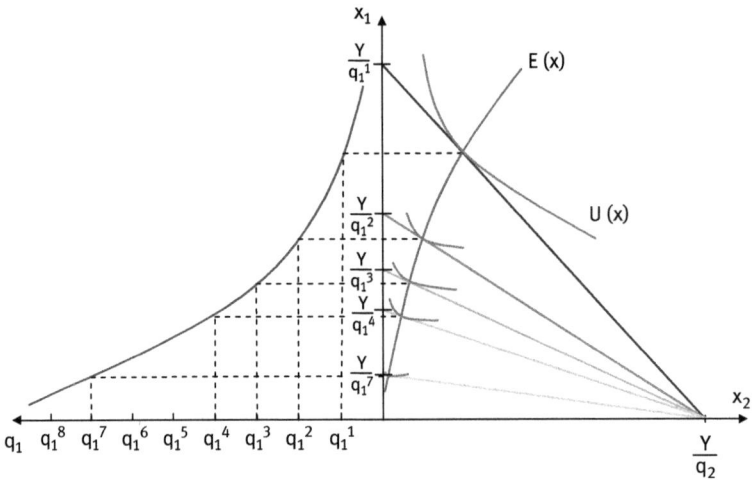

Abb. 3.14: Expansionspfad bei Preisvariation beim ersten Gut und Ableitung der Nachfragefunktion (die Preise steigen um gleiche Beträge) (Quelle: Eigene Darstellung)

Bei einer homogenen Nutzenfunktion ergibt sich der in Abb. 3.15 gezeigte Fall eines linearen Expansionspfades parallel zur x_1-Achse, wobei die Nachfrage nach Gut 2 aufgrund der Homogenität unverändert bleibt; der Sachverhalt ist bereits aus der Herleitung der Faktornachfragefunktionen bei einer neoklassischen Cobb-Douglas-Produktionsfunktion bekannt.

Dem in beiden Fällen beschriebenen normalen Preisverhalten steht das anomale Preisverhalten gegenüber; hier wächst die Nachfrage mit dem Preis entweder infolge des beschriebenen Giffen-Paradoxons oder weil das Gut als Prestige- bzw. Luxusgut durch den hohen Preis erst schick wird.

Darüber hinaus kann die Nachfrage nach dem zweiten Gut vom Preis des ersten Gutes abhängen; dabei sind vier Fälle denkbar:

(1) Die Nachfrage nach Gut i nimmt bei Erhöhung des Preises von Gut h zu; man spricht dann von einer **substitutiven** Beziehung, weil die Konsumenten von Gut h auf Gut i ausweichen.

(2) Sinkt die Nachfrage nach Gut i bei Erhöhung des Preises von Gut h, so spricht man von einer **komplementären** Beziehung, weil offensichtlich beide Güter nur gemeinsam genutzt werden können und die Nachfragesenkung bei Gut h auf Gut i durchschlägt.

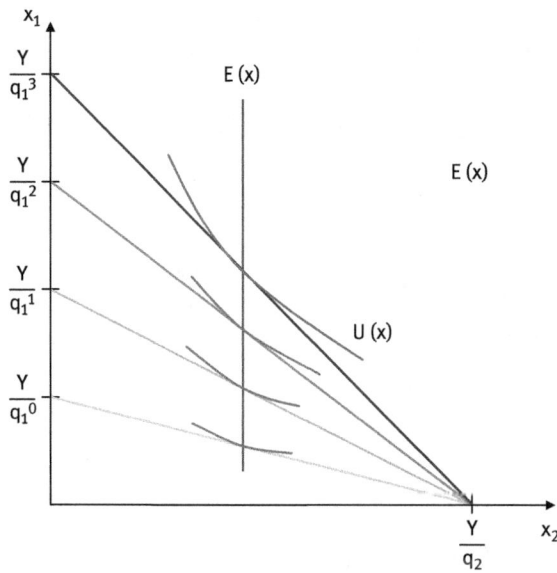

Abb. 3.15: Expansionspfad bei Preisvariation beim ersten Gut bei einer homogenen Nutzenfunktion (Quelle: Eigene Darstellung)

(3) Mit zunehmender Preissenkung beim ersten Gut sinkt die Nachfrage nach dem zweiten Gut zunächst und steigt später wieder an. Analytisch ergeben sich die

Preis – Nachfragefunktionen aus den Bedingungen erster Ordnung des Optimierungsproblems. Man könnte dieses Phänomen derart interpretieren, dass bei hohen Preisen substitutive Beziehungen überwiegen (Cola anstatt Limonade), bei niedrigen hingegen komplementäre (Cola und Limonade gemischt zu Spezi). Tatsächlich variiert nur der Grad der Substitutivität, weil die in Abb. 3.13 angegebene Beziehung nur diese erfassen kann.

(4) Ein umgekehrter Verlauf der Nachfragefunktion ist auch denkbar, wenn der Expansionspfad in die andere Richtung (zur x_1-Achse hin) gekrümmt ist. Dann steigt der Verbrauch von Gut x_2 mit wachsendem Preis q_1 immer langsamer, bis zu einem Punkt, von dem ab eine Abnahme der Nachfrage eintritt. Hier fließt offensichtlich bei steigenden Preisen die Nachfrage solange in ein anderes substitutives Gut, bis durch Einkommenseffekte schließlich dessen Inferiorität zur Wirkung kommt.

3.5.5 Nachfrageelastizität bezüglich des Preises

Die **Nachfrageelastizität bezüglich des Preises** gibt näherungsweise an, um wie viel Prozent sich die Nachfrage bei Variation des Preises des Gutes um ein Prozent verändert, und ist der Wert folgender Funktion:

$$\Phi_{N_i}(q_i) = \frac{\partial N_i(\mathbf{q})}{\partial q_i} \cdot \frac{q_i}{N_i(\mathbf{q})}, \, i = 1, 2, ..., n.$$

Der Wert dieser Funktion ist bei normalem Preisverhalten negativ, bei anomalem Preisverhalten positiv. Aus der Tatsache, dass bei normalen Preis-Nachfrage-Beziehungen die Höhe der Nachfrage streng monoton im Preis fällt, darf nicht geschlossen werden, dass die Werte obiger Nachfrageelastizitätsfunktion bei hohen Preisen niedrig und bei tiefen Preisen hoch sind, wie nachfolgende Funktionen dokumentieren: Bei $q_1 = 0$ nimmt die erste Funktion den Wert Null an, während die zweite dies tut, wenn der Preis gegen unendlich strebt.

$$N_1(q_1) = 120000 \cdot e^{-\frac{q_1}{30}}, q_1 > 0;$$
$$N_2(q_2) = 120000 \cdot e^{\frac{1}{30 q_2}}, q_2 > 0.$$

3.6 Marktgleichgewicht bei vollständiger Konkurrenz  (Polypol)

3.6.1 Bestimmung von Gleichgewichtspreis und Gleichgewichtsmenge

Zu Anfang des Kapitels wurde dargestellt, wie das Güterangebot in einer Volkswirtschaft zustandekommt; anschließend wurde die Nachfrage analysiert. Normale Güter unterstellt wurde gezeigt, dass

- Produzenten mit steigenden Preisen das Angebot ausweiten und
- Konsumenten die Nachfrage bei wachsenden Preisen einschränken.

Der Gleichgewichtspreis ergibt sich dort, wo sich Angebots- und Nachfragefunktion schneiden; dies führt zu folgender Darstellung, wobei $x_i - A_i(q_i)$ die Angebotsfunktion und $N_i(q_i)$ die Nachfragefunktion ist, wie dies Abb. 3.16 zeigt. Bei einem Angebotsüberhang ergibt sich eine Konkurrenz der Verkäufer, die die Position der Käufer stärkt; man spricht dann von einem Käufermarkt. Im umgekehrten Fall, d. h. bei einer durch Nachfrageüberhang bedingten stärkeren Position der Verkäufer, spricht man von einem Verkäufermarkt. In entwickelten Volkswirtschaften findet man heute meist Käufermärkte, in Mangelwirtschaften meist Verkäufermärkte (vgl. z. B. den Automobilmarkt heute und vor 25 Jahren). Ein Gleichgewicht ist dort erreicht, wo sich die Vorstellungen der Käufer und der Verkäufer treffen, d. h. im Schnittpunkt der Angebots- und der Nachfragefunktion. Hier ergeben sich **Gleichgewichtspreis** und **Gleichgewichtsmenge** (siehe Abb. 3.16).

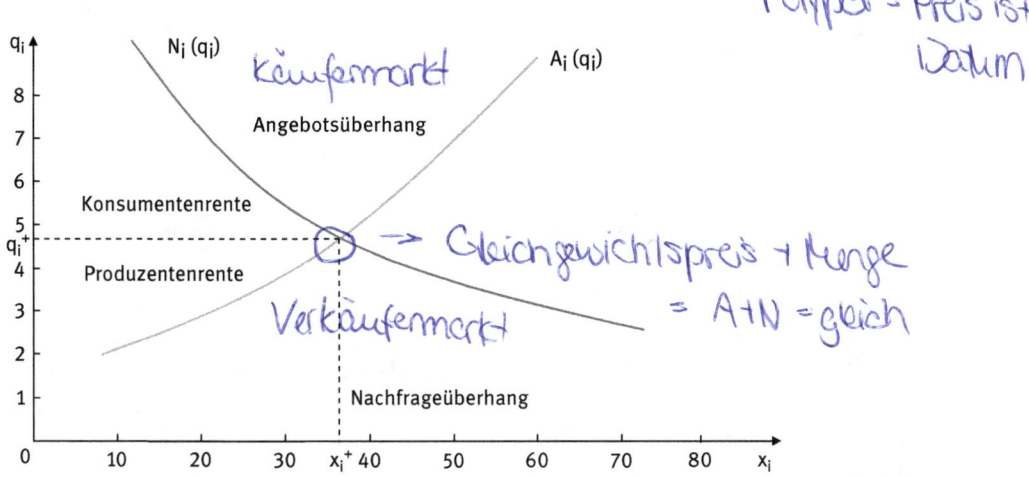

Abb. 3.16: Preisbildung bei vollständiger Konkurrenz (Quelle: Eigene Darstellung)

Die Vorteile der vollständigen Konkurrenz als Leitbild der Marktorganisation liegen auf der Hand:
- Die Produzenten können einen höheren Preis vereinnahmen, als wenn die Konsumenten mit jedem Produzenten einzeln verhandelt hätten, weil viele die Güter zu einem geringeren Preis abgegeben hätten.
- Die Konsumenten zahlen einen geringeren Preis als den, der sich für jeden von ihnen ergeben hätte, falls die Produzenten mit jedem einzeln verhandelt hätten, weil einige Käufer die Güter auch zu einem höheren als dem Gleichgewichtspreis abgenommen hätten.

Als **Konsumentenrente** bezeichnet man die Ersparnis der Haushalte beim Kauf eines Gutes durch die Existenz eines Marktes mit vollständiger Konkurrenz.

Die Konsumentenrente des i-ten Gutes errechnet sich wie folgt (hierbei muss die Existenz eines Prohibitivpreises unterstellt werden, um eine endliche Fläche unter dem Integral zu erhalten):

$$KR(q_i) = \int_{q_i^+}^{\infty} N_i(q_i)\, dq_i, \; i = 1, 2, ..., n. \tag{3.34}$$

Als **Produzentenrente** bezeichnet man die Ersparnis der Unternehmer beim Verkauf eines Gutes durch die Existenz eines Marktes mit vollständiger Konkurrenz.

Die Produzentenrente des i-ten Gutes errechnet sich wie folgt:

$$PR(q_i) = \int_{0}^{q_i^+} A_i(q_i)\, dq_i, \; i = 1, 2, ..., n \tag{3.35}$$

Die Summe aus Produzenten- und Konsumentenrente bezeichnet man als **sozialen Überschuss**.

Das Zustandekommen eines Marktgleichgewichtes kann – im Sinne von Walras – als ein allmähliches Herantasten an die Gleichgewichtsmenge und den Gleichgewichtspreis (tâtonnement), bei dem eine Art Auktionator aufgrund der ihm gegebenen Angebote und Nachfragen Gleichgewichtspreis und -menge festlegt, verstanden werden.

Hierbei verhalten sich alle Teilnehmer als Preisanpasser, wobei ein Angebotsüberschuss zu einer Preissenkung, ein Nachfrageüberhang zu einer Preiserhöhung führt (Walrasianische Stabilitätsbedingung). Alternativ kann bei einer gegebenen Gütermenge ein Unterschreiten des von den Anbietern geforderten Preises durch die Nachfrager zu negativen Mengenanpassungen, ein positives Überschreiten zu Mengenanpassungen nach oben durch die Anbieter führen (Marshallsche Stabilitätsbedingung). Beide Bedingungen sind im Falle von atypischen Angebots- oder Nachfragefunktionen nicht identisch. Ist eine der beiden Stabilitätsbedingungen erfüllt und liegen eindeutige Schnittpunkte zwischen Angebots- und Nachfragefunktionen im positiven Lösungsraum, so ist die Existenz und die Eindeutigkeit des Gleichgewichts gesichert.

3.6.2 Die Situation des Anbieters

Im vollständigen Konkurrenzmodell ist der Preis des Gutes ein Datum, sodass die Produzenten als Mengenanpasser den Marktgegebenheiten entgegentreten müssen. Unterstellt man als spezielle Ausprägung des Rationalitätsprinzips, dass die Unternehmer die Gewinne maximieren, so impliziert das, dass sie die Produktion so lange steigern, bis die Kosten der letzten produzierten Einheit (Grenzkosten) dem Grenzerlös entsprechen. Bei gegebener Erlös- bzw. Umsatzfunktion eines Unternehmens für Gut i, $E(x_i)$, gilt:

Als **Grenzerlös** bezeichnet man den Erlös der letzten verkauften Gütereinheit, d. h. den Wert der Funktion

$$GE(x_i) = \frac{dE(x_i)}{dx_i}, \ i = 1, 2, ..., n. \tag{3.36}$$

Gegeben seien folgende Erlös- bzw. Kostenfunktionen eines Unternehmens, das das Gut i herstellt:

$$E(x_i) = q_i \cdot x_i, \ q_i = konstant, \tag{3.37}$$

$$K(x_i) = K_F + k_v \cdot x_i^\sigma, \ K_F, \ k_v > 0, \ \sigma > 1. \tag{3.38}$$

Gesucht wird das Gewinnmaximum, d. h.

$$\begin{cases} \max: \ E(x_i) - K(x_i), \\ NB: \ x_i > 0. \end{cases} \tag{3.39}$$

Bedingung (erster Ordnung) für ein relatives Extremum ist:

$$\frac{d(E(x_i) - K(x_i))}{dx_i} = \frac{dE(x_i) - dK(x_i)}{dx_i} = \frac{dE(x_i)}{dx_i} - \frac{dK(x_i)}{dx_i}$$

$$= q_i - \sigma \cdot k_v \cdot x_i^{\sigma-1} = 0 \Rightarrow x_i = \sqrt[\sigma-1]{\frac{q_i}{\sigma \cdot k_v}} > 0. \tag{3.40}$$

Die Bedingung (zweiter Ordnung) für das Vorliegen eines Maximums ist erfüllt:

$$\frac{d^2(E(x_i) - K(x_i))}{dx_i^2} = -(\sigma - 1) \cdot \sigma \cdot k_v \cdot x_i^{\sigma-2} < 0. \tag{3.41}$$

Die Lösung dieses Optimierungsproblems bestätigt in Abb. 3.17 zunächst nur, dass das Gewinnmaximum dort liegt, wo die Steigung der Kostenfunktion dem Preis entspricht.

Der Gesamtgewinn entspricht im oberen Teil der Abbildung der Differenz von $E(x_i^+)$-$K(x_i^+)$, im unteren Teil der Abbildung der Fläche des durch A-B-C-D aufgespannten Rechtecks. Der hier ausgewiesene Gewinn ist nicht mit dem Gewinn der Betriebswirtschaftslehre zu verwechseln, da die Kostenfunktion die Verzinsung des

Unternehmerkapitals, den Unternehmerlohn und eine Risikoprämie enthält. Ein Nullgewinn ermöglicht somit das Überleben des Unternehmens, weil alle Produktionsfaktoren entlohnt werden können. Der im Beispiel ausgewiesene Gewinn wird dazu führen, dass zusätzliche Anbieter auf den Markt treten.

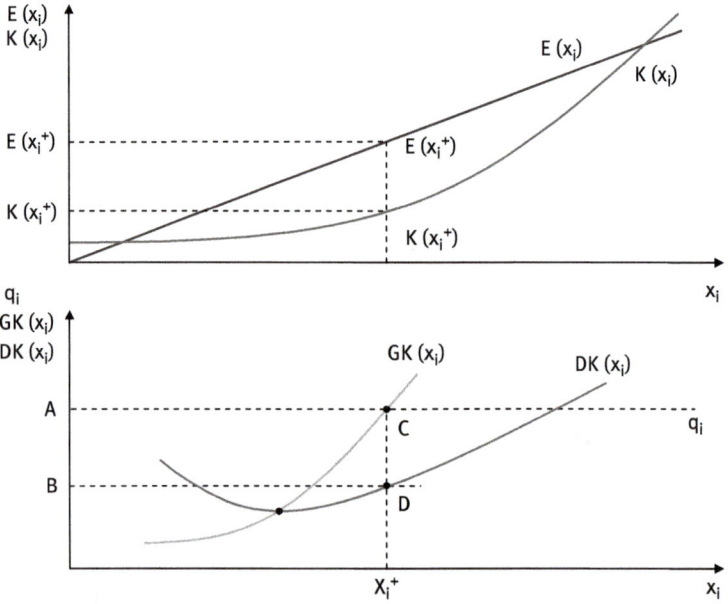

Abb. 3.17: Gewinnmaximum bei vollständiger Konkurrenz (Quelle: Eigene Darstellung)

Die allgemeine Formulierung der Bedingung zweiter Ordnung lautet:

$$\frac{d^2E(x_i)}{dx_i^2} < \frac{d^2K(x_i)}{dx_i^2}, \tag{3.42}$$

Sie besagt, dass im Gewinnmaximum die Steigung der Grenzkostenkurve über der Grenzerlösfunktion liegen muss, bezeichnet als **Output-Regel**; zugleich impliziert dies, dass die Grenzkostenkurve eine positive Steigung aufweisen muss.

3.6.3 Kurzfristiges und langfristiges Angebot

Kurzfristig lässt sich die Anzahl der Anbieter nicht erhöhen, d. h. eine Mengenvariation kann nur dadurch erfolgen, dass die Produktion auf bestehenden Anlagen (z. B. durch Sonderschichten oder Überstunden) ausgeweitet wird. Abb. 3.18 zeigt dies.

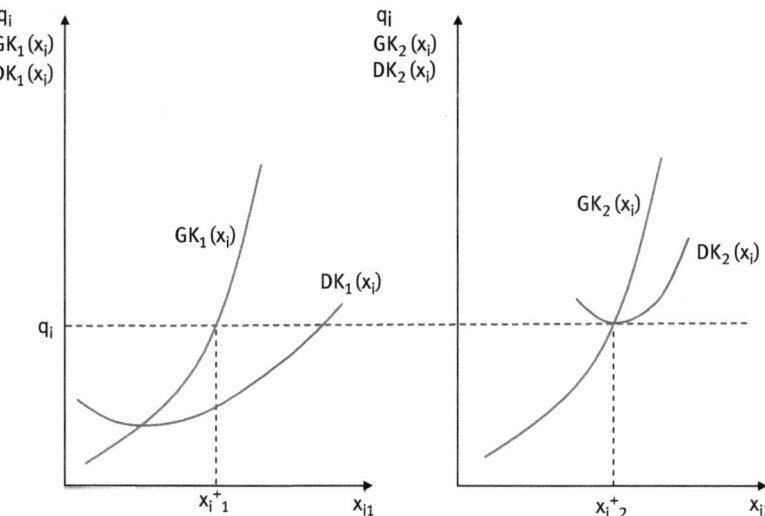

Abb. 3.18: Kurzfristiges Angebotsverhalten im vollständigen Konkurrenzmodell (Quelle: Eigene Darstellung)

Während der erste Anbieter einen erhöhten Gewinn vereinnahmt, weil die Grenzkostenkurve oberhalb der Durchschnittskostenkurve die Preisgerade schneidet, ist der zweite Unternehmer Grenzanbieter. Beide produzieren gemeinsam die am Markt geräumte Menge $x_{i_1}^+ + x_{i_2}^+$; mit steigender Nachfrage werden beide Anbieter ihre Produktion ausweiten und zur Deckung der erhöhten Kosten den Preis anheben; ein Sinken des Preises hat das Ausscheiden des zweiten Anbieters zur Folge.[6]

Führt die Produktion eines Gutes infolge eines Nachfrageüberhanges zu erhöhten Gewinnen, weil die Produzenten ihr Angebot entlang der Grenzkostenkurve ausweiten, so werden neue Anbieter auf dem Markt auftreten mit der Folge eines Absinkens des bisherigen Gleichgewichtspreises. Eine stabile Nachfrage vorausgesetzt kommt dieser Prozess zum Stillstand, wenn der Gewinn aller Produzenten Null ist, d. h. die Durchschnittskostenkurve die Preisgerade im Punkt der abgesetzten Gleichgewichtsmenge tangiert, der auch von der Grenzkostenkurve geschnitten wird. Alle Anbieter verwenden in diesem Gleichgewicht die gleiche Technologie, weil ansonsten ihre Grenz- und Durchschnittskostenkurven nicht übereinstimmen und somit über den Marktprozess ein Ausscheiden der schlechteren Technologie erzwungen würde.

---

6 Zumindest mittel- bis langfristig; kurzfristig wird dieser möglicherweise weiterhin anbieten, weil das Ausscheiden aus dem Markt einen höheren Verlust einbringen könnte als die Verlustproduktion: Im ersten Fall entspricht nämlich der Verlust den gesamten Fixkosten, im zweiten Fall kann ein Teil der Fixkosten noch gedeckt werden, solange der Deckungsbeitrag, d. h. die Differenz aus Preis und Grenzkosten positiv ist. Diesen Sachverhalt untersucht die Deckungsbeitragsrechnung.

Damit liegen auch gleiche Betriebsgrößen der Produzenten vor. Abb. 3.19 zeigt diesen Gleichgewichtszustand.

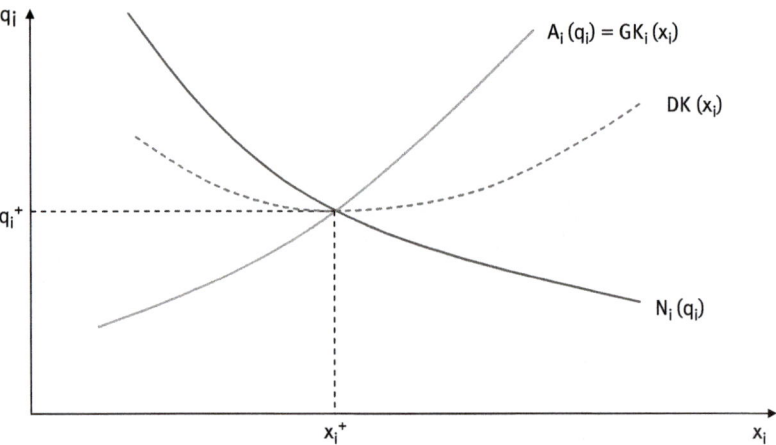

Abb. 3.19: Langfristiges Gleichgewicht bei vollständiger Konkurrenz (Quelle: Eigene Darstellung)

Eine kurzfristige Angebotsfunktion verläuft für ein gegebenes Gut c. p. steiler als eine langfristige, die sich – bei extrem langfristiger Betrachtung und konstanter Technologie – parallel zur x_i-Achse entwickelt. Für die wirtschaftspolitische Praxis sind diese Aussagen, die von der Realität der unterschiedlichen Produktionstechnologien, der personellen, sachlichen, zeitlichen und räumlichen Präferenzen, der Marktmacht der Anbieter und/oder Nachfrager abstrahieren, wegen der gesamtwirtschaftlichen Optimalitätseigenschaften als ökonomisches Leitbild von Bedeutung.

3.6.4 Veränderung des Gleichgewichts im vollständigen Konkurrenzmodell

Im folgenden wird der Einfachheit und der Übersichtlichkeit halber von linearen Funktionen ausgegangen. Hier sollen Gleichgewichtsänderungen infolge von Verschiebungen der Nachfrage- und oder der Angebotskurve dargestellt werden.

Aufgrund des Wandels der Präferenzen kann sich die Nachfrage nach Gütern ändern; dies drückt sich durch eine Verschiebung und/oder Drehung des Graphen der Nachfragefunktion aus, wie Abb. 3.20 dies beispielhaft zeigt.

Angebotsveränderungen sind auf Wirkungen des technischen Fortschrittes, auf Veränderungen bei Preisen von Gütern und Produktionsfaktoren, auf Gewinnerwartungen und eine Veränderung der Zahl der Anbieter bzw. der Höhe der Produktionskapazitäten zurückzuführen und äußern sich in einer Verschiebung und/oder Drehung des Graphen der Angebotsfunktion, wie dies Abb. 3.21 verdeutlicht.

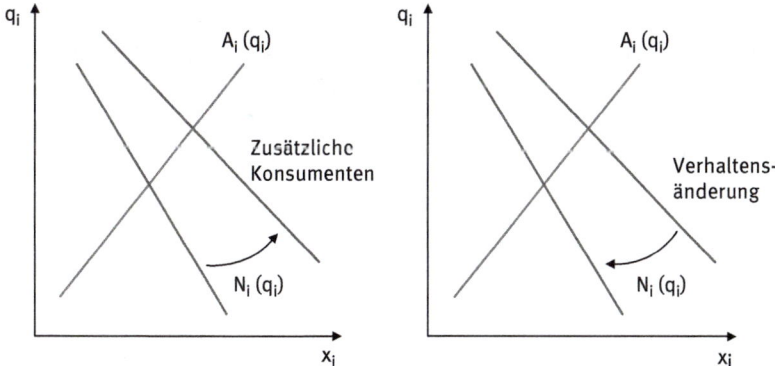

Abb. 3.20: Nachfrageveränderungen durch Drehung des Graphen der Nachfragefunktion
(Quelle: Eigene Darstellung)

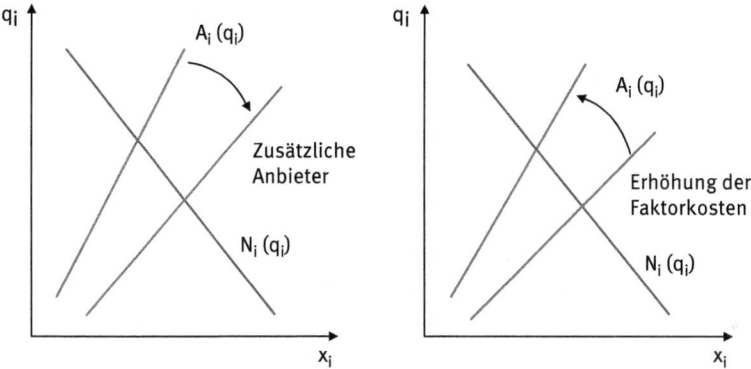

Abb. 3.21: Angebotsveränderungen durch Drehung des Graphen der Angebotsfunktion
(Quelle: Eigene Darstellung)

Das Angebotsverhalten kann sich in kurzer und in langer Frist erheblich unterscheiden:

(1) Angebotsverhalten bei verderblichen Gütern: Falls keine Lagermöglichkeit besteht, müssen diese praktisch um jeden Preis losgeschlagen werden; das Angebot reagiert somit auf Preisänderungen (vollkommen) unelastisch. Langfristig sind diese Güter eben wegen ihrer Verderblichkeit nicht beliebig schnell wiederzubeschaffen. Dies zeigt Abb. 3.22.

(2) Angebotsverhalten bei industriellen Massengütern: Bei erhöhter Nachfrage weiten die Unternehmen ihre Produktion (bei steigenden Grenzkosten) aus. Hierdurch entstehen Gewinnchancen für neue Unternehmen, die die Zusatzproduktion übernehmen und somit die Produktionsmenge der ursprünglichen Unternehmen und den Gleichgewichtspreis wieder auf das Ausgangsniveau reduzieren. Die

Kostendegression der Massenproduktion ermöglicht langfristig das Ausdehnen des Angebots, ohne dass ein Anheben des Preises erforderlich wird (das Angebot ist bezüglich Preisänderungen vollkommen elastisch). Kurzfristig führt die Angebotsausweitung jedoch zu steigenden Preisen wegen Kapazitätsbeschränkungen (progressive Stückkosten, z. B. wegen steigender Lohnkosten). Abb. 3.23 zeigt dies.

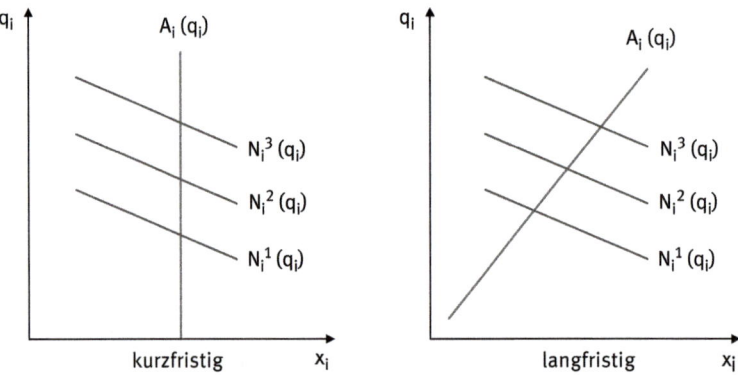

Abb. 3.22: Angebotsverhalten bei verderblichen Gütern (Quelle: Eigene Darstellung)

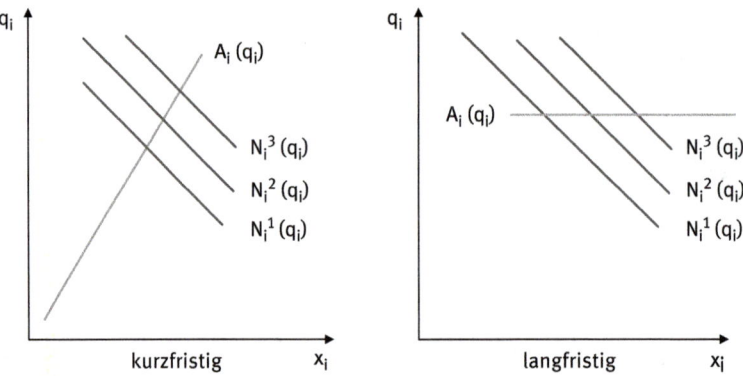

Abb. 3.23: Angebotsverhalten bei industriellen Massengütern (Quelle: Eigene Darstellung)

3.6.5 Die politische Preisbildung

Im Rahmen der politischen Preissetzung werden Höchstpreise gesetzt – aktuell bei der Mietpreisbremse zu sehen – oder Niedrigstpreise – wie gegenwärtig beim Mindestlohn. Damit übt der Staat Einfluss auf die Allokation aus.

Wie man in der folgenden Abb. 3.24 sieht, wird zum Preis q^U_i eine Gütermenge x^N_i nachgefragt; dieser steht aber ein geringeres Angebot in Höhe von x^A_i gegenüber; es treten damit entweder Käuferschlangen auf oder es muss ein Bezugsscheinsystem eingeführt werden, um die Verteilung der Güter zu organisieren. Häufig entsteht zur Befriedigung des Nachfrageüberhanges ein Schwarzmarktpreis, der über dem theoretischen Gleichgewichtspreis liegt, sodass sich insgesamt ein Durchschnittspreis in Höhe des Gleichgewichtspreises ergeben kann.

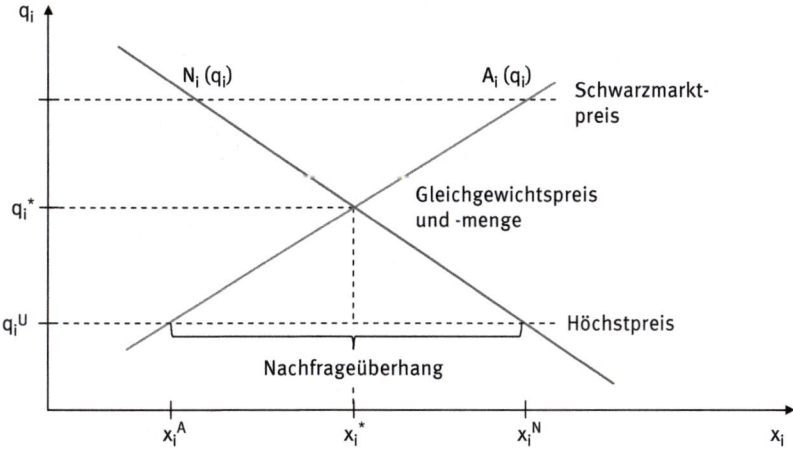

Abb. 3.24: Festsetzung von Höchstpreisen (Quelle: Eigene Darstellung)

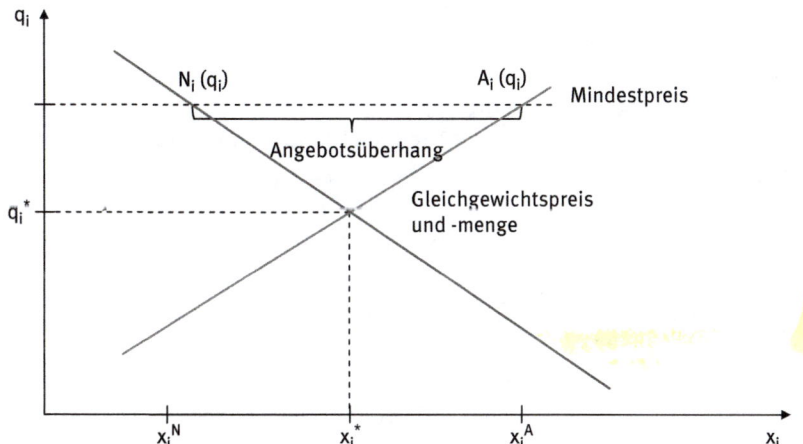

Abb. 3.25: Festsetzung von Mindestpreisen (Quelle: Eigene Darstellung)

Die Situation bei verordneten Preisuntergrenzen, die durch Verordnungen aber auch durch öffentliche Marktintervention abgesichert sind, zeigt die Abb. 3.25 auf der Folgeseite. Zum Preis q_i^0 werden Güter im Umfang von x_i^A angeboten, jedoch nur $x_i^N < x_i^A$ nachgefragt. Der Staat kann versuchen, den Angebotsüberhang durch Produktionsverbote zu regulieren oder aufzukaufen. Im Arbeitsmarkt kann es damit zu einer verstärkten Arbeitslosigkeit kommen.

3.7 Externe Effekte

Externe Effekte oder Externalitäten spielen für das Markt- und Wettbewerbsversagen eine entscheidende Rolle.

Externe Effekte sind nichtkompensierte Vor- oder Nachteile, die dem Einzelnen aufgrund ökonomischer (Produktions- oder Konsum-) Aktivitäten Dritter entstehen.

Externalitäten treten nicht über den Marktmechanismus auf und werden daher als technologische externe Effekte (Externalitäten) bezeichnet. Davon abzugrenzen sind pekuniäre externe Effekte, die über den Marktmechanismus weitergereicht werden. Ein Beispiel für den ersten Fall sind Abgase, welche die zum Trocknen aufgehängte Wäsche verschmutzen, für den zweiten Fall die Verbesserungen der Grundstückswerte durch eine öffentliche Infrastrukturmaßnahme.

Allgemein können die Externalitäten dadurch entstehen, dass

– Abhängigkeiten im Konsum zwischen Wirtschaftssubjekten bestehen, beispielsweise wenn der Nutzen eines Individuums vom Konsum des anderen abhängt (bei zwei benachbarten Wohnungen liegt das beispielsweise für die Heizkosten vor).
– Märkte nicht existieren, sodass im Vergleich zum vollkommenen Markt (positive oder negative) Renten entstehen. Das kann daran liegen, dass es zu teuer ist, Eigentumsrechte zu definieren und anzuwenden, weil der Einheitspreis eines Produktes unter dem Preis liegt, den es kostet, einen Markt zum Funktionieren zu bringen, oder weil die Zahl der Anbieter und/oder Nachfrager zu gering ist, um einen Konkurrenzmarkt aufzubauen.
– die Güter nicht oder derzeit schwer handelbar sind (z. B. öffentliche Güter oder Umweltgüter).

Externe Kosten und ihre Wirkungen werden an folgender Grafik schnell klar, die neben der Nachfragefunktion (N) zwei Angebotsfunktionen enthält, von denen die erste die externen Kosten der Produktion, z. B. als Verbrauch von Umweltgütern, nicht berücksichtigt.

Korrekturen der externen Effekte sind durch Verbote, fiskalische Mittel, Regulierungen, Zuweisung von Eigentumsrechten und Vereinbarungen möglich, wobei Pigou (1912) die Meinung vertritt, fiskalische Mittel seien geeignet, den Ausgleich zwischen privatem und sozialem Grenzprodukt zu leisten (sogenannte Pigou-Steuern).

Die externen Kosten entsprechen genau dem schraffierten Feld und geben die Ineffizienz der Nichtinternalisierung der Kosten und damit den Wohlfahrtsverlust an (siehe Abb. 3.26). Hierbei ist der private Markt dadurch ineffizient, dass soziale Kosten nicht in das Kalkül einbezogen werden. Die Fläche errechnet sich daraus, dass die Kosten der Mehrproduktion durch die Fläche unter A_2 von X_2 bis X_1, der entsprechende Nutzen durch die Fläche unter N im gleichen Intervall gegeben sind.

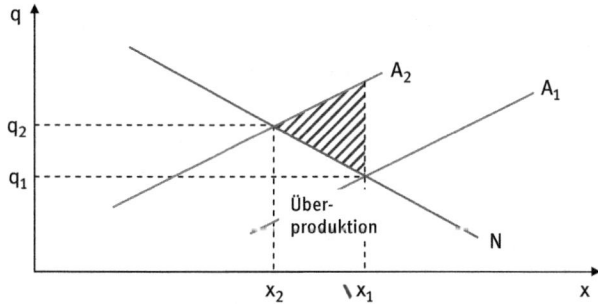

Abb. 3.26: Externe Kosten (Quelle: Eigene Darstellung)

Analog lässt sich für den Bereich des Konsums argumentieren. Die Nachfrage nach Seuchenschutzimpfungen ist geringer im Fall der alleinigen Einbeziehung der privaten Erträge im Vergleich zur Berücksichtigung der externen Vorteile; letztere ergeben sich beispielsweise durch weniger Ansteckungen und damit einer kleineren Belastung des Gesundheitssystems, der Erwerbstätigkeit u. a. m.

Der private Markt führt zu einer geringeren Nachfrage als sie ökonomisch gerechtfertigt und effizient ist, weil er die externen Erträge nicht internalisiert. Die schraffierte Fläche in der folgenden Abb. 3.27 repräsentiert folglich die Ineffizienz des privaten Marktes, der die sozialen Kosten nicht im Kalkül berücksichtigen kann.

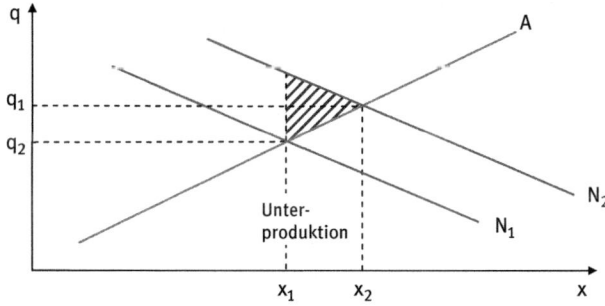

Abb. 3.27: Externe Erträge (Quelle: Eigene Darstellung)

4 Wirtschaftskreislauf und volkswirtschaftliche Gesamtrechnung

4.1 Der Wirtschaftskreislauf

4.1.1 Einordnung von Kreislaufanalyse und Grundmodell

Erste Versuche der Darstellung des Wirtschaftskreislaufes gehen auf den Begründer der physiokratischen Schule, François Quesnay zurück. Karl Marx analysierte die Entstehung und Verteilung des Mehrwertes anhand von Kreislaufmodellen. Es sind diese beiden Modelle, die einleitend vorgestellt werden sollen, weil sie einen starken Bezug zur Axiomatik der jeweiligen Theorien haben: nur der Boden ist produktiv bzw. allein die Arbeit ist produktiv. Denn dadurch wird auch deutlich, was verteilungsseitig unter Ausbeutung zu verstehen ist. Daneben haben sich auch Jean Baptiste Say sowie Alfred Marshall und Léon Walras mit Kreislaufmodellen befasst, die hier nicht vertieft werden. Vielmehr schließt sich im zweiten Abschnitt dieses Kapitels auf der Grundlage der modernen Darstellung des Wirtschaftskreislaufes ein erweitertes Kreislaufmodell an, das geeignet ist, Einkommensrelationen sowie die Entstehung, Verteilung und Verwendung des Nationaleinkommens als Grundlage der volkswirtschaftlichen Gesamtrechnung zu beschreiben.

In einfachster Darstellungsform (siehe Abb. 4.1) lässt sich der volkswirtschaftliche Kreislauf durch folgendes Modell mit den Aggregaten Haushalte und Unternehmen aufzeigen:

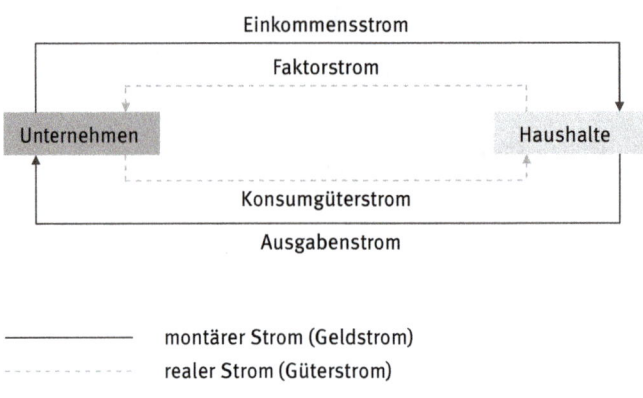

Abb. 4.1: Der einfache Wirtschaftskreislauf (Quelle: Eigene Darstellung)

DOI 10.1515/9783110515473-004

Die einzelnen Mitglieder der Haushalte leisten produktive Dienste in den Unternehmen, ebenso stellen sie Kapital und Boden zur Verfügung. Das wird durch den Faktorgüterstrom ausgedrückt. Im Gegenzug (als Äquivalent) beziehen die Haushalte ein Geldeinkommen, den Einkommensstrom. Die Haushalte kaufen Güter von den Unternehmen; das wird im Konsumgüterstrom erfasst. Im Gegenzug bezahlen sie diese Güter, sodass ein Ausgabenstrom entsteht. Das oben gezeigte Modell gilt unter nachfolgenden Annahmen:

A 1: Alles Einkommen wird verbraucht.

A 2: Es handelt sich um eine geschlossene Volkswirtschaft (d. h. es gibt weder Exporte noch Importe).

A 3: Der Staat übt keinen Einfluss auf den Wirtschaftskreislauf aus.

A 4: Es bestehen keine zeitlichen Differenzen zwischen Produktion und Konsum.

A 5: Es handelt sich um eine statische Betrachtung der Wirtschaft, d. h. die Wirtschaft befindet sich in gleichgewichtiger Ruhelage.

A 6: Haushalte und Unternehmen werden in zwei Sektoren dargestellt.

Aus den Annahmen dieses Kreislaufsystems lassen sich die später in der Fisherschen Verkehrsgleichung beschriebenen Beziehungen der Quantitätstheorie des Geldes herleiten: Sei der Erlös E der Unternehmen definiert durch die Summe der mit ihren Preisen q_i multiplizierten Absatzmengen x_i:

$$E^+ \equiv \sum_{i=1}^{n} q_i \cdot x_i \tag{4.1}$$

Sei angenommen, es existiere eine gesamtwirtschaftliche Gütermenge X und ein zugehöriges Preisniveau Q, mit

$$E \equiv Q \cdot X \tag{4.2}$$

Der Güterwert wird mit der Geldmenge M bezahlt. Je höher die Geldumlaufgeschwindigkeit ist, d. h. je schneller das Geld von Hand zu Hand geht, desto größer ist die umgesetzte und damit in der Wirtschaft wirksame Geldmenge Z:

$$Z \equiv M \cdot V \tag{4.3}$$

Da aus den Annahmen folgt, dass das Angebot und die Nachfrage nach Geld geldwertgleich sein müssen, d. h.

$$E \equiv Z, \tag{4.4}$$

folgt also (Fisher 1913):

$$M \cdot V \equiv Q \cdot X \tag{4.5}$$

Diese Beziehung ist nicht kausaler Natur, sondern beschreibt nur die Wertidentität zwischen Geld- und Güterkreislauf einer Periode. Ohne weitergehende Annahmen über die Wirtschaft kann nicht gefolgert werden, dass beispielsweise eine Ausweitung der Geldmenge zur Erhöhung des Preisniveaus führt.

4.1.2 Das Kreislaufmodell von François Quesnay

Für die Physiokraten war der Boden die alleinige Quelle des volkswirtschaftlichen Wohlstandes; François Quesnay unterschied aufgrund dieses Postulats folgende drei Klassen (Pole, Sektoren, Aggregate) der Wirtschaft:
(1) Die produktive Klasse (classe productive) besteht aus den Pächtern, die durch die Bearbeitung des Bodens einen Mehrwert erzielen.
(2) Die Klasse der Grundeigentümer (classe des propriétaires) lebt als Grundbesitzer und Verpächter von den Grundrenten, die ihnen die Bodenpächter zu zahlen haben.
(3) Die sterile Klasse (classe stérile) umfasst Handwerker und Händler, die keine Werte herstellen, sondern nur Güter umwandeln.

In der Abb. 4.2 werden die zwischen den drei Sektoren innerhalb einer Wirtschaftsperiode fließenden monetären Ströme als Ergebnis des tableau économique angegeben.

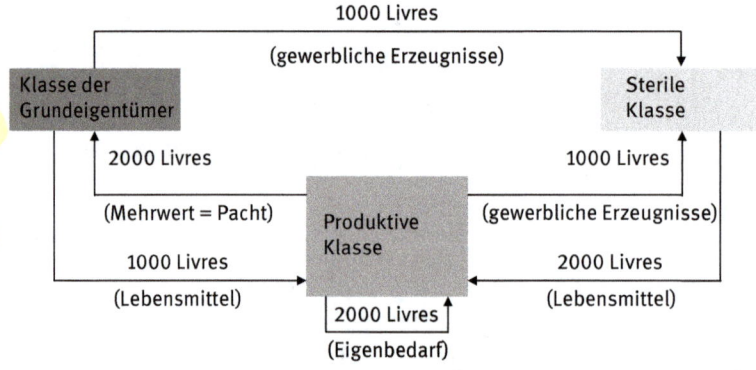

Abb. 4.2: Darstellung des Wirtschaftskreislaufes nach Quesnay (monetäre Verflechtung) (Quelle: Eigene Darstellung)

Sei angenommen, die produktive Klasse erzeuge im Verlauf des Jahres Werte in Höhe von 5.000 Livres. Von diesen dienen 2.000 Livres der produktiven Klasse selbst zur Deckung des Eigenbedarfs an Nahrungsmitteln und Saatgut; von den verbleibenden 3.000 Livres verkauft sie den Grundbesitzern und der sterilen Klasse Lebensmittel im Wert von 1.000 bzw. 2.000 Livres. Diesen Einnahmen stehen folgende Ausgaben gegenüber: An die Grundbesitzer werden 2.000 Livres für Pachtzahlungen entrichtet; 1.000 Livres gehen an die sterile Klasse für den Bezug gewerblicher Güter.

Die Grundbesitzer erzielen Pachteinnahmen in Höhe von 2.000 Livres. Sie verwenden diese zum Kauf von gewerblichen und landwirtschaftlichen Produkten in Höhe von jeweils 1.000 Livres.

Die sterile Klasse erzeugt gewerbliche Waren im Wert von 2.000 Livres, die sie in gleichen Anteilen an Grundbesitzer und Pächter verkauft. Die Einnahmen verwendet sie, um bei den Pächtern Lebensmittel und Rohstoffe zu erstehen.

Dieses Kreislaufsystem lässt sich auch in einem Kontensystem darstellen; auf der Soll-Seite (Aktivseite) erscheinen die Aufwendungen, auf der Haben-Seite (Passivseite) die Erträge (vgl. Tab. 4.1). Eine Darstellung in Form einer quadratischen Matrix würde die wirtschaftlichen Abläufe wie in der Tab. 4.2 gezeigt festhalten. Das Modell beruht auf folgenden Annahmen:

A 1 bis A 6 wie am Anfang des Kapitels;

A 7: Allein der Boden ist produktiv.

A 8: Haushalte und Unternehmen werden durch drei Sektoren dargestellt: die produktive, die sterile Klasse und die Klasse der Grundbesitzer.

Tab. 4.1: Kontendarstellung des Wirtschaftskreislaufs nach Quesnay (Beiträge in Livres) (Quelle: Eigene Darstellung)

SOLL	Produktive Klasse		HABEN
an produzierende Klasse	2000	von produzierender Klasse	2000
an Grundbesitzer	2000	von Grundbesitzer	1000
an sterile Klasse	1000	von steriler Klasse	2000
	5000		5000
SOLL	Grundbesitzer		HABEN
an produzierende Klasse	1000	von produzierender Klasse	2000
an sterile Klasse	1000		
	2000		2000
SOLL	Sterile Klasse		HABEN
an produzierende Klasse	2000	von produzierender Klasse	1000
		von Grundbesitzer	1000
	2000		2000

Tab. 4.2: Matrix-Darstellung des Wirtschaftskreislaufes nach Quesnay (Beträge in Livres) (Quelle: Eigene Darstellung)

An Von	Produzierende Klasse	Grundbesitzer	Sterile Klasse	Summe
Produzierende Klasse	2.000	2.000	1.000	**5.000**
Grundbesitzer	1.000	–	1.000	**2.000**
Sterile Klasse	2.000	–	–	**2.000**
Summe	**5.000**	**2.000**	**2.000**	**9.000**

4.1.3 Das Kreislaufmodell der einfachen Reproduktion von Karl Marx

Karl Marx beschreibt im dritten Abschnitt des zweiten Bandes seines *Kapitals* zunächst ein stationäres Wirtschaftsmodell, oder, in den Worten von Marx, ein Modell der „Reproduktion gesellschaftlichen Gesamtkapitals auf gleichbleibender Stufenleiter". Durch diese Aussage wird eine der Grundannahmen dieses Modells erfasst, nämlich die zeitliche Konstanz der Produktionskapazitäten: Verbrauchte Produktionsmittel werden gerade reproduziert, es finden aber keine Erweiterungen durch Nettoinvestitionen statt.

Marx verteilt die Gesamtproduktion auf zwei Sektoren, eine Produktionsmittel- und eine Konsumabteilung (Abteilungen 1 und 2): Jede von ihnen arbeitet mit **variablem** und **konstantem Kapital**; der Marxschen Terminologie folgend entspricht das variable Kapital (v) der Summe der Arbeitslöhne, das konstante Kapital (c) umfasst alle zur Produktion notwendigen Produktionsmittel und -Gegenstände wie Gebäude, Maschinen, Roh-, Hilfs- und Betriebsstoffe oder Halbfabrikate. Der Wert des in jeder Abteilung erzeugten Jahresproduktes besteht zum einen aus einem Anteil des konstanten Kapitals, das auf das Produkt übertragen wird; hinzu kommt der Ersatz des vorgeschossenen variablen Kapitals, schließlich der Überschuss oder **Mehrwert** (m), der sich als Differenz zwischen dem Tauschwert und dem immanenten Wert (der Arbeitswertlehre folgend durch den Lohneinsatz gegeben) bildet. Beide Abteilungen werden kapitalistisch betrieben, d. h. das konstante und das variable Kapital werden zur Mehrwertmaximierung verwendet (siehe Abb. 4.3).

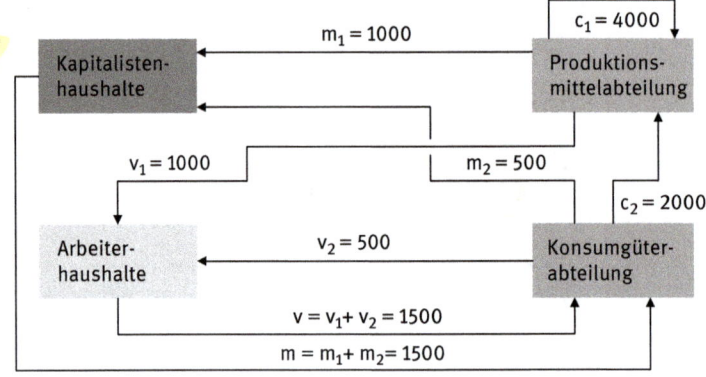

Abb. 4.3: Kreislaufmodell der einfachen Reproduktion (Quelle: Eigene Darstellung)

Der Wert der Gesamtproduktion der Periode (W) ergibt sich dann als

$$W = c + v + m \tag{4.6}$$

oder auf die beiden Abteilungen verteilt:

$$W_1 = c_1 + v_1 + m_1 \tag{4.7a}$$

$$W_2 = c_2 + v_2 + m_2 \tag{4.7b}$$

Im stationären Kreislauf bleiben die quantitativen Verhältnisse von Produktion und Konsumtion gleich, d. h. es werden stets gleiche Mengen von c und v eingesetzt, sodass auch m über die Zeit konstant bleibt.

Als **Verwertungsverhältnis**, **Mehrwertrate**, oder **Ausbeutungsgrad** bezeichnet man das Verhältnis von Mehrwert zu variablem Kapital, d. h.

$$\mu = \frac{m}{v} \tag{4.8}$$

Dieses wird im Marxschen Modell meist mit eins angesetzt.

Als **organische Zusammensetzung des Kapitals** bezeichnet man das Verhältnis aus konstantem zu variablem Kapital, d. h.

$$\sigma = \frac{c}{v} \tag{4.9}$$

Neben den beiden Produktionsabteilungen sind noch die einkommensbeziehenden Sektoren der Kapitalisten- und der Arbeiterhaushalte zu berücksichtigen, sodass sich folgendes Bild ergibt:

Dem Modell liegen somit folgende Annahmen zugrunde:

A 1 bis A 6 vom Anfang des Abschnittes;

A 9: Im Wirtschaftskreislauf treten handelnd auf:
  - Arbeiterhaushalte,
  - Kapitalistenhaushalte,
  - Produktionsmittelabteilung,
  - Konsumgüterabteilung.

A 10: Nur die Arbeitskraft ist produktiv, d. h. schafft Mehrwert, der in voller Höhe den Kapitalistenhaushalten zufließt.

A 11: Das Verwertungsverhältnis ist konstant.

A 12: Die organische Zusammensetzung des Kapitals ist konstant.

Die grundlegende Frage von Marx lautet, wie das in der Produktion verzehrte Kapital seinem Werte nach aus dem jährlichen Produkt ersetzt wird und welcher Zusammenhang zwischen der Bereitstellung dieses Ersatzes und der Konsumtion des Mehrwertes durch die Kapitalisten und des Lohnes durch die Arbeiter besteht. Die Produktionsmittelabteilung stellt mit Hilfe des Einsatzes von konstantem und variablem Kapital zunächst diejenigen Produktionsmittel her, die bei der Produktion von Konsumgütern periodisch verbraucht (abgeschrieben) werden (c_2 = 2000). Um jedoch diese Produktionsmittel bereitstellen zu können, wird innerhalb der Produktionsmittelabteilung ebenfalls konstantes Kapital verbraucht, sodass sich hier ein zu ersetzender Kapitalbedarf von $c_1 = 4000$ ergibt. Ferner erhält das zur Herstellung der Produktionsmittel eingesetzte variable Kapital eine Entlohnung in Höhe von $v_1 = 1000$, die als Einkommen den Arbeiterhaushalten zufließt (die organische Zusammensetzung des Kapitals beträgt demnach vier). Gleichzeitig entsteht ein Mehrwert von $m_1 = 1000$, der in voller Höhe den Kapitalistenhaushalten zugute kommt. Für die Produktionsmittelabteilung gilt also insgesamt:

$$\underbrace{c_1 + v_1 + m_1}_{\text{Ausgaben}} = \underbrace{c_1 + c_2}_{\text{Einnahmen}} \tag{4.10}$$

Analog entstehen bei der Herstellung von Konsumgütern Einkommen für die Arbeiterhaushalte von $v_2 = 500$ und für die Kapitalistenhaushalte von $m_2 = 500$. Hierzu sind noch die Ausgaben für den Ersatz des verbrauchten Kapitals von $c_2 = 2000$ zu addieren. Auf der anderen Seite verkauft die Konsumgüterabteilung ihre Erzeugnisse an die Kapitalisten- und die Arbeiterhaushalte, wodurch Einnahmen in Höhe von $v + m = v_1 + v_2 + m_1 + m_2$ entstehen; insgesamt gilt also für die Konsumgüterabteilung:

$$v_1 + v_2 = v \tag{4.11}$$

$$m_1 + m_2 = m \tag{4.12}$$

$$\underbrace{c_2 + v_2 + m_2}_{\text{Ausgaben}} = \underbrace{v + m}_{\text{Einnahmen}} \tag{4.13}$$

Subtrahiert man in der Gleichung (4.10) den Term c_1 bzw. in der Gleichung (4.13) den Term $v_2 + m_2$, so erhält man als Gleichgewichtsbedingung in einer stationären Wirtschaft:

$$c_2 = v_1 + m_1 \tag{4.14}$$

d. h. im Gleichgewicht entsprechen sich die Reinvestitionen in der Konsumgüterabteilung (c_2) und das in der Produktionsmittelabteilung verdiente Einkommen der Unternehmer (m_1) und Arbeiter (v_1).

Als **Profitrate** wird das Verhältnis von Mehrwert zum eingesetzten Gesamtkapital bezeichnet, d. h.

$$p = \frac{m}{c + v} \tag{4.15}$$

In obigem Beispiel ergibt sich ein Wert von

$$p = \frac{1500}{6000 + 1500} = 0{,}2$$

4.2 Wirtschaftskreislauf und Nationaleinkommen im erweiterten Modell der Volkswirtschaft

4.2.1 Abgrenzung und Ziel

Wenn man, wie es Quesnay, Marx und viele andere getan haben, den Versuch unternimmt, den Wirtschaftsprozess eines abgeschlossenen Zeitraumes im Nachhinein (ex-post) zu analysieren, d. h. wirtschaftliche Aggregate bildet und wirtschaftliche Vorgänge ordnet und ihre Interdependenz darstellt, ohne hierbei Bezug auf eine konkrete Volkswirtschaft zu nehmen, dann betreibt man Kreislaufanalyse. Werden zusätzlich die speziellen Zahlen einer gegebenen Volkswirtschaft für einen bestimmten Zeitabschnitt erfasst und zum Kreislauf in Bezug gesetzt, dann ergibt sich die Volkswirtschaftliche Gesamtrechnung.

Die Durchführung einer Kreislaufanalyse ist somit die Voraussetzung für eine weitergehende Durchdringung der realen Zusammenhänge innerhalb einer Volkswirtschaft, da ohne die Erkenntnis, welche Beziehungen, d. h. welche monetären Ströme zwischen Sektoren existieren, eine Messung derselben nicht möglich ist. Während die volkswirtschaftliche Gesamtrechnung die Aufgabe der statistischen Erfassung hat, befasst sich die **Wirtschaftstheorie** mit den Wechselwirkungen innerhalb des volkswirtschaftlichen Systems.

Anhand der Beispiele des einfachen Kreislaufes sowie der Kreislaufmodelle von Quesnay und Marx wurde gezeigt, wie man bei der Kreislaufanalyse vorzugehen hat:

- Man gliedert die verwirrende Vielfalt von Einflussgrößen und aggregiert sie zu Sektoren, die damit Repräsentanten von Wirtschaftssubjekten mit ähnlichen Verhaltensweisen werden.
- Man prüft, welche Beziehungen zwischen diesen Sektoren bestehen.
- Man stellt die gefundenen Beziehungen und die abgegrenzten Sektoren in Grafiken, Konten, Tabellen und/oder Gleichungen übersichtlich dar.

Diese Grundsätze haben auch heute Gültigkeit, allein die Sektoreneinteilung wurde der heutigen Realität angepasst. Man unterscheidet zwischen den Aggregaten
(1) private Haushalte,
(2) Unternehmen,
(3) Staat und
(4) Ausland.

Um spezielle Aussagen ableiten zu können, wird es manchmal notwendig, diese Aggregate weiter zu untergliedern; einige Autoren teilen beispielsweise den Unternehmenssektor in Produzenten, Investoren und Banken auf. Manchmal ist es zweckmäßig, den Staatssektor aufzugliedern in die eigentliche Staatstätigkeit (Fiskus) und die halbstaatliche Sozialversicherung (Parafiskus). Für die hier durchzuführende Analyse reicht aber die gewählte Abgrenzung völlig aus.

(1) **Private Haushalte:** Der Sektor private Haushalte umfasst alle inländischen Einzelpersonen sowie die privaten Organisationen, deren Tätigkeit nicht in erster Linie auf Gewinnerzielung ausgerichtet ist, z. B. Religionsgemeinschaften, Wohlfahrtsorganisationen, Stiftungen usw. Die in diesem Sektor zusammengefassten Wirtschaftssubjekte erstellen Wirtschaftspläne, in die Absichten über folgende Entscheidungsfelder eingehen:

   (a) Erwerbstätigkeit und Höhe des Einkommens: Der private Haushalt erzielt in der Regel sein Einkommen, indem er anderen Wirtschaftssubjekten seine Arbeitskraft und/oder seine Finanzmittel gegen Entgelt zur Verfügung stellt; ist ein Haushalt nicht im Besitz derartiger Mittel, so ist er auf die Unterstützung anderer Wirtschaftssubjekte angewiesen. Im Rahmen der von ihm selbst und von anderen gesteckten Grenzen hat er die Möglichkeit, Art des Erwerbs und Höhe des Einkommens zu bestimmen. Aus den Absichten der privaten Haushalte ergeben sich das gesamtwirtschaftliche inländische Arbeitsangebot und ein Teil des Angebots an Finanzmitteln.

   (b) Verwendung des Einkommens: Der Haushalt plant die Aufteilung des Einkommens in Konsum und Ersparnis. Er wird, da ihm meist viele Güter zum Kauf angeboten werden, sein Einkommen so auf die erwünschten Güter verteilen, dass ihm dadurch der höchstmögliche Nutzen zuwächst. Die privaten Haushalte bestimmen somit Höhe und Struktur der Nachfrage nach Konsumgütern.

(2) **Unternehmen:** Der Sektor Unternehmen umfasst alle privaten und öffentlichen Unternehmen, die Güter für den Markt produzieren und erwerbswirtschaftlich orientiert sind. Zu diesem Sektor gehören auch der Haus- und Grundbesitz oder öffentliche Versorgungsunternehmen. Die hier zusammengefassten Wirtschaftssubjekte legen in ihren Plänen Handlungsabsichten über folgende Bereiche fest:

   (a) Beschaffung von Produktionsfaktoren: Die Ausrüstung eines Unternehmens mit Produktionsmitteln und der Einsatz von Arbeitskräften sind die Voraussetzung für die Erstellung von Gütern. Die unternehmerischen Pläne in diesem Bereich bestimmen die Nachfrage nach Investitionsgütern und nach Arbeitskräften und folglich die Produktions- und Beschäftigungsmöglichkeiten der näheren Zukunft.

   (b) Einsatz der Produktionsfaktoren: Absatz- und Produktionsmöglichkeiten entscheiden über die Kombination der Inputs (die Technologie), als deren Resultat sich die Erstellung bestimmter Güter ergibt. Die unternehmerischen Produktions- und Absatzpläne bestimmen das zukünftige Angebot an Gütern nach Art, Menge, Qualität und räumlicher Verteilung.

Aus der Entlohnung der Produktionsfaktoren (der Arbeit über Lohn- und Gehaltszahlungen, des Kapitals über den Zins und des Bodens über die Rente) ergeben sich die Beschaffungspläne. Langfristige Finanzpläne sind insbesondere beim Kauf von Gütern des Anlagevermögens erforderlich, wobei die Möglichkeit der Selbstfinanzierung über unverteilte Gewinne, der Eigenkapitalerhöhung durch Emission neuer Beteiligungspapiere, der Fremdverschuldung durch Ausgabe von festverzinslichen Obligationen oder der Aufnahme von Bankkrediten gegeben ist. Der Kapitalbedarf des Sektors Unternehmen ist ein wichtiger Bestimmungsgrund der Nachfrage nach Geld und Wertpapieren auf den Finanzmärkten.

(3) **Staat:** Zum Staat werden in Deutschland alle öffentlichen Gebietskörperschaften (Bund, Länder, Gemeinden) gezählt; zu diesem Sektor gehört auch die gesetzliche Sozialversicherung (Arbeitslosen-, Unfall-, Renten- und Krankenversicherung), während öffentliche Unternehmen dem Unternehmenssektor zuzuordnen sind. Der Staat ist im marktwirtschaftlichen Wirtschaftssystem für Leistungen verantwortlich, welche die privaten Sektoren aufgrund individueller Egoismen nicht oder in nicht ausreichender Form erbringen. Viele der vom Staat bereitgestellten Produkte tragen den Charakter von Kollektivgütern, d. h. von ihrem Konsum kann kein Individuum ausgeschlossen werden (z. B. Verteidigung, Bildung, Krankenhäuser, Verkehrswege). Diese Güter sind nicht über den Markt verkäuflich, vielmehr werden sie vom Staat umsonst oder gegen Gebühr angeboten.

Eine weitere Leistung des Staates besteht in der Unterstützung vorübergehend schwacher, aber aus gesamtwirtschaftlichen Gründen zu erhaltender Wirtschaftszweige durch Subventionen (Beispiel: Kohlewirtschaft), sowie in Transferzahlungen (Sozialhilfe) an Haushalte, welche selbst nicht im Besitz verkäuflicher Produktionsfaktoren sind. Das ist eine politische Entscheidung.

Die Finanzierung des durch diese Anforderungen an den Staat notwendigen Ausgabenvolumens erfolgt durch Zwangsabgaben in Form von Steuern und Gebühren oder durch Kreditaufnahmen sowie – im Falle der Sozialversicherung – durch Beiträge.

Auf der Nachfrageseite tritt der Staat auf folgenden Märkten in Erscheinung:

(a) Auf dem Arbeitsmarkt als Nachfrager von Arbeitskräften (nämlich Beamten, Angestellten und Arbeitern);

(b) Auf dem Gütermarkt als Nachfrager nach Konsum- und Investitionsgütern;

(c) Auf den Geld- und Kapitalmärkten als Nachfrager von Krediten bzw. Anbieter von Obligationen, Schatzbriefen usw.

Im Gegensatz zu den privaten Wirtschaftssubjekten kann der Staat auf den Märkten als homogener Großnachfrager auftreten und dadurch in den Wirtschaftsprozess eingreifen.

(4) **Ausland:** Im Sektor Ausland fasst man alle Wirtschaftssubjekte zusammen, die ihren ständigen Wohnsitz außerhalb des Inlandes haben. Im wesentlichen bestehen die wirtschaftlichen Beziehungen zwischen In- und Ausland im Austausch von Waren (z. B. Fahrzeugen), Dienstleistungen (z. B. Transportleistungen), Rechten (z. B. Patenten und Lizenzen) und Kapital.

4.2.2 Das Nationaleinkommen

Wenn es das Ziel ist, aus den Abhängigkeiten der wirtschaftlichen Vorgänge eine Darstellung des Wirtschaftskreislaufes herzuleiten und anschließend mittels statistischer Zahlen das Nationaleinkommen zu berechnen, so ist zunächst zu fragen, was man unter diesem Begriff versteht.

Als **Bruttonationaleinkommen** (zu Marktpreisen) bezeichnet man die Summe aller Outputleistungen (mit den jeweiligen Preisen der multiplizierten Güter) und aller Wirtschaftszweige in einer Rechnungsperiode. Vermindert man diese um die Abschreibungen der Rechnungsperiode, so erhält man das Nettonationaleinkommen (zu Marktpreisen).

Die Berechnung des Nationaleinkommens folgt in den westlichen Ländern dem System of National Accounts (SNA), in den früheren Ländern des Ostblocks dem Material Product System (MPS); letzteres definiert auf der Grundlage der marxistischen Ideologie bestimmte Wirtschaftszweige als unproduktiv und berücksichtigt sie daher nicht; insbesondere gilt das für bestimmte Dienstleistungen.

Abschreibungen sind das wertmäßige Äquivalent für verzehrtes Kapital.

Das Nationaleinkommen gilt in den Wirtschaftswissenschaften als Leistungsmaßstab einer Volkswirtschaft, als Indikator des gesamtwirtschaftlichen Wohlstandes (nicht aber der Wohlfahrt, wie später noch gezeigt wird!). Aus der Tatsache, dass sich das Nationaleinkommen der USA von 1929 (95,8 Mrd. $) bis 1933 (48,8 Mrd. $) halbierte, folgert man eine erhebliche Abnahme der Leistungskraft der US-Wirtschaft; die anschaulichen und bekannte Folgen waren Not, Verelendung breiter Bevölkerungsschichten, Bankzusammenbrüche, politische Unruhen. Ähnliches lässt sich für die Situation im damaligen Deutschen Reich sagen.

Es gibt drei Methoden, die Höhe des Nationaleinkommens statistisch zu ermitteln: die Entstehungs-, die Verteilungs- und die Verwendungsrechnung. Bei der Entstehungsrechnung wird die Wertschöpfung an den Orten der Produktion gemessen. Das Statistische Bundesamt teilt hierzu die Wirtschaft wie folgt in elf Wirtschaftsbereiche ein, die zu vier Sektoren zusammengefasst werden können (siehe Tab. 4.3).

In der Verteilungsrechnung wird das Volkseinkommen nach den Einkommensarten in Einkommen aus unselbständiger Arbeit und Einkommen aus Unternehmertätigkeit und Vermögen aufgegliedert. In der Verwendungsrechnung wird das Nationaleinkommen entsprechend dem Verwendungszweck in privaten Konsum, staatlichen Konsum, Investitionen und Außenbeitrag (Exporte abzüglich Importe) aufgeteilt.

Das Nettonationaleinkommen ergibt sich einmal (in der Verteilungsrechnung) aus der Summe der den Haushalten zufließenden Einkommensströme; man bezeichnet das auch als die personale Methode der Volkseinkommensbestimmung. Werden die für den Kauf der Endprodukte verwendeten Geldbeträge aufaddiert und um die Abschreibungen gekürzt, so erhält man das Volkseinkommen nach der realen Methode; dies kann entstehungs- oder verwendungsseitig geschehen.

Tab. 4.3: Entstehungsrechnung der Volkswirtschaftlichen Gesamtrechnung
(Quelle: Eigene Darstellung)

1. Land und Forstwirtschaft, Fischerei	Urproduktion
2. Energiewirtschaft und Bergbau	
3. Verarbeitendes Gewerbe	Verarbeitung
4. Baugewerbe	
5. Handel	Dienstleistung
6. Verkehr und Nachrichtenübermittlung	
7. Kreditinstitute und Versicherungsgewerbe	
8. Wohnungsvermietung	
9. Sonstige Dienstleistungen	
10. Staat	Staat und Haushalte
11. Haushalte und private Organisationen	
Bruttoinlandsprodukt	Alle Bereiche

Die im folgenden verwendete Nomenklatur zur Beschreibung der volkswirtschaftlichen Gesamtrechnung baut auf folgenden Regeln auf:

(1) Alle Ströme werden durch große lateinische Buchstaben abgekürzt:

Y: Produkt bzw. Einkommen

C: Konsum

S: Ersparnis

I: Investition

T: Steuern (tax)

Z: Transfers (Zuschüsse), Übertragungen

G: Einkommen aus Unternehmertätigkeit und Vermögen (Gewinne)

L: Einkommen aus unselbständiger Beschäftigung (Löhne)

D: Abschreibungen (depreciation)

E: Exporte

M: Importe

V: Vorleistungen

F: Faktorzahlungen des Auslandes und an das Ausland

(2) Die sektorale Verflechtung wird durch ein tiefgestelltes Suffix dargestellt, das angibt, von welchem Sektor der monetäre Strom zu welchem anderen oder gleichen Sektor fließt.

H: Private Haushalte

St: Staat

U: Unternehmen

A: Ausland

I: Inland

Folgende tiefgestellten Suffixe dienen der weiteren Untergliederung der Einkommen:

pr: privat, d. h. private Haushalte und Unternehmen

p: persönlich, d. h. private Haushalte

v: verfügbar, d. h. nach Abzug von Steuern

(3) Hochgestellte Suffixe dienen der Erklärung von:

b: brutto

n: netto

dir: direkt

ind: indirekt

(4) Beim Produkt bzw. Einkommen kennzeichnet ein tiefgestelltes Präfix:

P: Produktionswert

I: Inlandsprodukt

N: Nationaleinkommen[7]

(5) Beim Produkt bzw. Einkommen kennzeichnet ein hochgestelltes Präfix:

m: Marktpreise

f: Faktorkosten

4.2.3 Einkommensrelationen in einer offenen Volkswirtschaft mit Staat

Folgende Annahmen liegen dem Modell zugrunde:

A 1: Vier Gruppen von Wirtschaftssubjekten treten in der Volkswirtschaft handelnd auf:

- Private Haushalte
- Unternehmen
- Staat
- Ausland

A 2: Die Haushalte verwenden ihr Einkommen für den Kauf von Konsumgütern des In- und des Auslands, für Ersparnisse, für das Zahlen von Steuern sowie Transfers an den Staat und an das Ausland.

A 3: Die Unternehmen verwenden ihr Einkommen für die Abgeltung von Lohn- und Gehaltsansprüchen, das Zahlen von Gewinnen an die Haushalte, für das Abführen von Gewinnen und Steuern an den Staat, die Bezahlung von Importen und ausländischen Faktorleistungen (z. B. für die Nutzung von Grundstücken in ausländischem Besitz) sowie für Ersparnisse (nicht ausgeschüttete Gewinne).

---

7 Am 1.1.2002 wurde der Begriff des Sozialprodukts durch den des Nationaleinkommens ersetzt.

A 4: Die Einnahmen des Staates werden für Konsum, Subventionen an Unternehmen, Ersparnisse sowie für Transfers an die privaten Haushalte und das Ausland verwendet.

A 5: Das Ausland zahlt den inländischen Haushalten Einkommen für Faktorleistungen (z. B. für Grenzgänger des Inlandes), leistet Transfers an den Staat und an die Haushalte und entrichtet Entgelt für Exporte des Inlandes.

A 6: Die Ersparnisse werden für Nettoinvestitionen des Staates und der Unternehmen sowie zum Ausgleich des Zahlungssaldos mit dem Ausland verwendet und über ein Vermögensänderungskonto abgewickelt.

Der Begriff des Vermögensänderungskontos wird eingeführt, um eine Komplizierung der Zusammenhänge zu vermeiden, die bei Berücksichtigung des Bankensektors auftreten würde; in der Realität werden jedoch nicht alle Investitionen aus Ersparnissen finanziert (vgl. hierzu das achte und das neunte Kapitel).

Direkte Steuern belasten das Unternehmen (bzw. den privaten Haushalt) direkt, indem sie sein Einkommen mindern (sie sind nicht abzugsfähig); indirekte Steuern treffen den Steuerträger mittelbar und können vom steuerpflichtigen Einkommen abgesetzt bzw. im Preis weitergereicht werden.

Als **Bruttoproduktionswert** bezeichnet man den Wert aller in einer Volkswirtschaft innerhalb einer Rechnungsperiode produzierten Güter.

Der Bruttoproduktionswert errechnet sich aus der Summe der Umsätze aller privaten und staatlichen Unternehmen, dem Wert der Bestandsänderungen, dem Wert der betrieblichen Innenleistungen (d. h. der selbsterstellten Leistungen, insbesondere Anlagen) und dem Wert des staatlichen und privaten Eigenverbrauchs (entsprechend der betriebswirtschaftlichen Praxis werden Vorratsänderungen und selbsterstellte Anlagen mit ihren Herstellkosten eingerechnet).

$$_pY^b = \underbrace{C_{HU} + C_{StU}}_{C-C_{HA}} + V_{II} + E_U + \underbrace{I_U^b + I_{St}^b}_{I^b} \tag{4.16}$$

Zieht man von dieser Summe die Vorleistungen des Inlandes, die im Inland verbleiben, und die Vorleistungen des Auslandes ab, so erhält man den Nettoproduktionswert, der dem Bruttoinlandsprodukt zu Marktpreisen entspricht.

$$_pY^n \equiv {}_I^mY^b = C + E_U - M_U + I^b - C_{HA} \tag{4.17}$$

Das Nettoinlandsprodukt zu Marktpreisen ergibt sich, wenn man vom Bruttoinlandsprodukt zu Marktpreisen die Abschreibungen abzieht:

$$_I^mY^n = {}_I^mY^b - D = C + E_U - M_U + I^n - C_{HA} \tag{4.18}$$

Die Bewertung des Inlandsproduktes erfolgt zu **Marktpreisen**, d. h. es werden Einflüsse des Staates auf die Preisgestaltung berücksichtigt; diese ergeben sich aus der Besteuerung und aus den Transfers an die Unternehmen: Indirekte Steuern erhöhen den Marktpreis, Subventionen mindern ihn. Berücksichtigt man diese Einflüsse, so lässt sich das Inlandsprodukt zu **Faktorkosten** errechnen. d. h. zu den Kosten der entlohnten Produktionsfaktoren.

$$\,_I^fY^{\,b} = \,_I^mY^{\,b} - T^{ind} + Z_{StU} \tag{4.19}$$

$$\,_I^fY^{\,n} = \,_I^mY^{\,n} - T^{ind} + Z_{StU} \tag{4.20}$$

und analog zu (4.17):

$$\,_I^fY^{\,n} = \,_I^fY^{\,b} - D \tag{4.21}$$

Die Inlandsprodukte geben nur Aufschluss über die Produktionsleistung einer Volkswirtschaft, nicht aber über die Produktionsleistungen, die den Inländern in einer Rechnungsperiode zur Verfügung stehen; es ist daher zu fragen, welche zusätzlichen Beträge zu berücksichtigen sind, die den Inländern zu- bzw. abfließen. Da alle Güterströme, die zu einem Zahlungsverkehr mit dem Ausland führen, durch Güterimporte und -exporte der Haushalte und der Unternehmen bereits erfasst sind, fehlen lediglich Zahlungen des Auslandes an inländische Haushalte sowie inländischer Unternehmen an das Ausland, beispielsweise für Arbeitsleistungen, sodass sich **Brutto-** oder **Nettonationaleinkommen** zu Marktpreisen bzw. Faktorkosten wie unten angegeben errechnen lassen. Das Nettonationaleinkommen zu Faktorkosten (Gleichung 4.25) wird auch als **Volkseinkommen** bezeichnet.

$$\,_N^mY^{\,b} = \,_I^mY^{\,b} + F_{AH} - F_{UA} \tag{4.22}$$

$$\,_N^mY^{\,n} = \,_I^mY^{\,n} + F_{AH} - F_{UA} \tag{4.23}$$

$$\,_N^fY^{\,b} = \,_I^fY^{\,b} + F_{AH} - F_{UA} \tag{4.24}$$

$$\,_N^fY^{\,n} = \,_I^fY^{\,n} + F_{AH} - F_{UA} \tag{4.25}$$

Allgemein ergibt sich bei den Produkten der Übergang
- zwischen Marktpreisen und Faktorkosten durch den Saldo von indirekten Steuern und Subventionen;
- zwischen Brutto- und Nettogrößen (mit Ausnahme der Produktionswerte) durch die Abschreibungen;
- zwischen Nationaleinkommen und Inlandsprodukten durch den Saldo der Faktorzahlungen mit dem Ausland.

In der Tab. 4.4 und der Abb. 4.4 sind die Daten der vergangenen Jahre zusammengetragen.

Man kann beispielsweise die Gleichung (4.22) wie folgt auflösen, wobei $E - M$ gibt den Außenbeitrag angibt.

Tab. 4.4: Struktur der volkswirtschaftlichen Leistung 1990–2014 (Quelle: Statistisches Bundesamt)

Entwicklung des Bruttonationaleinkommens					
in. Mrd. €					
Jahr	**1990**	**1995**	**2000**	**2005**	**2010**	**2014**
nominal	1317,94	1895,13	2102,42	2321,30	2630,89	2982,44
Veränderung in %	–	43,8	10,9	10,4	13,3	13,4

Entwicklung der Struktur der wirtschaftlichen Leistung (in jeweiligen Preisen)

Entstehungsrechnung	**1995**		**2005**		**2014**	
Aufteilung	**Mrd. €**	**%**	**Mrd. €**	**%**	**Mrd. €**	**%**
Handel, Gastgewerbe und Verkehr	272,53	15,84	343,04	16,48	407,16	15,52
Land- und Forstwirtschaft, Fischerei	17,98	1,04	15,80	0,76	17,90	0,68
Finanz., Vermietung und Untern.-dienstl.	500,15	29,06	661,51	31,77	817,11	31,15
Produzierendes Gewerbe	566,26	32,91	612,08	29,40	795,53	30,33
Öffentliche und private Dienstleister	363,88	21,15	449,66	21,60	585,39	22,32
Bruttowertschöpfung	**1720,80**		**2082,09**		**2623,09**	

Verwendungsrechnung	**1995**		**2005**		**2014**	
Aufteilung	**Mrd. €**	**%**	**Mrd. €**	**%**	**Mrd. €**	**%**
Staatsverbrauch	363,56	19,15	423,00	18,38	564,05	19,35
Privater Verbrauch	1075,61	56,64	1328,55	57,74	1592,16	54,61
Investitionen	450,82	23,74	432,90	18,81	563,06	19,31
Außenbeitrag	8,89	0,47	116,42	5,06	196,38	6,74
Bruttoinlandsprodukt	**1898,88**		**2300,86**		**2915,65**	

Verteilungsrechnung	**1995**		**2005**		**2014**	
Aufteilung	**Mrd. €**	**%**	**Mrd. €**	**%**	**Mrd. €**	**%**
Löhne und Gehälter	1010,68	70,72	1144,02	66,63	1485,29	68,25
Gewinne und Vermögenserträge	418,48	29,28	572,83	33,37	690,90	31,75
Volkseinkommen	**1429,16**		**1716,84**		**2176,19**	

Sektorale Struktur der Europäischen Union 2010

Angaben in %	**EU**	**DEU**	**GB**	**FR**	**ITA**	**PTG**
Land- und Forstwirtschaft, Fischerei	1,70	0,72	0,70	1,80	1,90	2,20
Produzierendes Gewerbe	25,90	30,16	20,60	18,90	25,10	22,60
Dienstleistungen	72,40	69,12	78,70	79,30	73,10	75,20

$$_N^mY^b = C + I^b + \underbrace{E_U + F_{AH}}_{E} - \underbrace{M_U - C_{HA} - F_{UA}}_{M} \tag{4.26}$$

$$_N^mY^b = C + I^b + E - M \tag{4.27}$$

Anstelle der Berechnung von der Verwendungsseite können Nationaleinkommen und Inlandsprodukte auch von der Verteilungsseite her erfasst werden: Der Bruttoproduktionswert ist dann die Summe der Vorleistungen, Abschreibungen, indirekten Steuern, Löhne und Gehälter sowie Gewinne abzüglich der Transfers, also

$$_pY^b = V_{II} + M_U + D + T^{ind} + L + G - Z_{StU} \tag{4.28}$$

und das Bruttoinlandsprodukt zu Marktpreisen analog zu

$$_I^mY^b = {_p}Y^n = {_p}Y^b - (V_{II} + M_U) = D + T^{ind} + L + G - Z_{StU} \tag{4.29}$$

sowie das Bruttoinlandsprodukt zu Faktorkosten zu

$$_I^fY^b = D + L + G \tag{4.30}$$

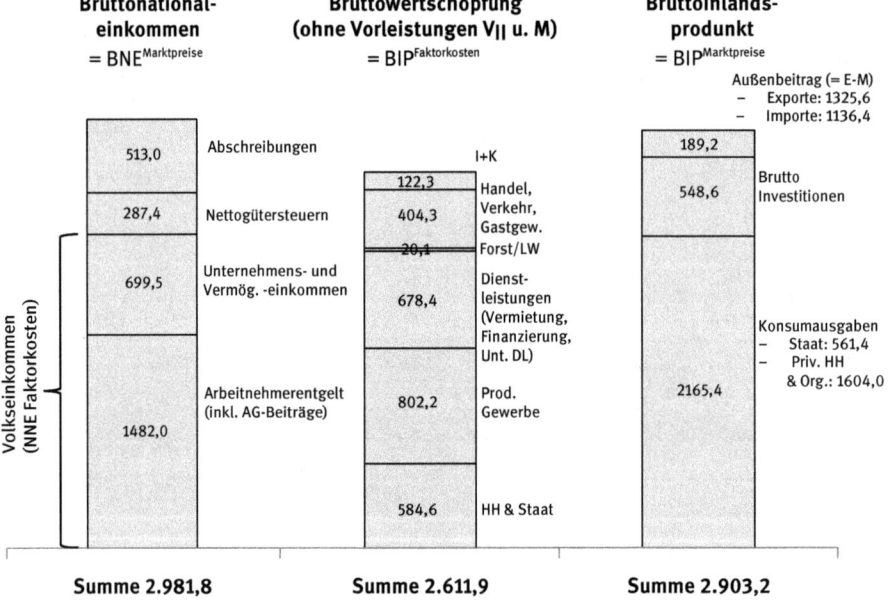

Werte für Deutschland, 2014; alle Angaben in Mrd. Euro

Abb. 4.4: Struktur der Wirtschaftsleistung 2014 (Quelle: Statistisches Bundesamt)

Die zugehörigen Nettogrößen ergeben sich – wie bereits ausgeführt – durch Subtraktion der Abschreibungen; der Übergang zum Nationaleinkommen wird durch Addition des Saldos aus den Faktorzahlungen des Auslandes an die Haushalte abzüglich der Faktorzahlungen der Unternehmer an das Ausland errechnet.

Zu den Größen ist folgendes anzumerken:

(1) Die Bestandsveränderungen werden in folgender Weise berücksichtigt: Bei der Berechnung von der Verwendungsseite her sind sie in den Investitionen (Lagerinvestitionen) enthalten; bei der Betrachtung der Verteilungsseite können sie außer acht gelassen werden, da ihre Erstellung zu Einkommen geführt hat, die bereits erfasst wurden.

(2) Der Übergang vom Bruttoproduktionswert zum Nettoproduktionswert (identisch dem Bruttoinlandsprodukt zu Marktpreisen) bedeutet, dass Vorleistungen des Inlandes abgezogen werden, da sich die Summe der verkauften Vorleistungen und die Summe der eingekauften Vorleistungen aufheben müssen (Vorleistungen, die ins Ausland gehen, sind Exporte). Die Importe der Unternehmen sind immer Vorleistungen.

(3) Das Bruttoinlandsprodukt ergibt sich als Summe der Bruttowertschöpfungen aller Produktionseinheiten der Volkswirtschaft zuzüglich Einfuhrabgaben für Importe (Einfuhrabgaben sind eine volkswirtschaftliche, keine betriebswirtschaftliche Wertschöpfung).

(4) Das Konzept der volkswirtschaftlichen Gesamtrechnung beruht darauf, entgeltliche Leistungen zu erfassen: Der gekaufte und bezahlte Kuchen des Konditors geht in die Rechnung ein, nicht hingegen der Kuchen der Hausfrau, der nicht verkauft, sondern in der Familie verzehrt wird (allerdings werden die eingekauften Rohstoffe in der volkswirtschaftlichen Gesamtrechnung berücksichtigt). Heiratet ein Mann seine Haushälterin, so vernichtet er Nationaleinkommen! Da in verschiedenen Entwicklungsperioden und Volkswirtschaften der Umfang der in der Hauswirtschaft erbrachten Leistungen variiert, ergeben sich Schwierigkeiten, eine Vergleichbarkeit herzustellen.

(5) Das Sozial- oder Inlandsprodukt ist zwar ein Maßstab des gesamten ökonomischen Wohlstandes eines Landes, sagt aber nichts darüber aus, wie dieser Wohlstand auf die Mitglieder der Volkswirtschaft oder regional verteilt ist. Es ist auch kein befriedigendes Maß der kollektiven Wohlfahrt; was folgendes Beispiel zeigt: Ein Fluss wird durch eine (das Nationaleinkommen erhöhende) Produktion verschmutzt, sodass er nicht mehr zum Baden geeignet ist. Sowohl der daher nötige Bau eines Schwimmbades als auch die erhobenen Eintrittsgelder erhöhen das Nationaleinkommen, obwohl die Wohlfahrt vermutlich nicht steigt.

Ursprünglich sollte das Bruttonationaleinkommen auch weniger ein Wohlfahrtsmaß sein; vielmehr hat die Volkswirtschaftliche Gesamtrechnung die Aufgabe, Daten über kurz- und mittelfristige Wirtschaftsentwicklungen zu liefern, um eine Basis für die Wirtschaftspolitik zu bekommen.

(6) Wenn ein Haushalt investiert, zählt er (beispielsweise als Bauherr eines Hauses) zu den Unternehmern.

(7) Auf die Vermeidung von Doppelzählungen ist große Sorgfalt zu legen; es dürfen nur Endprodukte als Konsum- und Investitionsgüter in die Berechnung des Sozial- oder Inlandsprodukts einbezogen werden; alle Güter, die in den Unternehmen be- und verarbeitet werden, sind auszuklammern. Wenn beispielsweise Brot in das Nationaleinkommen eingeht, ist es wichtig, dass nicht außerdem noch der Teig, aus dem das Brot gebacken, und das Mehl, aus dem der Teig geknetet wurde, hinzugezählt werden, denn die Kosten der Vorleistungen Teig und Mehl sind Bestandteile des Brotendpreises. Ein Hinzuzählen der Vorleistungen würde als Doppelzählung das Nationaleinkommen aufblähen und die Aussagekraft dieser Maßzahl stark einschränken. Auf der Einkommensseite zählen die bei der Produktion der Vorleistungen erzielten Einkommen natürlich zum Volkseinkommen, da im Preis jedes Endproduktes alle Kostenanteile, also auch die der Vorleistungen und die für Löhne berücksichtigt werden.

(8) Zu unterscheiden ist zwischen realem und nominalem Produkt. Man bezeichnet ein mit den aktuellen (Faktor- oder Markt-) Preisen bewertetes Produkt als nominal; dieses kann somit durch Preiserhöhungen (Inflation) künstlich aufgebläht werden. Fände man eine Möglichkeit, diese allein monetär bedingte Erhöhung des Produktpreises auszuschalten, eine Preisbereinigung vorzunehmen, so wäre man viel besser in der Lage, Folgerungen aus der Entstehung, Verwendung und Verteilung des Produktes abzuleiten.

4.2.4 Inflation und Preisniveau

Veränderungen des Preisniveaus sind Folge der Wettbewerbsdynamik, weil manche Firmen Preise senken, andere erhöhen können. Der Staat setzt administrative Preise, die in vielen Bereichen massiv die Inflation erhöhen, beispielsweise im Immobilienbereich. Haushalte und Unternehmen verändern ihre Nachfragestruktur, sodass die Güterbündel einem steten Wandel unterliegen.

Unter **Inflation** versteht man eine Erhöhung des Preisniveaus.

Die Erhöhung des Preisniveaus wird durch eine geeignete Kennfunktion gemessen. Änderungen des Preisniveaus lassen sich – ohne zunächst auf eine mathematische Formulierung eingehen zu wollen – als Verhältnis der mit den jeweiligen Preisen bewerteten Güter zweier Perioden auffassen. Sinkt der Preis für ein Kilogramm Reis um 10 Cents und steigt der Preis für ein Kilogramm Kartoffeln um denselben Betrag, so wird ein Haushalt, der stets gleiche Mengen von Reis und Kartoffeln verbraucht, von einer derartigen Änderung nicht betroffen sein. Ein Haushalt mit hohem Reisverbrauch wird hingegen ein Sinken, einer mit hohem Kartoffelverbrauch ein Ansteigen des Preisniveaus verzeichnen. Es hängt also weitgehend vom gewählten Warenkorb ab, in welcher Höhe Preisänderungen auf einzelne Verbraucher bzw. Verbrauchergruppen durchschlagen.

Preisniveauerhöhungen werden infolgedessen durch einen allgemeinen Preisindex sowie durch nach Bevölkerungs- und Verbrauchergruppen unterscheidende Lebenshaltungskostenindizes von den statistischen Ämtern ermittelt (z. B. für Rentner und Sozialhilfeempfänger, für den Großhandel usw.).

Gründe für Preisniveauerhöhungen lassen sich auf der Angebots- und auf der Nachfrageseite der Volkswirtschaft finden: Als Angebots- oder Kostendruckinflation bezeichnet man eine Erhöhung des Preisniveaus durch die Überwälzung von Preiserhöhungen bei den Produktionsfaktoren oder bei den Abgaben auf den Konsumenten (Beispiel: Ölpreissteigerungen Anfang der siebziger Jahre). Als Nachfrageinflation bezeichnet man die Erhöhung des Preisniveaus infolge einer Ausweitung der Nachfrage, die von den Anbietern nicht zum gegebenen Preisniveau befriedigt werden kann.

Als **Deflation** bezeichnet man das Absinken des Preisniveaus.

Die Deflation wird oft als wirtschaftspolitisch unerwünscht angesehen, weil sie zu einem Attentismus der Nachfrage führt. In Erwartung sinkender Preise stellen die Kunden ihre Käufe zeitlich zurück, wodurch der Druck auf die Preise zunimmt. Allerdings bleibt offen, ob eine Deflation, die beispielsweise auf sinkende Importpreise zurückgeht, wirklich schädlich ist. Ludwig Erhard stand abnehmenden Preisen als Folge des technischen Fortschritts und einer wachsenden gesamtwirtschaftlichen Produktivität positiv gegenüber, weil sie bei gegebenen Löhnen die Kaufkraft erhöhen.

Betrachtet werden soll eine allgemeine Preisindexfunktion, die die Gütermengen und -preise zweier zu vergleichender Perioden bewertet. Die Art der mathematischen Formulierung dieser Funktion hängt konkret davon ab, was genau gemessen werden soll. Zunächst sei der häufig verwendete Laspeyres-Index angegeben:

$$PI_L(\mathbf{x}_1, \mathbf{q}_1, \mathbf{x}_0, \mathbf{q}_0) = \frac{\sum\limits_{i=1}^{n} q_{i1} \cdot x_{i0}}{\sum\limits_{i=1}^{n} q_{i0} \cdot x_{i0}} \tag{4.31}$$

mit

$\mathbf{x}_0 = (x_{10}, x_{20}, ..., x_{n0}) \in R_+^n$: Vektor der Gütermenge im Warenkorb in der Basisperiode 0;

$\mathbf{q}_0 = (q_{10}, q_{20}, ..., q_{n0}) \in R_+^n$: Vektor der Preise im Warenkorb in der Basisperiode 0;

$\mathbf{x}_1 = (x_{11}, x_{21}, ..., x_{n1}) \in R_+^n$: Vektor der Gütermengen im Warenkorb in der Periode 1;

$\mathbf{q}_1 = (q_{11}, q_{21}, ..., q_{n1}) \in R_+^n$: Vektor der Preise im Warenkorb in der Periode 1;

Der Laspeyres-Index ist also der Quotient zweier gewogener arithmetischer Durchschnitte, nämlich des mit den jeweiligen Güterpreisen des Bezugsjahres (1) und des

bewerteten Warenkorbes des Basisjahres (0). Da sich die Zusammensetzung des Warenkorbes im Zeitablauf ändert, wird von Zeit zu Zeit ein neues Basisjahr mit einem neuen Warenkorb definiert.

Der Paasche-Index legt anstelle des Warenkorbes des Basisjahres den (aktuellen) Warenkorb des Bezugsjahres zugrunde; dem Vorteil einer aktuellen Messung steht der Nachteil der Unvergleichbarkeit der Ergebnisse im Zeitablauf gegenüber.

$$PI_P(\mathbf{x}_1, \mathbf{q}_1, \mathbf{x}_0, \mathbf{q}_0) = \frac{\sum_{i=1}^{n} q_{i1} \cdot x_{i1}}{\sum_{i=1}^{n} q_{i0} \cdot x_{i1}} \tag{4.32}$$

Der Fisher-Ideal-Index bildet das geometrische Mittel aus den Werten des Laspeyres- und des Paasche-Index:

$$PI_F(\mathbf{x}_1, \mathbf{q}_1, \mathbf{x}_0, \mathbf{q}_0) = \sqrt{\frac{\sum_{i=1}^{n} q_{i1} \cdot x_{i1}}{\sum_{i=1}^{n} q_{i0} \cdot x_{i1}} \cdot \frac{\sum_{i=1}^{n} q_{i1} \cdot x_{i0}}{\sum_{i=1}^{n} q_{i0} \cdot x_{i0}}} \tag{4.33}$$

Preisindizes können auch verwendet werden, um die Kaufkraft in verschiedenen Ländern zu vergleichen, z. B. indem der typische Urlauberwarenkorb mit deutschen und spanischen Preisen multipliziert wird (siehe Tab. 4.5). Basisperiode Bezugsperiode

Tab. 4.5: Preisindizes in Deutschland, 1991–2014 (1991 = 100) (Quelle: Statistisches Bundesamt)

	1991	1995	2000	2005	2010	2014
Preisindex insgesamt	100	114.7	122.1	131.8	142.5	151.9
Nahrungsmittel	100	105.4	106.4	111.7	125.3	139.7
Bildungswesen	100	137	163.5	182.6	241.5	224.9
Wohnen	100	126.2	139.5	152.8	168.1	182.2
Nachrichtenübermittlung	100	104.1	81.7	76.6	67.2	62
Andere Ge- und Verbrauchsgüter	100	120.4	128.9	140.6	153.1	162.5

	Basisperiode		Bezugsperiode	
	Menge	Preis	Menge	Preis
Brot (kg)	2	1,50	3	2,80
Milch (l)	4	1,05	3	1,10
Schokolade (100 g)	1	0,90	2	1,20

$$PI_L(\mathbf{x}_1, \mathbf{q}_1, \mathbf{x}_0, \mathbf{q}_0) = \frac{2 \cdot 2{,}80 + 4 \cdot 1{,}10 + 1 \cdot 1{,}20}{2 \cdot 1{,}50 + 4 \cdot 1{,}05 + 1 \cdot 0{,}90} = 1{,}38$$

$$PI_P(\mathbf{x}_1, \mathbf{q}_1, \mathbf{x}_0, \mathbf{q}_0) = \frac{3 \cdot 2,80 + 3 \cdot 1,10 + 2 \cdot 1,20}{3 \cdot 1,50 + 3 \cdot 1,05 + 2 \cdot 0,90} = 1,49$$

$$PI_F(\mathbf{x}_1, \mathbf{q}_1, \mathbf{x}_0, \mathbf{q}_0) = \sqrt{1,38 \cdot 1,49} = 1,43$$

Man sieht, dass durch die Kennfunktionen völlig unterschiedliche Ergebnisse errechnet werden.

Die Europäische Union bemisst die Inflation nach dem Harmonisierten Verbraucherpreisindex (HPI); da die Kaufgewohnheiten in den einzelnen Ländern unterschiedlich sind, wird ihm kein einheitlicher Warenkorb zugrunde gelegt. Weiterhin sind Ausgaben für Wohnungsmieten und -finanzierungen ausgeschlossen. Abb. 4.5 zeigt die Entwicklung insgesamt und in ihren wesentlichen Komponenten.

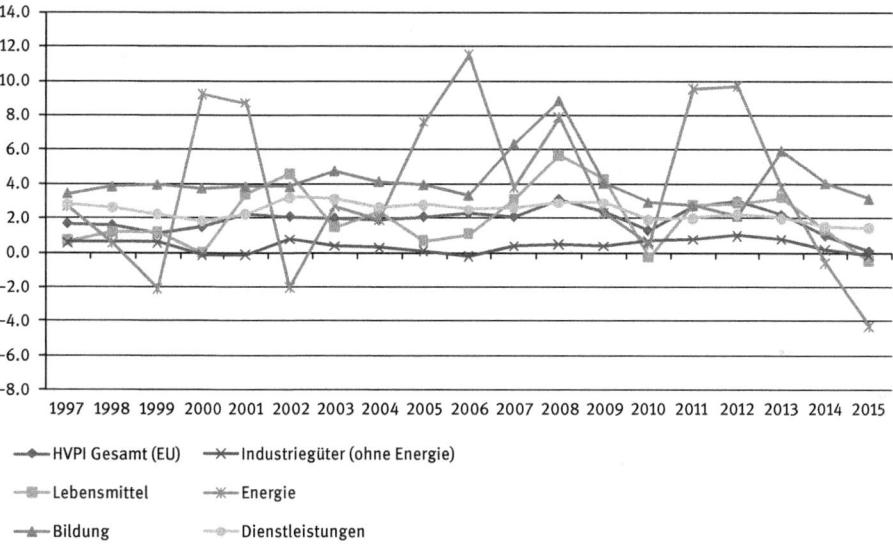

Abb. 4.5: Entwicklung der Verbraucherpreise im Euro-Währungsraum (Quelle: Eurostat)

4.2.5 Das persönlich verfügbare Einkommen

Durch Steuern und Abgaben sowie Subventionen und Transfers greift der Staat in die primäre Einkommensverteilung (das Ergebnis der Entlohnung der Produktionsfaktoren) ein und bewirkt eine sekundäre Einkommensverteilung. Ausgehend von der Verteilungsseite ergibt sich das Nettonationaleinkommen (in Erweiterung von Gleichung 4.30) zu

$$\,_{N}^{f}Y^{n} = L + G + F_{AH} - F_{UA} \tag{4.34}$$

Die Gewinne sind Bruttogrößen, d. h. direkte Steuern wurden noch nicht abgeführt. Berücksichtigt man nun Transfers der Haushalte an das Ausland (Spenden für Entwicklungshilfe), an den Staat (Sozialversicherungsabgaben) sowie Transfers des Staates und des Auslandes an die Haushalte (z. B. Sozialversicherungsrenten oder Zahlungen der italienischen Sozialversicherung an italienische Rentner, die in Deutschland leben), so ergibt sich für das private Einkommen:

$$Y_{pr} = L + G_H + G_U + (Z_{StH} - Z_{HSt}) + (Z_{AH} - Z_{HA}) + (F_{AH} - F_{UA}) \tag{4.35}$$

Nach Abzug der einbehaltenen Unternehmensgewinne ergibt sich das persönliche Einkommen:

$$Y_p = L + G_H + (Z_{StH} - Z_{HSt}) + (Z_{AH} - Z_{HA}) + (F_{AH} - F_{UA}) \tag{4.36}$$

Zieht man vom privaten Einkommen die direkten Steuern ab, so ergibt sich das privat verfügbare Einkommen von Haushalten und Unternehmen:

$$Y_{prv} = L + G_H + G_U + (Z_{StH} - Z_{HSt}) + (Z_{AH} - Z_{HA}) + (F_{AH} - F_{UA}) - T^{dir} \tag{4.37}$$

Da die Ersparnisse der Unternehmer genau ihren einbehaltenen Gewinnen abzüglich den darauf entfallenen direkten Steuern entsprechen, also

$$S_U = G_U - T_U^{dir} \tag{4.38}$$

kann man umstellen zu

$$Y_{prv} = L + G_H + S_U + (Z_{StH} - Z_{HSt}) + (Z_{AH} - Z_{HA}) + (F_{AH} - F_{UA}) - T_U^{\,dir} \tag{4.39}$$

Entsprechend errechnet sich das persönlich verfügbare Einkommen zu

$$\begin{aligned} Y_{pv} &= Y_{prv} - S_U \\ &= L + G_H + (Z_{StH} - Z_{HSt}) + (Z_{AH} - Z_{HA}) + (F_{AH} - F_{UA}) - T_H^{dir} \end{aligned} \tag{4.40}$$

Das persönlich verfügbare Einkommen wird häufig als die für den Konsum der privaten Haushalte wichtigste Bestimmungsgröße bezeichnet. Da der Haushalt die Möglichkeit hat, dieses zu sparen oder für Konsumgüter zu verwenden, gilt zugleich:

$$Y_{pv} = C_{HU} + C_{HA} + S_H \tag{4.41}$$

oder

$$S_H = Y_{pv} - C_{HU} - C_{HA} \tag{4.42}$$

Die Ersparnisse der Unternehmen waren bereits durch Gleichung (4.38) gegeben; die Ersparnisse des Staates berechnen sich als Saldo der Staatseinnahmen und -ausgaben zu:

$$S_{ST} = T_H^{dir} + T_U^{dir} + T^{ind} + G_{St} + Z_{HSt} + Z_{ASt} + C_{StU} - Z_{StU} - Z_{StH} - Z_{StA} \tag{4.43}$$

Die Gesamtersparnis der Volkswirtschaft ist somit

$$S = S_H + S_U + S_{ST} \tag{4.44}$$

Durch Umformen erhält man:

$$S = I^n + E - M + (Z_{AH} - Z_{HA}) + (Z_{ASt} - Z_{StA}) \tag{4.45}$$

Die gesamte volkswirtschaftliche Ersparnis entspricht den Nettoinvestitionen zuzüglich des Außenbeitrags und des Saldos der Transfers von Haushalten und Staat mit dem Ausland.

Die Abb. 4.6 gibt die Gesamtzusammenhänge wieder. Dabei ist zu beachten, dass die Lohnsumme um die an das Ausland fließenden Faktoreinkommen gekürzt wird.

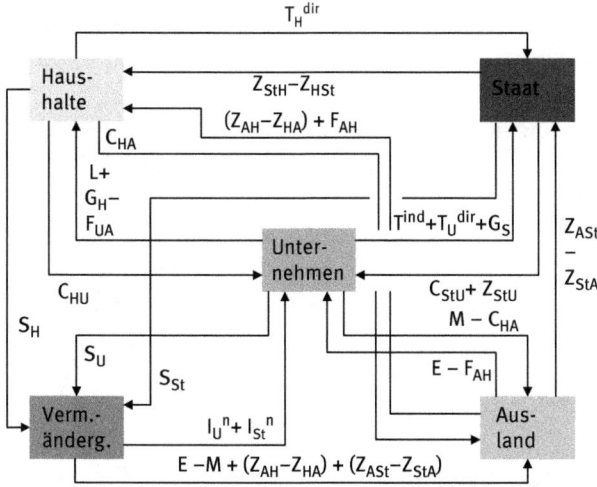

Abb. 4.6: Wirtschaftskreislauf in einer offenen Volkswirtschaft mit Staat (monetäre Ströme)
Quelle: Eigene Darstellung

5 Bestimmungsgründe des Volkseinkommens

5.1 Gesamtwirtschaftliche Verhaltensfunktionen

5.1.1 Einführung

Im vorangegangenen Kapitel war eine **ex-post-Analyse** der Entstehung, Verteilung und Verwendung des Nationaleinkommens durchgeführt worden. Im folgenden soll nun gezeigt werden, wie die Höhe des Nationaleinkommens für eine oder mehrere Perioden im voraus im Rahmen einer **ex-ante-Analyse** zu bestimmen ist. Wichtig ist hierbei die Untersuchung der Determinanten des Volkseinkommens. Grundsätzlich gilt, dass es von den Verhaltensweisen der Wirtschaftssubjekte abhängt, die sich in messbaren Tatbeständen niederschlagen.

Dabei knüpfen die hier getroffenen Aussagen nur zum Teil an die Funktionsbeziehungen an, die in der neoklassischen Analyse im dritten Kapitel dargestellt werden. Denn diese betreffen die disaggregierte Ebene, auf der einzelwirtschaftliche Entscheidungen durch Repräsentanten erfasst werden, also repräsentative Produzenten oder repräsentative Konsumenten. Hier werden Aggregate analysiert, deren Handeln teilweise nicht eindeutig auf die Mikroebene zurückzuführen ist.[8] Wenn später die Ersparnisbildung auf das Einkommen zurückgeführt wird, ohne Zinsen oder Zeitpräferenzen zu berücksichtigen, spricht man gerne von flachen Parametern – besagte Zinsen, die die Entscheidung tatsächlichen leiten, werden als tiefe Parameter bezeichnet. Die Neue Makrotheorie versucht daher, gesamtwirtschaftliche Phänomene mikrofundiert zu betrachten.

In einer geschlossenen Volkswirtschaft ohne staatliche Aktivität wird das Nettonationaleinkommen der Periode t als Summe des Konsums und der gesamten Nettoinvestitionen dargestellt, sodass zu fragen ist, wovon wiederum Konsum und Investitionen abhängen, also

$$Y_t = C_t(?) + I_t(?). \tag{5.1}$$

Untermauern nun Beobachtungen aus vorangegangenen Perioden die Hypothese, dass erstens der Konsum der Periode vom Nationaleinkommen der Vorperiode abhängt und zweitens die Investitionen der Periode vom Nationaleinkommen der Vorperiode und dem Zinssatz der Periode bestimmt werden, also

$$Y_t = C_t(Y_{t-1}) + I_t(Y_{t-1}, i_t), \tag{5.2}$$

---

8 Jedem ist dies bekannt aus der Erkenntnis, dass für die Summe von Produkten ungleich ist dem Produkt aus Summen.

DOI 10.1515/9783110515473-005

so geben $C_t(Y_{t-1})$ und $I_t(Y_{t-1}, i_t)$ zwei gesamtwirtschaftliche Verhaltensfunktionen an; eine eindeutige Lösung für Gleichung (5.2) würde besagen, dass volkswirtschaftliches Angebot und volkswirtschaftliche Nachfrage der Periode übereinstimmen, d. h. dass Gleichgewicht herrscht.

5.1.2 Die Konsumfunktion

Bereits im dritten Kapitel wurde die Konsumfunktion

$$C(Y) = C_a + b \cdot Y, b \in (0, 1), \tag{5.3}$$

eingeführt. Nun soll die Frage erörtert werden, wie Einflüsse, die von Veränderungen des Preisniveaus herrühren, auf die hergeleiteten Einkommensbeziehungen und das Konsumniveau wirken. Sei im folgenden PN ein fest vorgegebenes Preisniveau, das mit Hilfe einer Preisindexfunktion

$$PN = PI(\mathbf{x}_1, \mathbf{q}_1, \mathbf{x}_0, \mathbf{q}_0), \tag{5.4}$$

errechnet wird. In den Beziehungen der vorangegangenen Abschnitte waren konstante Preise bzw. Preisniveaus vorausgesetzt worden. Für den Fall monetärer (nomineller) Beziehungen wären die einzelnen Komponenten der Gleichung (5.3) wie folgt zu verändern:[9]

$$\frac{{}^nC({}^nY)}{PN} = \frac{{}^nC_a + b \cdot {}^nY}{PN} = {}^rC({}^rY). \tag{5.5}$$

Eine für den Ökonomen bedeutsame Frage lautet, ob ein eindeutiger Zusammenhang zwischen makroökonomischen und mikroökonomischen (Verhaltens-) Funktionen besteht; man kann zeigen, dass dieser für den Fall linearer Beziehungen gesichert ist, weil dann eine Vielzahl mikroökonomischer Funktionen eindeutig zu einer makroökonomischen Funktion aggregiert werden kann.

Für die Konsumfunktion bei Unter- und bei Vollbeschäftigung wird von der Annahme konstanter Preise abgegangen, sodass folgende Beziehungen gelten:

$$^rY = \frac{{}^nY}{PN}, \tag{5.6}$$

---

[9] Ein hochgestelltes „n" drückt vereinbarungsgemäß nominelle, ein hochgestelltes „r" reale Größen aus. Falls kein Präfix angegeben ist, werden reale Beziehungen unterstellt.

$$^{r}C(^{r}Y) = \frac{^{n}C(^{n}Y)}{PN}, \text{ oder} \tag{5.7}$$

$$^{n}C(^{n}Y) = f(^{r}C(^{r}Y), PN), \tag{5.8}$$

wobei f eine streng monotone Funktion ist.

Steigt in einer Volkswirtschaft im Rahmen eines gegebenen Produktionsapparates mit fester Technologie die nominelle (monetäre) Nachfrage, so bleibt das Preisniveau vor dem Erreichen bestimmter Produktionsengpässe (Y_E) nahezu konstant (Bereich I). Bei weiter zunehmender Nachfrage wird sowohl der Realkonsum, als auch das Preisniveau steigen, weil die Produzenten diese nur zu erhöhten Preisen befriedigen können (Bereich II). Sind schließlich alle Produktionskapazitäten voll ausgelastet (Y_{voll}) und lässt sich – annahmegemäß – die Produktion nicht weiter steigern, so führt die zunehmende nominelle Nachfrage ausschließlich zu steigenden Preisen (Bereich III): Schematisch kann der geschilderte Sachverhalt wie in Abb. 5.1 dargestellt werden:

Der Winkel α, für den gilt

$$\tan \alpha = \frac{d\,^{n}C(^{n}Y)}{d\,^{n}Y} \text{ für } ^{n}Y \geq Y_{voll}, \tag{5.9}$$

gibt das Verhältnis zwischen der nominalen Konsum- und Einkommenssteigerung an.

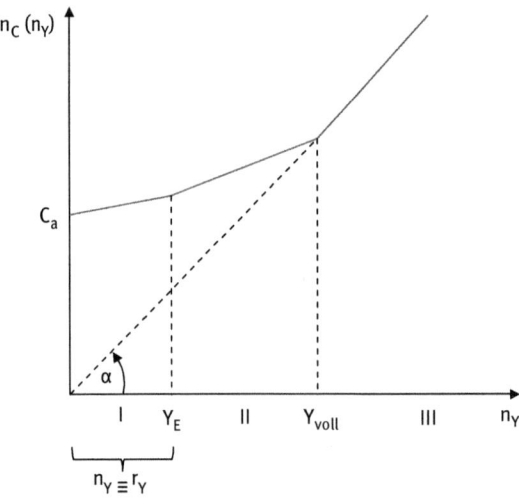

Abb. 5.1: Die Entwicklung des nominalen Konsums in Abhängigkeit von Einkommen und Preisniveau (Quelle: Eigene Darstellung)

Es existiert ein Vielzahl alternativer Einkommenshypothesen. Bisher wurden alle konsumbestimmenden Faktoren mit Ausnahme des Einkommens, der absoluten Einkommenshypothese von Keynes (1936) folgend, ausgeklammert. Werden diese Größen jedoch berücksichtigt, so kann sich bei Veränderung der einen oder anderen von ihnen eine Verschiebung der Konsumfunktion nach oben oder unten sowie unter Umständen eine Veränderung der marginalen Konsumquote ergeben. Bei der Analyse der Konsumfunktion muss demzufolge streng zwischen einer Bewegung auf einer gegebenen Kurve (d. h. die Höhe des Konsums variiert mit dem Einkommensniveau bei Konstanz aller übrigen möglichen Einflussgrößen) und einer Veränderung der Funktion selbst (d. h. der Konsum ändert sich bei konstantem Einkommen infolge von Verschiebungen einer der übrigen Determinanten) unterschieden werden.

Eine häufig vertretene Hypothese lautet, dass die marginale Konsumneigung der Bezieher höherer Einkommen kleiner sei als die der Bezieher niedriger Einkommen. Man wäre möglicherweise bei gegebenem Volkseinkommen in der Lage, durch entsprechende einkommensumverteilende Maßnahmen (z. B. eine progressive Einkommensteuer) die gesamtwirtschaftliche Konsumneigung zu erhöhen, sodass auch der Durchschnittskonsum steigt.

Von Duesenberry (1949) stammt die sogenannte relative Einkommenshypothese: Sie besagt, dass jegliche Einkommensnivellierung die Konsumquote senkt, weil Entscheidungen über den Verbrauch von den einzelnen Haushalten interdependent getroffen werden; der Konsum hängt nicht nur von dem Einkommensniveau des Haushaltes, sondern auch von dessen Position in der Einkommenspyramide ab.

Friedman (1955) postuliert in seiner Konsumtheorie, dass vorübergehende Einkommensänderungen keine Wirkung auf das Konsumniveau haben und erst eine permanente Änderung (permanente Einkommenshypothese) es beeinflusst. Die Aufteilung des Einkommens auf Konsum und Ersparnis wird aktiv über die Lebenszeit entsprechend einem Nutzenkalkül gestaltet, was in der sogenannten Lebenszyklustheorie formuliert wurde (Modigliani, Brumberg 1954).

Tobin (1951) vermutet, dass das Konsumniveau vom absoluten Einkommen, der sozialen Stellung und der ökonomischen Sicherheit, dem Vermögensstatus und den Lebensgewohnheiten abhängt.

Becker (1964) postuliert, dass der Kauf eines Gutes nicht zwingend ein endgültiger ökonomischer Akt, sondern häufig ein Mittel ist, quasi als Produzent anderweitige Bedürfnisse zu befriedigen (z. B. Kauf eines Autos zum Zwecke der Befriedigung des Bedürfnisses nach Mobilität). Neben dem monetären Einkommen spielt auch die Zeitverfügbarkeit eine Rolle; beide zusammen ergeben das soziale Einkommen. Liegen beispielsweise die Opportunitätskosten der Zeit sehr hoch, so lohnt sich das Anhäufen von Gegenständen (auf Vorrat). Damit wird der Leidenschaft der Gesellschaft für Materielles ein rationales Fundament gegeben. Des Weiteren werden manche Substitutionsvorgänge, die schwer einleuchten, erklärbar.

Ersparnis kann als Residualgröße des Einkommens aufgefasst werden (Keynes 1936); man kann aber auch unterstellen, dass Haushalte ein Portfolio optimieren, zu

dessen Bestandteilen verschiedene Anlagegüter aus dem Konsum- oder dem Finanz-
bereich zählen. In jedem Fall werden beide Entscheidungen interdependent getroffen. Damit aber wird der Konsum abhängig von

- intertemporalen Wahlhandlungen (Maximierung des Nutzens über die Lebenszeit), insbesondere auch Vererbungs- und Zuwendungsprozessen;
- Unsicherheit, entweder in Form von Ungewissheit (keine Kenntnis über eine Verteilung) oder Risiko (subjektive oder objektive Kenntnis einer Verteilung);
- der vorhandenen Akkumulation, d. h. dem verfügbaren Kapitalstock;
- der Imitation anderer.

Eine Konsumfunktion entsprechend Abb. 5.2 weist eine mit dem Einkommensniveau degressiv sinkende durchschnittliche Konsumquote auf. Dieser über kürzere
Zeiträume aufgrund statistischer Untersuchungen gefundene Zusammenhang steht
im Widerspruch zu ergänzenden Analysen, die besagen, dass langfristig (über Jahr-
zehnte) die durchschnittliche Konsumquote annähernd konstant ist.

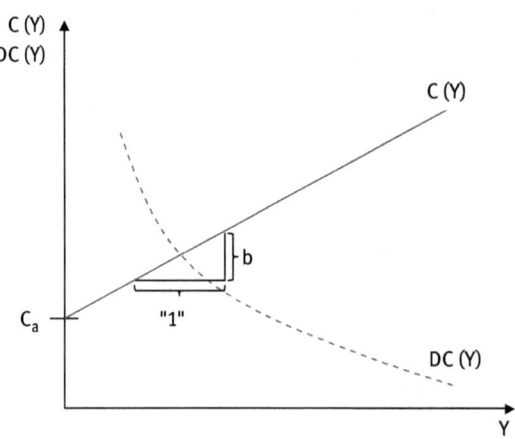

Abb. 5.2: Verlauf der Konsumfunktion und der Funktion der durchschnittlichen Konsumquote
(Quelle: Eigene Darstellung)

Duesenberry (1949) postuliert des Weiteren, dass der Konsum der Periode vom Verhältnis zwischen dem Periodeneinkommen und dem bisher erzielten Maximalein-
kommen abhängt; sinkt das Einkommen vom bisher erzielten Höchstniveau von Y_{max}
auf Y^+, so versuchen die Konsumenten zunächst, ihr ursprüngliches Konsumniveau
aufrechtzuerhalten (Entwöhnung ist schwer) und konsumieren – auch bei einem späteren Einkommensanstieg – entlang der Kurve $C_k(Y)$. Langfristig verläuft allerdings
der Konsum entlang der Kurve $C_l(Y)$, d. h. falls ein Einkommensrückgang nicht aufgefangen wird, fällt das Konsumniveau von $C_k(Y^+)$ auf $C_l(Y^+)$ (siehe Abb. 5.3).

Die Veränderung des Konsumniveaus aufgrund eines Anstieges oder Absinkens des Einkommens kann durch die Elastizität beschrieben werden:

Die **Elastizität des Konsums in Bezug auf Veränderungen des Einkommens** gibt näherungsweise an, um wie viel Prozent der Konsum bei Veränderung des Einkommensniveaus um ein Prozent variiert, und wird durch folgende Funktion gegeben:

$$\Phi_C(Y) = \frac{dC(Y)}{dY} \cdot \frac{Y}{C(Y)}. \tag{5.10}$$

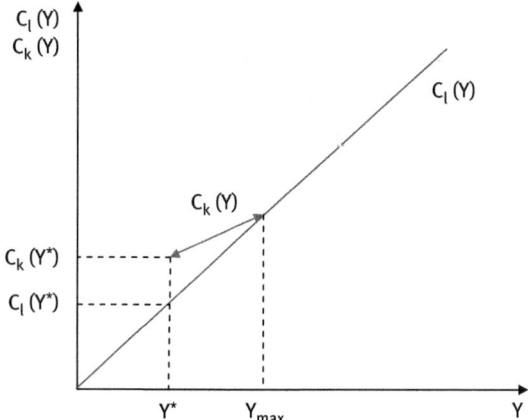

Abb. 5.3: Lang- und kurzfristige Konsumfunktionen (Quelle: Eigene Darstellung)

5.1.3 Die Investitionsfunktion

Neben der Nachfrage nach Konsumgütern wurde in Kapitel 5.1.1 die Nachfrage nach Investitionsgütern als weiterer bedeutender Bestimmungsgrund des Volkseinkommens genannt. In der makroökonomischen Modellanalyse existiert eine Reihe mehr oder weniger realitätsnaher Hypothesen über die wesentlichen Determinanten der Investitionen und ihre Abhängigkeit von anderen bedeutenden makroökonomischen Aggregaten. Im einfachsten Fall legt man die Investitionen autonom fest, d. h. man unterstellt völlige Unabhängigkeit der Investitionsgüternachfrage von anderen ökonomischen Variablen. Akzeptiert man diese Vorstellung nicht, bieten sich das Volkseinkommen und der Zins als realitätsnahe Einflussgrößen an.

Eine **Investitionsfunktion** (Investitionsgüternachfragefunktion) ist eine Abbildung

$$\begin{cases} I : \mathfrak{R}_{++}^2 \to \mathfrak{R}_{++}, \\ (Y, i) \mapsto I(Y, i), \end{cases} \tag{5.11}$$

die folgende Eigenschaften aufweist:
(1) I wächst streng monoton in Y;
(2) I fällt streng monoton in i.

Die Annahme einer Verhaltensfunktion

$$I(Y, i) = I_a + m \cdot Y + \frac{k}{i^e}, \quad m \in (0, 1), \quad k, e > 0, \tag{5.12}$$

besagt beispielsweise, dass die Investitionsnachfrage durch einen autonomen Bestandteil I_a, einen Anteil am Volkseinkommen $m \cdot Y$ und durch den Zinseinfluss k i-e bestimmt wird.

Bei Keynes (1936) wird durch den Zinssatz die Grenzleistungsfähigkeit des Kapitals beschrieben: Seien $a_0 < 0$ eine Investitionsausgabe und $a_t \geq 0$, $t = 1,2,...,T$ die darauf folgenden Rückflüsse (Einnahmen – Ausgaben). Dem Gedanken folgend, dass beispielsweise ein Überschuss von $110,-$ € in genau einem Jahr bei Annahme eines Zinssatzes von 10% p. a. heute nur $100,-$ € wert ist, diskontiert man die durch $(a_0, a_1, a_2, ... , a_T)$ gegebene Zahlungsreihe auf den Bezugszeitpunkt $t = 0$ ab.

Als **Kapitalwert** einer Zahlungsreihe bezeichnet man die Summe aller auf den Zeitpunkt $t = 0$ abgezinsten Ausgaben und Einnahmen:

$$KW(\mathbf{a}, i) = \sum_{t=0}^{T} a_t \cdot (1 + i)^{-t}. \tag{5.13}$$

Beispiel: Der Kalkulationszins eines Unternehmens (gegeben durch den Fremdkapitalzins, Dividendenforderungen usw.) liegt bei einem Unternehmen bei 6%; Investitionsausgaben von $a_0 = -6000,-$ € stehen Rückflüsse (Einnahmenüberschüsse) von $a_t = 2000,-$ €, $t = 1,2,3,4$ gegenüber; es ergibt sich der Kapitalwert zu:

$$\begin{aligned} KW(\underline{a}, 0,06) &= \frac{-6000}{1,06^0} + \frac{2000}{1,06^1} + \frac{2000}{1,06^3} + \frac{2000}{1,06^4}, \\ &= 930,21 \text{ €} \end{aligned}$$

Da der Überschuss positiv ist, ist das Investitionsprojekt zu diesem Kalkulationszins rentabel.

Keynes interessierte in diesem Zusammenhang das Verhältnis zwischen dem Marktzins (von dem hier aufgrund der Vollkommenheit der Finanzmärkte Eindeutigkeit angenommen wird) und der Verzinsung des Investitionsprojektes: Unterschreitet sie nämlich den Marktzins, müsste das Investitionsprojekt als unrentabel verworfen werden.

Der Kalkulationszins i^+, bei dessen Verwendung der Kapitalwert einer Zahlungsreihe Null wird, d. h.

$$KW(\mathbf{a}, i^+) = \sum_{t=0}^{T} a_t \cdot (1 + i^+)^{-t} \overset{!}{=} 0, \tag{5.14}$$

wird als **interner Zinsfuß** (in der Betriebswirtschaftslehre) und als **Grenzleistungs-fähigkeit des Kapitals** (nach Keynes) bezeichnet.

Analog zur Konsumfunktion wird definiert:

Die **marginale Investitionsneigung bezüglich des Volkseinkommens** (bezüg-lich des Zinses) gibt an, um welchen Betrag sich das Investitionsniveau bei margina-ler Variation des Volkseinkommens (des Zinses) verändert; sie ergibt sich aus folgen-den Funktionen:

$$GI(Y) = \frac{\partial I(Y, i)}{\partial Y}, \tag{5.15}$$

$$GI(i) = \frac{\partial I(Y, i)}{\partial i}. \tag{5.16}$$

Die **Elastizität der Investitionen bezüglich des Einkommens** (des Zinses) gibt näherungsweise an, um wie viel Prozent sich die Investitionen bei Variation des Ein-kommens (des Zinses) um ein Prozent verändern; sie wird errechnet als Wert folgen-der Elastizitätsfunktionen:

$$\Phi_I(Y) = \frac{\partial I(Y, i)}{\partial Y} \cdot \frac{Y}{I(Y, i)}, \tag{5.17}$$

$$\Phi_I(i) = \frac{\partial I(Y, i)}{\partial i} \cdot \frac{i}{I(Y, i)}. \tag{5.18}$$

5.2 Das gesamtwirtschaftliche Gleichgewicht und seine Veränderungen in einer geschlossenen Volkswirtschaft ohne staatliche Aktivität

5.2.1 Annahmen und Herleitung der Gleichgewichtsbedingungen

Unter welchen Bedingungen kommt es in einer Volkswirtschaft zum Ausgleich zwi-schen Angebot und Nachfrage auf der gesamtwirtschaftlichen Ebene? Das soll mit Hilfe eines einfachen Modells im folgenden untersucht werden. Hierzu werden fol-gende Annahmen vorausgeschickt:

A 1: Zwei Gruppen von Wirtschaftssubjekten agieren in der Volkswirtschaft:
- Private Haushalte
- Unternehmen

A 2: Die Konsumausgaben seien eine lineare Funktion des Volkseinkommens:

$$C(Y) = C_a + b \cdot Y, b \in (0, 1),\ C_a > 0. \tag{5.19}$$

A 3: Die Nettoinvestitionen werden autonom, d. h. in diesem Falle unabhängig vom Volkseinkommen geplant.

A 4: Das Volkseinkommen wird c. p. nur durch Änderungen der Investitions- und Konsumausgaben beeinflusst.

A 5: Alle wirtschaftlichen Aktivitäten vollziehen sich unterhalb der Vollbeschäftigung.

A 6: Das Preisniveau ist konstant.

Das gesamtwirtschaftliche Angebot an Konsum- und Investitionsgütern wird durch die Produktions- und Absatzpläne der Unternehmen bestimmt, während Haushalte und Unternehmen in ihrer Eigenschaft als Konsumenten und Investoren die Nachfrage nach Gütern gestalten. Da keine Abstimmung zwischen den Produktionsplänen der Unternehmen und den Konsumplänen der Haushalte erfolgt, können die in der kommenden Periode angebotenen und nachgefragten Gütermengen unterschiedlich groß sein; hierdurch erleben entweder Haushalte oder Unternehmen Überraschungen, d. h. die Wirtschaftspläne sind nicht in der gedachten Form realisierbar.

⚡ Beispiel

Die geplanten Konsumgüterkäufe der Haushalte betragen 120 GE (Geldeinheiten). Die Unternehmer rechnen jedoch mit Konsumgüterkäufen in Höhe von 100 GE und planen Nettoinvestitionen in Höhe von 80 GE. Sie produzieren damit ein Nettonationaleinkommen (Volkseinkommen) von 180 GE. Dieses Volkseinkommen würde aber nur dann den Plänen der Unternehmen folgend für Konsum- und Investitionsgüter verwendet, wenn die Haushalte für 100 GE konsumieren. Da die Haushalte jedoch Güter im Wert von 120 GE nachfragen ($C(Y) = 2/3 \cdot Y$), müssen die Unternehmen für 20 GE Güter vom Lager nehmen, d. h. es treten Vorratsdesinvestitionen in Höhe von 20 GE auf, sodass sich die tatsächlichen Investitionen um diesen Betrag vermindern. Es ergibt sich dann:[10]

$Y = 180$; $C_g = 100$; $C(Y) = 120$; $I^n_g = 80$; $I_u = -20$; $I^n_{tat} = 60$.

Allgemein gilt dann:

Gleichgewicht in einer geschlossenen Volkswirtschaft ohne staatliche Aktivität herrscht genau dann, wenn das produzierte Güterangebot der Güternachfrage entspricht (siehe Abb. 5.4), d. h.

---

10 Y: Nettonationaleinkommen; tiefgestellte Suffixe: g: geschätzt; u: unbeabsichtigt; a: autonom; *tat*: tatsächlich

$$C_g + I_g^n = Y = C(Y) + I_{tat}^n. \tag{5.20}$$

Gleichgewicht herrscht nur am Schnittpunkt der Nachfragegeraden $C(Y) + I_{tat}^n$ mit der 45°-Linie ($Y = C(Y) + I_{tat}^n$).

Satz: In einer geschlossenen Volkswirtschaft ohne staatliche Aktivität entspricht (expost) die Ersparnis den Investitionen.

Beweis: Aus

$$Y = C(Y) + S(Y), \tag{5.21}$$

$$Y = C(Y) + I_{tat}^n, \tag{5.22}$$

folgt

$$I_{tat}^n = S(Y). \tag{5.23}$$

Das Gleichgewichtseinkommen $\overline{Y}$ lässt sich wie folgt berechnen:

$$\overline{Y} = C_a + b \cdot \overline{Y} + I_{tat}^n, \tag{5.24}$$

$$\overline{Y} = \frac{C_a + I_{tat}^n}{1 - b}. \tag{5.25}$$

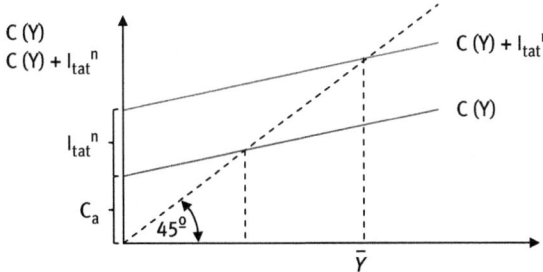

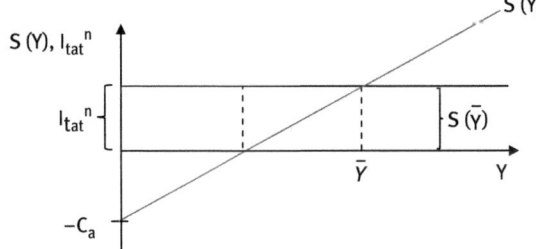

Abb. 5.4: Grafische Darstellung des Gleichgewichtszustandes (Quelle: Eigene Darstellung)

5.2.2 Das Multiplikatortheorem

Wie ändert sich das Volkseinkommen ausgehend von einer Gleichgewichtslage, wenn die Wirtschaftssubjekte, d. h. die Unternehmen und die privaten Haushalte, ihre Verhaltensweisen ändern, und somit einen Ungleichgewichtszustand erzeugen? Sie können dies tun, indem sie die autonomen Investitionen, I_a, den autonomen Konsum, C_a, die marginale Konsumquote, b, oder alle drei Größen variieren. Die Veränderung der letztgenannten Größe wird hier nicht betrachtet; der Anpassungsprozess verläuft analog zu dem in Kapitel 5.2.1 Gesagten. Des weiteren gelten die Annahmen (A 1) bis (A 6).

In der Abb. 5.5 wird die Wirkung einer Erhöhung der autonomen Investitionen betrachtet; man erkennt, dass

– die Veränderung der Investitionen eine Parallelverschiebung der Gesamtnachfragefunktion zur Folge hat, sodass die Höhe des Gleichgewichtseinkommens verändert wird.

– die Veränderung des Gleichgewichtseinkommens betragsmäßig größer als die verursachende Nachfrageänderung ist.

Zwei Fragen sind zu klären:

(1) Um wie viel ändert sich das Gleichgewichtsvolkseinkommen, wenn sich die Nettoinvestitionen c. p. um I_a ändern (statische Betrachtung)?

(2) Durch welche Aktionen und Reaktionen der Wirtschaftssubjekte kommt die Annäherung an einen neuen Gleichgewichtszustand zustande und wie läuft diese in der Zeit ab (dynamische Betrachtung)?

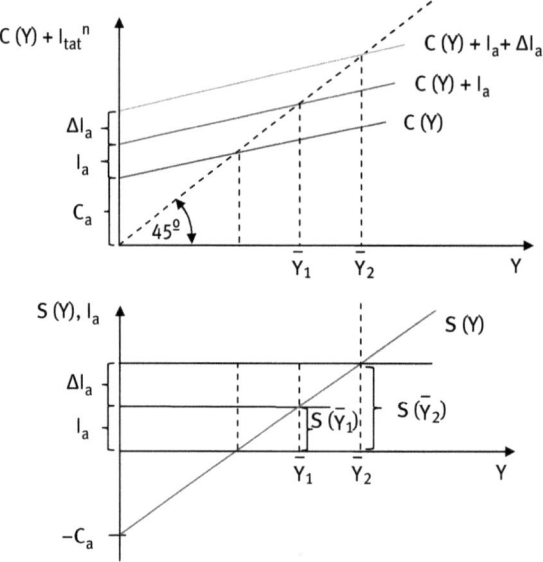

Abb. 5.5: Wirkungen einer Erhöhung der autonomen Investitionen (Quelle: Eigene Darstellung)

Bei statischer Betrachtung gilt

$$\overline{Y}(I_a) = C(\overline{Y}) + I_a. \tag{5.26}$$

Der Zusammenhang zwischen Änderungen der Investitionen und des Gleichgewichts volkseinkommens kann wie folgt nach der Kettenregel ermittelt werden:

$$\frac{d\overline{Y}(I_a)}{dI_a} = \frac{dC(\overline{Y}(I_a))}{d\overline{Y}(I_a)} \cdot \frac{d\overline{Y}(I_a)}{dI_a} + 1, \tag{5.27}$$

$$d\overline{Y} = \frac{1}{1-b} \cdot d I_a,^{11} \tag{5.28}$$

oder in Differenzenschreibweise:

$$d\overline{Y} = \frac{1}{1-b} \cdot d I_a, \tag{5.29}$$

Den Ausdruck $(1-b)^{-1}$ bezeichnet man als **Investitionsmultiplikator**. Differenziert man die Gleichung nach C_a, so erkennt man, dass $(1-b)^{-1}$ auch den **Konsummultiplikator** angibt.

Bei dynamischer Betrachtung wird ein sogenanntes Robertson-Lag in der Konsumfunktion unterstellt, d. h.

$$C_{tat,t} = C_t(Y_{t-1}) = 100 + 0,5 \cdot Y_{t-1}. \tag{5.30}$$

Es sollen zwei Fälle unterschieden werden:

(1) Ein einmaliger Investitionsstoß von $I_a = 100$ tritt in der Periode $t = 1$ auf; seine Wirkung kann durch eine Differenzengleichung beschrieben werden, die in nachfolgender Sequenztab 5.1 aufgelöst ist.

100 GE an zusätzlichen Investitionen erhöhen das Volkseinkommen der Periode um den gleichen Betrag. In der Folgeperiode steigt dadurch der Konsum um 50 GE und weitet das Volkseinkommen um genau diesen Betrag aus. Der kumulierte Einkommenszuwachs beträgt damit 200 GE – den durch den Investitionsmulti plikator ausgewiesenen Wert. Wie man sieht, klingt die Wirkung des einmaligen Investitionsstoßes langsam ab, und das zusätzlich während aller Perioden insgesamt erzeugte Volkseinkommen beträgt:

---

11 $_1 \dfrac{dC(Y(I_a))}{d\overline{Y}(Ia)} = \dfrac{dC(\overline{Y})}{dY} = b = \text{const.}$

Tab. 5.1: Wirkungen eines einmaligen Investitionsstoßes (Quelle: Eigene Darstellung)

t	C_t	I_t	Y_t	ΔC_t	ΔY_t
0	300,0	100,0	400,0		
1	300,0	**200,0**	500,0	0,0	100,0
2	350,0	100,0	450,0	50,0	50,0
3	325,0	100,0	425,0	25,0	25,0
4	312,5	100,0	412,5	12,5	12,5
5	306,3	100,0	406,3	6,3	6,3
...	...	...	...	...	...
∞	**300,0**	**100,0**	**400,0**	**0,0**	**0,0**
Σ	–	–	–	**100,0**	**200,0**

$$\sum_{\tau=1}^{\infty} \Delta Y_\tau = \frac{1}{1-b} \cdot \Delta I_a = \frac{1}{1-0,5} \cdot 100 = 200 \; GE. \tag{5.31}$$

Die Wirkung veranschaulicht folgende Abb. 5.6:

(2) Eine dauernde Investitionserhöhung von $I_a = 100$ tritt ab der Periode $t = 1$ auf; ihre Wirkung kann durch eine Differenzengleichung beschrieben werden, die in nachfolgender Sequenz Tab. 5.2 aufgelöst ist.

100 GE an zusätzlichen Investitionen erhöhen das Volkseinkommen der Periode um den gleichen Betrag. In der Folgeperiode steigt dadurch der Konsum um 50 GE, sodass das Volkseinkommen bei Berücksichtigung der dauernden Investitionserhöhung um 150 GE steigt. Der Einkommenszuwachs nach unendlich vielen Perioden beträgt 200 GE – den durch den Investitionsmultiplikator beschriebenen Wert.

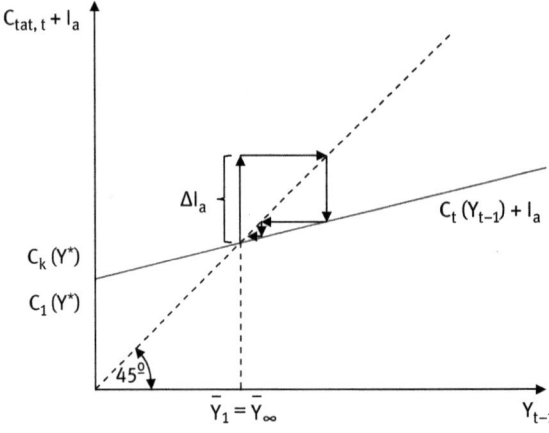

Abb. 5.6: Wirkung eines einmaligen Investitionsstoßes (Quelle: Eigene Darstellung)

$$\lim_{t \to \infty} \Delta Y = \frac{1}{1-b} \cdot \Delta I_a = \frac{1}{1-0,5} \cdot 100 = 200\,GE = \Delta \overline{Y}. \tag{5.32}$$

Tab. 5.2: Wirkungen eines dauernden Investitionsstoßes (Quelle: Eigene Darstellung)

t	C_t	I_t	Y_t	ΔC_t	ΔY_t
0	*300,0*	*100,0*	**400,0**		
1	300,0	**200,0**	500,0	0,0	100,0
2	350,0	200,0	550,0	50,0	150,0
3	375,5	200,0	575,0	75,0	175,0
4	387,5	200,0	587,5	87,5	187,5
...	...	...	...	...	...
∞	**400,0**	**200,0**	**600,0**	**100,0**	**200,0**

Die Wirkung veranschaulicht Abb. 5.7

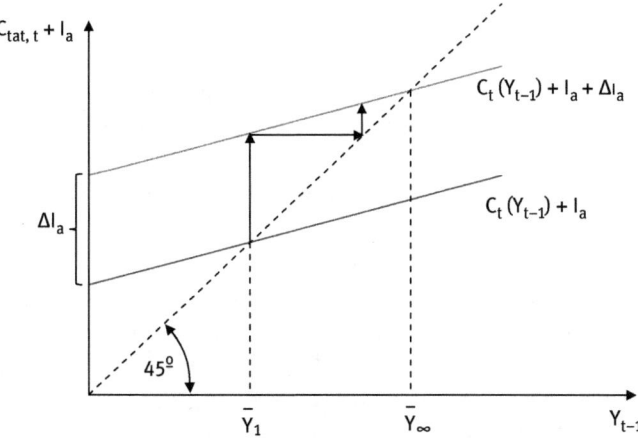

Abb. 5.7: Wirkung einer dauernden Investitionserhöhung (Quelle: Eigene Darstellung)

6 Grundzüge des Geldwesens

6.1 Der Geldbegriff

6.1.1 Funktionen und Eigenschaften des Geldes

Während in einer geschlossenen Hauswirtschaft alle Güter selbst produziert werden, erfordert die sich mit zunehmender Arbeitsteilung entwickelnde Tauschwirtschaft ein geeignetes Tauschmittel. Ein Gut in eigenem Besitz kann, falls ein geeigneter Tauschpartner gefunden wird und dieser ein erwünschtes Gut in ausreichender Menge und Stückelung besitzt, direkt eingetauscht werden. Mit zunehmender Güteranzahl, bzw. Heterogenität der Güter ist diese Übereinstimmung immer seltener gegeben. In der Naturaltauschwirtschaft (Tausch von Ware gegen Ware) etablierte sich daher schon früh **Warengeld** als Verrechnungseinheit. Von Kulturkreis zu Kulturkreis und von Zeitperiode zu Zeitperiode hatten sehr unterschiedliche Waren die Funktion als Verrechnungseinheit inne (pecus = Vieh, pecunia = Geld, argent = Geld und Silber). Beliebte Tauschmittel waren immer Gegenstände, die einen ausreichenden Knappheitsgrad besaßen, weil sie entweder in der Natur selten vorkamen oder ihre Herstellung sehr aufwendig war, z. B. Muscheln, Pfeilspitzen, Edelmetalle. In der deutschen Nachkriegsgeschichte spielten Tabak und Zigaretten eine wichtige Rolle als Warengeld. Dieses „Geld" war außerordentlich kursstabil, da im Falle eines durch ein Überangebot hervorgerufenen Wertverlustes die Möglichkeit bestand, dieses „Geld" nicht nur als Tauschmittel zu benutzen, sondern es zu verbrauchen.

Zwei Güter haben bereits in früher Zeit die Funktion des Tauschmittels zu übernommen: Gold und Silber. Bereits im 7. Jh. v. Chr. wurden diese Edelmetalle, die den Vorteil der Seltenheit, der langen Haltbarkeit und der beliebigen Teilbarkeit aufweisen, in Griechenland verwendet. Aus Gründen der Sicherheit gaben im ausgehenden Mittelalter die italienischen Banken Hinterlegungsscheine für eingezahltes Münzgeld aus, und das Papiergeld entstand. Der bargeldlose Zahlungsverkehr hat heute zu einer weiteren Geldform geführt, dem sogenannten Buch- oder Giralgeld.

Als **Geld** oder **Zahlungsmittel** bezeichnet man alle Güter, die im Rahmen des nationalen oder internationalen Zahlungsverkehrs einer oder mehrerer Volkswirtschaften zur Bezahlung von Gütern oder zur Abdeckung anderweitiger wirtschaftlicher Verpflichtungen verwendet werden.

Geld hat folgende Funktionen:
(1) Als Tauschmittel erleichtert es den Tausch von Gütern; hierzu bedarf es der allgemeinen Anerkennung.
(2) Als Wertmaßstab oder Recheneinheit ermöglicht es eine allgemeine Preisbildung und somit eine Vergleichbarkeit verschiedener Güter hinsichtlich ihres Wertes.
(3) Als Zahlungsmittel dient es der einseitigen Übertragung von Werten und Ansprüchen, z. B. Steuern, Renten usw.

DOI 10.1515/9783110515473-006

(4) Als Wertaufbewahrungsmittel ermöglicht es, Güter in Zukunft aufgrund von Leistungen bzw. Güterverkäufen in der Gegenwart zu kaufen.
(5) Als Kreditmittel ermöglicht es, Güter jetzt aufgrund von Leistungen bzw. Güterverkäufen in der Zukunft zu kaufen.

Um diese Funktionen voll erfüllen zu können, muss Geld ausnahmslos folgende fünf Eigenschaften aufweisen:
– Haltbarkeit
– Teilbarkeit
– Seltenheit
– Homogenität
– Allgemeine Annahmebereitschaft

Die Abb. 6.1 gibt eine Übersicht über die Geldarten und Geldersatzmittel:

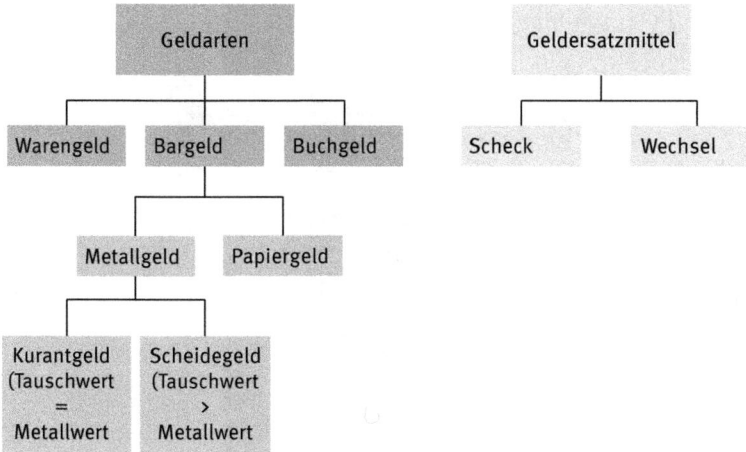

Abb. 6.1: Geldarten und Geldersatzmittel (Quelle: Eigene Darstellung)

In der Bundesrepublik Deutschland ist Eurobargeld (€) das gesetzliche Zahlungsmittel.

Als **gesetzliches Zahlungsmittel** bezeichnet man mit einem Annahmezwang ausgestattetes Geld.

In der Euro-Währungszone besteht für Banknoten ein unbeschränkter *Annahmezwang*. Für Scheidemünzen gilt folgende Annahmeregelung:
– für Münzen bis zu 100 Stück je Münztyp,
– nationale Euro-Gedenkmünzen bis 100 € (im jeweiligen Land).

Banknoten werden von der Europäischen Zentralbank ausgegeben. Das Münzregal, also das Recht, Münzen zu emittieren, liegt jedoch bei den Nationalstaaten, was bereits bei der Bundesbank der Fall war. Das bedeutet, dass die Regierung auf eigene Rechnung Münzen prägt und an die Notenbank verkauft, wodurch ein Gewinn in Höhe der Differenz aus Nennwert und Prägekosten entsteht. Mit dem Ersatz der DM durch den Euro musste die Bundesregierung die alten DM-Bestände aus dem Markt herauskaufen, was seit Mitte der neunziger Jahre für Verluste sorgte. Im Jahr 2002, dem Jahr der Euro-Bargeldausgabe, konnten durch das Münzregal hingegen wieder erhebliche Gewinne erzielt werden.

Der Bargeldumlauf kann voll oder teilweise durch Edelmetalle gedeckt sein kann. Die Goldteildeckung wurde in Deutschland mit dem Ersten Weltkrieg abgeschafft, in den USA erst im Jahre 1971.

Als **Währungssystem** bezeichnet man die Art der Deckung einer nationalen Währung oder der Währung einer Währungsunion (siehe Abb. 6.2).

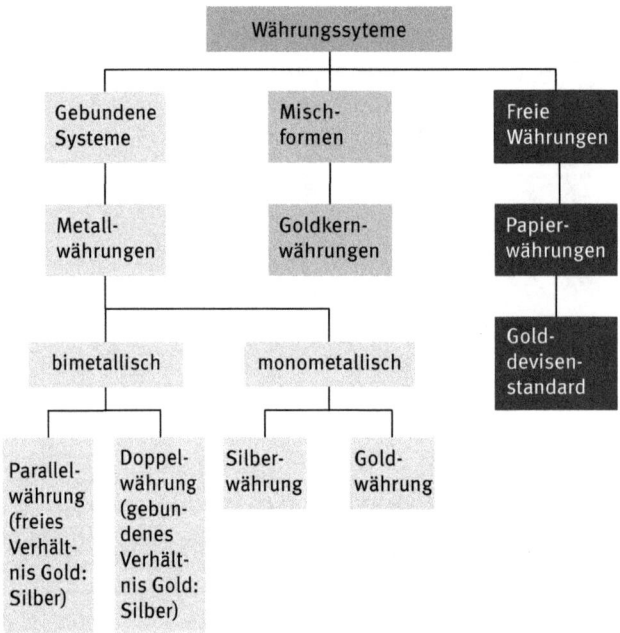

Abb. 6.2: Währungssysteme (Quelle: Eigene Darstellung)

Die folgende Tab. 6.1 zeigt die Bilanz der Europäischen Zentralbank (EZB) zum Jahresende 2014. Unter Punkt 1 der Aktiva findet sich der Banknotenumlauf, der sich beispielsweise erhöht, wenn die EZB Gold (Position 1 der Aktiva) oder Wertpapiere (Position 7 der Aktiva) kauft.

Tab. 6.1: Bilanz der Europäischen Zentralbank zum 31.12.2014 (in Mio. €)
(Quelle: Europäische Zentralbank, Jahresbericht 2014)

Aktiva		Passiva	
Gold und Goldforderungen	343.630	Banknotenumlauf	1.016.616
Forderungen in Fremdwährung an Ansässige außerhalb des Euro-Währungsgebiets	270.231	Verbindlichkeiten in Euro aus geldpolitischen Operationen gegenüber Kreditinstituten im Euro-Währungsgebiet	366.511
Forderungen in Fremdwährung an Ansässige im Euro-Währungsgebiet	27.940	Sonstige Verbindlichkeiten in Euro gegenüber Kreditinstituten im Euro-Währungsgebiet	4.635
Forderungen in Euro an Ansässige außerhalb des Euro-Währungsgebiets	18.905	Verbindlichkeiten aus der Begebung von Schuldverschreibungen	0
Forderungen in Euro aus geldpolitischen Operationen an Kreditinstitute im Euro-Währungsgebiet	630.341	Verbindlichkeiten in Euro gegenüber sonstigen Ansässigen im Euro Währungsgebiet	64.523
Sonstige Forderungen in Euro an Kreditinstitut im Euro-Währungsgebiet	59.969	Verbindlichkeiten in Euro gegenüber Ansässigen außerhalb des Euro-Währungsgebiets	47.927
Wertpapiere in Euro von Ansässigen im Euro-Währungsgebiet	589.511	Verbindlichkeiten in Fremdwährung gegenüber Ansässigen im Euro-Währungsgebiet	1.271
Forderungen in Euro an öffentliche Haushalte	26.715	Verbindlichkeiten in Fremdwährung gegenüber Ansässigen außerhalb des Euro-Währungsgebiets	4.753
Sonstige Aktiva	241.042	Ausgleichsposten für vom IWF zugeteilte Sonderziehungsrechte	56.211
		Sonstige Passiva	221.055
		Ausgleichsposten aus Neubewertung	330.733
		Kapital und Rücklagen	94.020
Aktiva ingesamt	2.208.253	Passiva insgesamt	2.208.253

6.1.2 Die Geldmenge

Es existiert eine Vielzahl von Geldmengenbegriffen, die eine wesentliche Referenzgröße der Geldpolitik der Zentralbanken darstellen.

Als **Geldmenge** (Geldvolumen) bezeichnet man eine in Abhängigkeit vom Untersuchungszweck festgelegte Summe des Bestandes aus Giralgeld, Noten, Münzen und der Bestände an Quasigeld.

Unter dem Begriff **Quasigeld** (Geldsubstitut) werden alle diejenigen Güter (Vermögensobjekte) subsumiert, die aufgrund ihrer Liquidität relativ leicht zu gesetzlichen Zahlungsmitteln gemacht werden können.

Als **Termineinlage** (Termingeld) bezeichnet man Geld, das einer Bank für eine vorher bestimmte Zeit zur Verfügung gestellt wird. Sie stellt eine Forderung von Nichtbanken an Geschäftsbanken über bestimmte Beträge gesetzlicher Zahlungsmittel dar. Termineinlagen können als Festgelder oder als Kündigungsgelder geführt werden.

Mit der Europäischen Wirtschafts- und Währungsunion traten anstelle der bisher gültigen Geldmengendefinitionen gemäß der Deutschen Bundesbank die im folgenden aufgeführten Abgrenzungen der monetären Aggregate gemäß der Europäischen Zentralbank:

Als **Geldmenge M1** bezeichnet man die Summe aus Bargeldumlauf (abzüglich der Kassenbestände der Kreditinstitute)[12] und täglich fällige Einlagen des inländischen Publikums bei den Monetären Finanzinstituten (MFI) sowie Verbindlichkeiten der Zentralregierungen mit monetärem Charakter.[13]

Im Unterschied zur bisherigen Abgrenzung zählen also kurzfristige Einlagen mit einer Fälligkeit bis zu einem Monat nicht mehr zur Geldmenge M1. Darüber hinaus ergibt sich als weitere Veränderung zur Systematisierung der Deutschen Bundesbank, dass nun in M1 auch elektronisches Geld aus vorausbezahlten Karten enthalten ist.

Als **Geldmenge M2** bezeichnet man die Summe aus der Geldmenge M1, alle Einlagen mit einer vereinbarten Laufzeit von bis zu zwei Jahren (Termingeldern) und Einlagen mit einer vereinbarten Kündigungsfrist von bis zu drei Monaten (Spareinlagen).

Als **Geldmenge M3** bezeichnet man die Summe aus Geldmenge M2, Repogeschäften, Geldmarktpapieren und Geldmarktfondanteilen sowie Bankschuldverschreibungen mit einer Laufzeit von bis zu zwei Jahren.

Außer den Bestandteilen der Geldmenge M2 umfasst also M3 auch diejenigen vom MFI-Sektor angebotenen marktfähigen Instrumente, die als enge Substitute zu den bisher eingeschlossenen Depositen angesehen werden.

Den Anteil der unterschiedlichen Geldmengen in Europa im Zeitverlauf zeigt Abb. 6.3.

---

12 Der Bargeldumlauf – inklusive der Kassenbestände der Geschäftsbanken – wird auch als Geldmenge M0 bezeichnet.
13 Bei den monetären Verbindlichkeiten der Zentralregierungen handelt es sich im wesentlichen um Verbindlichkeiten von Post und Schatzämtern sowie staatlichen Sparkassen. Diese Verbindlichkeiten stellen Einlagen bzw. Einlagensubstitute entsprechend der MFI-Definition dar. Die verpflichteten Stellen selbst haben aber keine Kreditinstitutseigenschaft, sodass sie auch nicht zu den MFIs zählen. Derartige Einlagen sind für Frankreich und Italien relevant, in den anderen Teilnehmerstaaten treten sie allerdings nicht in nennenswertem Umfang auf.

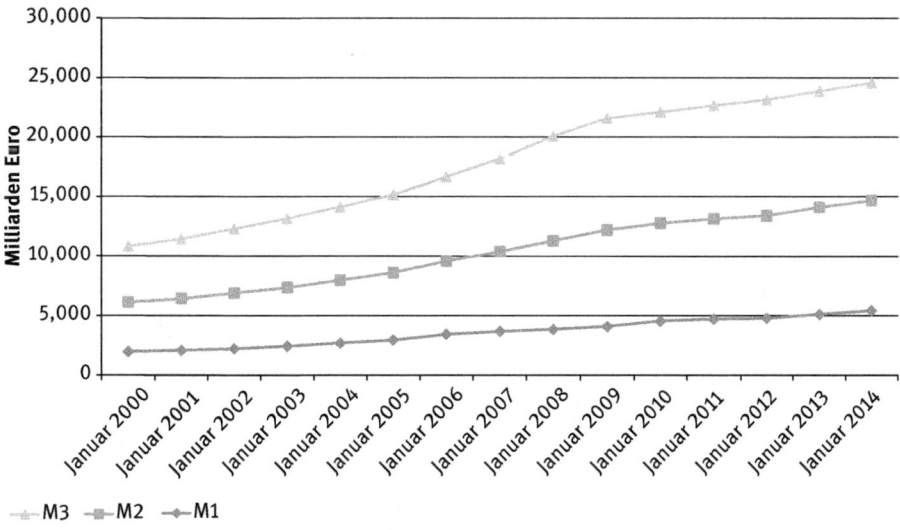

Abb. 6.3: Die Geldmenge in Europa, 2000–2014 (Quelle: Eigene Darstellung, EZB)

Weitere für die späteren Analysen nützliche Geldmengenabgrenzungen sind:

Als **Zentralbankgeld** bezeichnet man das von der Zentralbank geschaffene Geld, das in Form von Bargeld (ohne die Kassenbestände der Kreditinstitute) oder Sichteinlagen der Geschäftsbanken bei der Zentralbank auftritt.

Als **Zentralbankgeldmenge** bezeichnet man die Summe aus Bargeldumlauf (ohne Kassenbestände der Kreditinstitute) und dem Mindestreservesoll auf Inlandsverbindlichkeiten (zu konstanten Reservesätzen). Hierbei werden die Kassenbestände der Kreditinstitute auf deren Mindestreservesoll angerechnet.

Als **Geldbasis** oder **Geldmenge M0** bezeichnet man die Summe aus Bargeldumlauf außerhalb des Geschäftsbankensektors (ohne Kassenbestände der Geschäftsbanken) und dem Zentralbankgeld. Es enthält also auch den Bargeldumlauf im Ausland.

Die Zentralbank kann die Geschäftsbanken zur Einlage von Zentralbankgeld zwingen, die als Mindestreserve bezeichnet wird.

Als **Mindestreserven** bezeichnet man die von den Geschäftsbanken bei der Zentralbank obligatorisch zu haltenden Guthaben.

Das Halten von Mindestreserven ist Teil der Bankenregulierung. Dabei existieren Einlagen, vor allem längerfristige, bei denen der Zinssatz null ist, während bei kurzfristigen Einlagen positive Reservesätze belegt werden. Die damit verbundenen Guthaben können entweder in Form von Sichteinlagen bei der Zentralbank oder in Form von Kassenbeständen (Forderung der Geschäftsbank gegen die Zentralbank) geführt werden.

Die über das Mindestreserve-Soll hinausgehenden Sichteinlagen der Geschäftsbanken bei der Zentralbank werden als **Überschussreserven** (Überschussguthaben) bezeichnet.

Mindestreserve-Soll und Überschussreserve ergeben die sogenannte **Barreserve** oder das **aktuelle Zentralbankgeld** der Geschäftsbanken. Erhöht man die Barreserve um diejenigen Aktiva, die jederzeit bei der Zentralbank in Zentralbankgeld umgetauscht werden können (z. B. Wechsel im Rahmen der Rediskontkontingente), so erhält man das **potenzielle Zentralbankgeld.**

Als **Liquiditätsreserve** bezeichnet man die Summe aus Überschussreserven, bei der Zentralbank jederzeit eintauschbaren Geldmarktpapieren und offenen (d. h. nicht ausgenutzten) Rediskontkontingenten. Erhöht man diese um das Mindestreserve-Soll und den Bargeldbestand bei den Geschäftsbanken, so ergibt sich der **Liquiditätssaldo.**

Die Höhe der Mindestreservesätze beschränkt das Geld- und Kreditschöpfungspotenzial der Geschäftsbanken (d. h. den maximal möglichen Zugang zu Geld und Krediten); ein Senken der Mindestreservesätze bewirkt das Entstehen bzw. die Vergrößerung der Bestände an Überschussreserven, die für den Erwerb von Liquiditätsreserven und/oder für die Ausdehnung der Kreditmenge zur Verfügung stehen, somit die Geldmenge vergrößern und ein Sinken der Zinsen bewirken. Ein umgekehrter Effekt wird durch eine Erhöhung der Mindestreservesätze ausgelöst.

6.2 Die Quantitätstheorie des Geldes

Geld in Form eines Schleiers

6.2.1 Einordnung

Die Ausführungen des fünften Kapitels haben in isolierter Form gezeigt, unter welchen Bedingungen und mit welchen zeitlichen Anpassungsprozessen ein Gleichgewicht auf dem Güter- und auf dem Geldmarkt zustandekommt. Die Quantitätstheorie stellt eine Verbindung zwischen beiden Größen her. Sie bezieht sich auf die am Eingang des sechsten Kapitels aus dem Modell eines einfachen Wirtschaftskreislaufes abgeleitete Struktur, mit Hilfe derer die sowohl monetäre als auch reale Ströme enthaltende Identitätsgleichung (Fisher 1913) hergeleitet wird:

$$M \cdot V \equiv Q \cdot X. \tag{6.1}$$

Güter- und Geldkreislauf sind in diesem einfachen Modell identisch: Die Geldmenge (M) multipliziert mit ihrer Umlaufgeschwindigkeit (V) ist definitionsgemäß gleich dem Realwert aller Transaktionen (X) multipliziert mit dem Preisniveau ($Q = PN$).

In Knut Wicksells *Vorlesungen über Nationalökonomie auf der Grundlage des Marginalprinzips* (1922) und in *Geldzins und Güterpreise* (1898) wird der Anpassungsprozess beim Übergang von einem Gleichgewichtszustand, der durch eine Geldmengenveränderung gestört wird, zu einem neuen Gleichgewicht beschrieben. In diesem System treten infolge der Anpassungsprozesse Unterbeschäftigung und Ungleichheit von Investitionen und Ersparnis auf, allerdings erfolgt über Zins- und Preisänderungen wieder eine Entwicklung zum Gleichgewicht hin.

Als **natürlichen Kapitalzins** (Wicksell) bezeichnet man den Gleichgewichtszins, der sich aus dem zinsabhängigen Sparangebot und der ebenfalls zinsabhängigen Nachfrage nach Investitionsgeldern bei Vollbeschäftigung ergibt.

Als **Ertragsrate** (Wicksell) bezeichnet man die Differenz aus Geldzins und natürlichem Zins.

Die Veränderung der Geldmenge um M erhöht das Geldangebot und damit die für die Finanzierung von Investitionen verfügbaren Mittel. Hierdurch sinkt der Geldzins unter den natürlichen Zins i_n auf i_1, das Investieren wird rentabler. Im Laufe eines Konjunkturaufschwungs kann die zusätzliche induzierte Nachfrage infolge von Beschränkungen der Produktionskapazität nicht befriedigt werden, sodass sich das Preisniveau erhöht. Ein steigender Anteil der Geldmenge wird zur Durchführung von Transaktionszwecken benötigt, sodass Geld knapp wird und der Zins steigt. Infolge der Preissteigerungen sparen die Haushalte weniger, sodass sich das Angebot an Leihkapital verringert. Insgesamt steigt der Zins über i_n auf i_2. Investitionen würgen die Nachfrage ab und münden in einen konjunkturellen Abschwung. Der erhöhte Geldzins führt zu einem Wiederaufleben der Spartätigkeit und sinkt dadurch wieder auf das Niveau i_n. Insgesamt herrscht Gleichgewicht bei gleichen relativen Preisen aber erhöhtem Preisniveau. Erhöhen die Unternehmen dauerhaft ihre autonomen Investitionen im Zuge der Zinssenkung (Parallelverschiebung des Graphen der Investitionsfunktion nach rechts-oben), so vollzieht sich der Anpassungsprozess analog, nur endet er dann auf einem erhöhten natürlichen Zinsniveau (siehe Abb. 6.4).

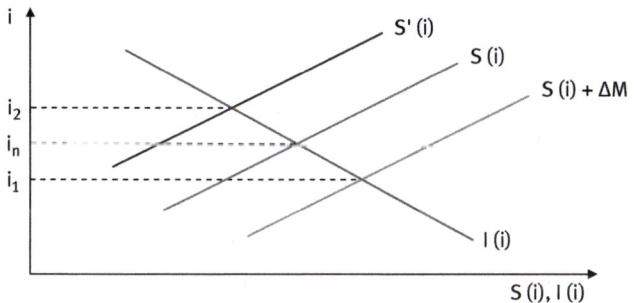

Abb. 6.4: Zinsanpassung nach Wicksells Zinsspannentheorie (Quelle: Eigene Darstellung)

[handwritten note: Geldmenge + Preisniveau sind positiv verknüpf GM↓ =PN↓ GM↑ =PN↑]

6.2.2 Die neoklassische Quantitätstheorie

Die Quantitätstheorie stellt ein Bindeglied zwischen Geld- und Gütermarkt her und wurde bereits im Kontext der Kreislaufanalyse angeschnitten. In der Formulierung von Irving Fisher (1913) lautet die Quantitätsgleichung:

[handwritten note: Umlaufgesch.↑ = Rechwert d. ↑ Trans]

$$M \cdot V \equiv Q \cdot X \tag{6.2}$$

wobei M die Geldmenge, V die Geldumlaufgeschwindigkeit, X das reale Transaktionsvolumen und Q das Preisniveau wiedergibt. Das System erhält durch folgende Annahmen theoretischen Gehalt (Schröder 1978, S. 45):

A 1: Die Umlaufgeschwindigkeit des Geldes ist eine institutionell und technisch vorgegebene Größe und in der Zeit konstant.

A 2: Die Geldmenge ist die unabhängige Variable.

A 3: Änderungen der Geldmenge führen zu einer proportionalen Erhöhung bzw. Verringerung des absoluten Preisniveaus.

Fisher interpretiert die Verkehrsgleichung als Gleichgewichtsbedingung; beim Vergleich zweier unterschiedlicher Gleichgewichtszustände muss daher die komparativ-statische Analyse durch eine Untersuchung der Anpassungsprozesse ergänzt werden. Insbesondere die Umlaufgeschwindigkeit des Geldes bleibt nach Fishers Überzeugung während des Überganges von einem zum nächsten Gleichgewicht nicht konstant, weil die Wirtschaftssubjekte das inflationäre Geld so schnell wie möglich auszugeben trachten.

Gleichung (6.2) lässt sich unter den formulierten Annahmen wie folgt zu einer Funktion umschreiben:

$$PN = Q = f(M) = \frac{V}{X} \cdot M \tag{6.3}$$

d. h. aus einer Identitätsgleichung, die ex-post-erfüllt ist, wird eine Theorie zur Bestimmung des Preisniveaus, die sogenannte Quantitätstheorie. An dieser sind (vgl. auch Issing 1977, S. 122 f.) eine Reihe kritischer Anmerkungen zu machen:

(1) Eine Ausweitung der Geldmenge muss nicht zwingend zu einer proportionalen Erhöhung der monetären Gesamtnachfrage führen, besonders dann nicht, wenn die Geldnachfrage stark zinselastisch ist und damit zusätzliche Liquidität in der keynesschen Liquiditätsfalle verschwindet. Selbst bei zinsunelastischer Geldnachfrage führt eine Geldmengenausweitung nicht zu einer Nachfrageausweitung, wenn die Unternehmen trotz gesunkenen Zinssatzes nicht investieren.

Eine steigende Geldmenge bei konstanter monetärer Nachfrage impliziert jedoch ein Sinken der Geldumlaufgeschwindigkeit, sodass es einer theoretischen Aussage, in welcher Beziehung die Umlaufgeschwindigkeit zu anderen ökonomischen Größen steht, bedarf.

(2) Ob das Nationaleinkommen einer Volkswirtschaft bei Ausweitung der Geldmenge steigt, hängt stark von der Ausgangslage, insbesondere der konjunkturellen Lage, ab; eine Geldmengenerhöhung bei Massenarbeitslosigkeit (möglicherweise eine sogenannte Keynessche Ausgangslage) verpufft völlig, dieselbe in einer Hochkonjunktur führt alleine zu Preissteigerungen, weil die monetäre Nachfrage realwirtschaftlich nicht befriedigt werden kann. In einer Auf- oder Abschwungphase löst sie – richtig dosiert – realwirtschaftliche Impulse aus.

(3) Es ist auch denkbar, dass das Preisniveau über eine Zunahme der Wirtschaftsaktivität Rückwirkungen auf die Geldmenge hat – diese Kausalität wird durch die Quantitätstheorie nicht abgedeckt.

(4) Aus der Preis- und Gleichgewichtstheorie ist bekannt, dass Preise durch Veränderungen von Angebot und Nachfrage variieren, d. h. auch das Preisniveau wird durch diesen Mechanismus beeinflusst. Es kann aber gezeigt werden (Eichhorn, Völler 1976), dass es zwischen der makroökonomischen Quantitätsgleichung und deren mikroökonomischer Fundierung keinen Zusammenhang gibt, d. h. keine Darstellung und keine Funktion f der Form

$$\sum_{i=1}^{n} x_i \cdot q_i = f(X \cdot Q) \tag{6.4}$$

möglich ist, was einen eindeutigen Zusammenhang zwischen der Summe der mit ihren Preisen bewerteten Güterquantitäten einerseits und dem realwirtschaftlichen Output multipliziert mit dem Preisniveau andererseits herstellt. Damit ist eine Rückführung der Folgerungen aus der Quantitätstheorie auf einzelwirtschaftliche Entscheidungen nicht möglich.

Während bei Fisher die Zahlungs- und Tauschmittelfunktion des Geldes im Vordergrund der Analyse steht, ist Geld beim kassenhaltungstheoretischen Ansatz, der auf Marshall (1923) und Pigou (1917) zurückgeht, ein Wertaufbewahrungsmittel. Gegenstand der Analyse ist die Frage, wie viel Geld ein Wirtschaftssubjekt als Vermögensbestand halten will. Determinanten der Geldnachfrage sind das Transaktionsvolumen der Volkswirtschaft, der Vermögensbestand, die Opportunitätskosten der Geldhaltung, das Preisniveau, der Zinssatz, die Verfügbarkeit von Geldsubstituten und die Zukunftserwartungen. Diese Größen, so wird angenommen, lassen sich als Proportionalfaktor des nominalen Volkseinkommens ($PN \cdot Y = Q \cdot X$ in der vorangegangenen Darstellung) angeben, sodass für die Geldnachfrage MN gilt:

$$M_N = g(PN, Y) = k \cdot PN \cdot Y, \, k > 0. \tag{6.5}$$

Gleichgewicht herrscht genau dann, wenn die angebotene Geldmenge dieser Nachfrage entspricht. Der Kassenhaltungskoeffizient k, für den formal gilt

$$k = \frac{1}{V} \tag{6.6}$$

wird auch als das sogenannte Cambridge-k bezeichnet. Trotz der formalen Ähnlichkeit mit der Fisherschen Verkehrsgleichung liegen tiefgreifende theoretische Unterschiede vor:

(1) k ist nicht als numerische Konstante, die zeitlich invariant ist, zu interpretieren, sondern als eine Funktion der bereits genannten Determinanten.

(2) Das Preisniveau ist Resultat des Zusammenspiels von Angebot und Nachfrage nach Geld, da für ein Geldangebot in Höhe von M_A die Gleichgewichtsbedingung

$$M_A = k \cdot PN \cdot Y \text{ gilt.} \tag{6.7}$$

(3) Die Kassenhaltungstheoretiker aus Cambridge setzen sich mit der Frage auseinander, welche Einflüsse von Veränderungen der Kassenhaltungsgewohnheiten auf die Volkswirtschaft ausgehen.

(4) Während der Fishersche Geldbegriff die Zahlungs- und Tauschfunktion umfasst, ist es beim kassenhaltungstheoretischen Ansatz aufgrund der Wertaufbewahrungsfunktion auch sinnvoll, Termin- und Spargelder in den Geldmengenbegriff einzubeziehen.

6.2.3 Die Neukonzeption der Quantitätstheorie (Neoquantitätstheorie)

Einige der im vorangegangenen Abschnitt vorgebrachten Zweifel an der dort vorgestellten Formulierung der Quantitätstheorie kommen einer weitgehenden Falsifizierung gleich; infolge mangelnden theoretischen Gehalts können die in der Realität vorliegenden ökonomischen Bedingungen nur unzureichend beschrieben werden.

Erst Milton Friedman gelang es, mit seinem Buch *The Quantity Theory of Money – A Restatement* (1956) durch eine Neukonzeption der Quantitätstheorie wesentliche Schwächen früherer Ansätze zu überwinden. Für ihn existiert keine isolierte Nachfrage nach Geld, sondern diese steht in einem Zusammenhang mit dem Versuch der Wirtschaftssubjekte, eine optimale Vermögensaufteilung zu erzielen.[14] Die Nachfrage nach Geld hängt somit vom Gesamtvermögensbestand eines Wirtschaftssubjektes, dem Ertrag der Geldhaltung sowie den Erträgen alternativer Vermögensanlagen ab. Er unterscheidet fünf Arten von Aktiva, nämlich

– Geld,
– festverzinsliche Wertpapiere (bonds),
– Anteilsrechte (equity),
– physische Güter,
– Arbeitsvermögen.

---

14 Die Darstellung stützt sich auf Friedman (1976, S. 77–99).

Jeder dieser Vermögensarten kann eine spezifische Ertragsrate zugeordnet werden (Verlust ist ein negativer Ertrag):

(1) Geld gewährt zum einen nichtpekuniäre Erträge durch die Einsparung von Informationskosten sowie die Erhöhung der Bequemlichkeit und Sicherheit. Außerdem gewährt es Erträge aus produktiven Diensten und Kaufkraftänderungen. Der Ertrag des Geldes ist daher eine direkte Funktion des Preisniveaus *PN*.

(2) Festverzinsliche Wertpapiere (mit veränderlicher Laufzeit) gewähren je Vermögenseinheit nominal fixierte (kursabhängige) Zinserträge i_b, Erträge aus Veränderungen der Wertpapierkurse, nichtpekuniären Diensten und Kaufkraftänderungen. Für eine erwartete Veränderungsrate des nominal fixierten Ertragssatzes von

$$\underbrace{-\frac{1}{i_b}}_{\text{Ertragswert}} \cdot \underbrace{\frac{di_b}{dt}}_{\text{Kursveränderung}} \Leftrightarrow \underbrace{i_b}_{\text{Zins}} \cdot \underbrace{\frac{d\left(\frac{1}{i_b}\right)}{dt}}_{\text{Ertragsänderung}} \tag{6.7}$$

ergibt sich dann der gesamte Ertragssatz zu

$$i_b - \frac{1}{i_b} \cdot \frac{di_b}{dt}, \tag{6.8}$$

der zusammen mit dem bereits erwähnten Preisniveau den Realertrag einer Vermögenseinheit Wertpapiere festlegt.

(3) Analog zu den Obligationen ist die Veränderung des Ertragssatzes je Einheit von Anteilen gegeben durch

$$-\frac{1}{i_e} \cdot \frac{di_e}{dt} \tag{6.9}$$

Da der Geldwert von Aktien nicht fixiert wird, ist der Ertrag je Einheit von erwarteten Preisänderungen abhängig,

$$-\frac{1}{PN} \cdot \frac{dPN}{dt}, \tag{6.10}$$

sodass sich der Gesamtertrag zu

$$i_e + -\frac{1}{PN} \cdot \frac{dPN}{dt} - \frac{1}{i_3} \cdot \frac{di_e}{dt} \tag{6.11}$$

ergibt. Nichtpekuniäre Erträge aus Anteilen ergeben sich beispielsweise aus Mitbestimmungsrechten usw.

(4) Physische Güter gewähren Erträge aus Faktorleistungen in Form von Naturalien oder Geld sowie konsumtiven Diensten. Der in Nominaleinheiten ausgedrückte Ertrag ist – analog zu den Anleihen – abhängig von Veränderungen des Preisniveaus:

$$\frac{1}{PN} \cdot \frac{dPN}{dt} \tag{6.12}$$

(5) Das Arbeitsvermögen lässt sich aufgrund mangelnder Marktfähigkeit nicht mit Hilfe eines einheitlichen Ertragswertes beschreiben. Da Verschiebungen zwischen menschlichem Kapital und anderen Kapitalarten immer über Investitionen und Desinvestitionen entstehen und jeder einzelne sein Portfolio an Aktiva auf menschliches und nichtmenschliches Vermögen verteilen muss, wird das Arbeitsvermögen mit Hilfe eines Quotienten

$$w = \frac{\text{Kapitaleinkommen}}{\text{Arbeitseinkommen}} \tag{6.13}$$

erfasst. Als Gesamtvermögen wird der mit einem durchschnittlichen Ertragszins (i) diskontierte zukünftige Einkommensstrom angesetzt:

$$W = \frac{Y}{i} \tag{6.14}$$

Bezieht man auch die Präferenzstruktur des Wirtschaftssubjektes durch eine Variable u ein, so ergibt sich die nominale Geldnachfrage M_N durch folgende Funktion:

$$M_N = f\left(PN, i_b - \frac{1}{i_b} \cdot \frac{di_b}{dt}, i_e + \frac{1}{PN} \cdot \frac{dPN}{dt} - \frac{1}{i_e} \cdot \frac{di_e}{dt}, \frac{1}{PN} \cdot \frac{dPN}{dt}, w, \frac{Y}{i}, u\right). \tag{6.15}$$

Friedman (1976, S. 85 f.) formuliert für obige Geldnachfragefunktion eine Reihe ergänzender Annahmen, um die weitere Untersuchung zu vereinfachen:

A 4: i ist eine Funktion von i_e und i_b sowie der für menschliches Vermögen und physische Güter gültigen Ertragssätze; die beiden letzteren seien jedoch in i_e und i_b bereits enthalten.

Folge: i kann vernachlässigt werden.

A 5:   Es sei angenommen, dass die Kurse der Wertpapiere über die Zeit konstant sind.

Folge: Die Zinssätze für Obligationen und Anteile sind allein durch i_b und i_e gegeben.

A 6:   Eine gleichzeitige Veränderung des Preisniveaus und des Gesamtvermögens führt zu einer proportionalen Änderung der Geldnachfrage, d. h.

$$f^+\left(\mu \cdot PN, i_b, i_e, \frac{1}{PN} \cdot \frac{dPN}{dt}, w, \mu \cdot Y, u\right) = \mu \cdot f^+\left(PN, i_b, i_e, \frac{1}{PN} \cdot \frac{dPN}{dt}, w, Y, u\right). \tag{6.16}$$

Die lineare Homogenität der Funktion bedeutet, dass man die Geldnachfragefunktion in zwei Formen darstellen kann:

(A) Für die Nachfrage nach realer Kassenhaltung gilt $\mu = \frac{1}{PN}$

$$\frac{M_N}{PN} = f^+\left(1, i_b, i_e, \frac{1}{PN} \cdot \frac{dPN}{dt}, w, \frac{Y}{PN}, u\right) \tag{6.17}$$

(B) Die Funktion wird durch Y dividiert $\mu = \dfrac{1}{PN}$

$$\frac{M_N}{Y} = f^+\left(\frac{PN}{Y}, i_b, i_e, \frac{1}{PN} \cdot \frac{dPN}{dt}, w, 1, u\right) = \frac{1}{V}\left(\frac{PN}{Y}, i_b, i_e, \frac{1}{PN} \cdot \frac{dPN}{dt}, w, 1, u\right) \tag{6.18}$$

wobei V die Umkehrfunktion von f^+ ist, sodass man auch schreiben kann:

$$Y = V\left(\frac{PN}{Y}, i_b, i_e, \frac{1}{PN} \cdot \frac{dPN}{dt}, w, 1, u\right) \tag{6.19}$$

V ist die Funktion der Umlaufgeschwindigkeit des Geldes, die die Beziehung zwischen realem Nationaleinkommen und nachgefragter Liquidität herstellt.

Eine Veränderung der Geldmenge durch die Zentralbank führt zu Anpassungsprozessen in der Struktur der von den Haushalten gehaltenen Portfolios, d. h. zu Umschichtungen innerhalb des bestehenden Vermögensbestandes, aber auch zu Änderungen der Ausgaben aus laufendem Einkommen; hierdurch werden die Nachfrage und damit auch die Produktionsstruktur sowie – ganz entscheidend – die Preisstruktur (d. h. Preisniveau und Preisverhältnisse) beeinflusst. Der damit erklärte Transmissionsmechanismus zwischen der Geld- und der Güterwirtschaft stellt den entscheidenden Fortschritt in der Friedmanschen Quantitätstheorie dar.

Zu den wichtigsten Ergebnissen der Chicagoer Schule, die Friedman vertritt, zählen:

– Friedman weist darauf hin, dass ihm kein Land bekannt sei, wo eine wesentliche Geldmengenänderung nicht zu einer Preisniveauverschiebung in die gleiche Richtung geführt hätte; Geldmengenänderungen schlügen immer auf die Preise durch, eine Korrektur über eine Verringerung der Geldumlaufgeschwindigkeit finde i. d. R. nicht statt.

– Geringe Preisänderungen würden die Geldumlaufgeschwindigkeit kaum beeinflussen; erst extreme Preissteigerungen führten zu einer außerordentlichen Beschleunigung der Umlaufgeschwindigkeit.

– Aufgrund der Stabilität der Geldnachfrage habe der Zins einen weit geringeren Einfluss als Keynes postulierte (insbesondere in der **Liquiditätsfalle**, also in einer Lage so niedriger Zinsen, dass Geldanlagen nicht mehr produktiv wirken).

– Bei einer Geldmengenexpansion sinken die Zinsen und damit auch die Opportunitätskosten der Geldhaltung. Die expansive Wirkung einer derartigen Maßnahme auf die Güter- und die Finanzmärkte werden durch eine erhöhte Geldhaltung abgeschwächt.

– Für Friedman ist das Geldangebot M die bedeutendste Größe zur Erklärung der Inflation. Aus (6.17) folgt wegen $M_A = M_N$:

$$PN = V\left(1, i_b, i_e, \frac{1}{PN} \cdot \frac{dPN}{dt}, w, \frac{Y}{PN}, u\right) \cdot M_A.$$ (6.20)

Langfristig wird sich damit die Geldpolitik immer auf das Preisniveau auswirken, kurzfristig ist sie in der Lage, das reale Produkt zu beeinflussen. Eine Geldmengenerhöhung wird damit kurzfristig einen Beitrag zur Erhöhung des Nationaleinkommens leisten, langfristig jedoch das Preisniveau erhöhen.

6.3 Geldschöpfung und Geldvernichtung

6.3.1 Die Vermögensrechnung

Um die Prozesse der Entstehung und des Austausches von Zahlungsmitteln analysieren zu können, ist es zweckmäßig, die Vermögenstitel und die Schulden von Wirtschaftssubjekten für einen gegebenen Zeitpunkt aufzunehmen und entsprechend der betriebswirtschaftlichen Praxis in eine Bilanz einzustellen (siehe Tab. 6.2).

Da Bargeld nichts anderes darstellt als eine Forderung gegenüber der Zentralbank,

Tab. 6.2: Darstellung eines Bilanzkontos (Quelle: Eigene Darstellung)

AKTIVA	PASSIVA
Realvermögen – Grund, Boden, – Sachgüter	Nettovermögen
Forderungen – Bargeld – sonstige Forderungen	Schulden an andere Wirtschaftssubjekte
Bruttovermögen	**Bruttovermögen**

kann man es gemeinsam mit den Forderungen an andere Wirtschaftssubjekte zu einer Position zusammenfassen. Das Nettovermögen auf der Passivseite ergibt sich als Differenz von Bruttovermögen und Schulden. Die Summe der Nettovermögen aller Wirtschaftssubjekte, vermehrt um die Forderungen, vermindert um die Schulden gegenüber ausländischen Wirtschaftssubjekten, ergibt das **Volksvermögen**.

Die in der Vermögensrechnung der Haushalte, des Staates und der Unternehmen ausgewiesenen Zahlungsmittel sind Bestandteile der Geldmenge; die Zahlungsmittel der Geschäftsbanken sind Bestandteil der Barreserve des Geschäftsbankensystems. Die Auslandsforderungen der Zentralbank sind die ihr zur Verfügung stehenden Zahlungsmittel.

Ein für die Analyse der Geldschöpfung und der Geldvernichtung zentrales Begriffspaar, primäre Aktiva und sekundäre Aktiva, soll im folgenden eingeführt werden.

Aktiva, deren Erwerb durch die Bank zu einer Erhöhung des Nettobankguthabens des veräußernden Wirtschaftssubjektes führen, werden als **primäre Aktiva** bezeichnet. Zu den primären Aktiva zählen beispielsweise Gold, Devisen, Immobilien, bestimmte Wertpapiere, Sachgüter.

Der Grundstücksmakler Schinder verkauft ein Grundstück im Wert von 100.000,– € an eine Kreditbank. Diese zahlt ihm den Betrag jedoch nicht bar aus, sondern räumt ihm zunächst nur eine Sichteinlage ein. Diese Sichteinlage stellt eine Forderung Schinders gegenüber der Bank dar. Dies führt zu folgenden Änderungen der Vermögensrechnung:

Kreditbank:

AKTIVA	PASSIVA
Grundst. + 100.000	Sichtverb. +100.000

Schinder:

AKTIVA	PASSIVA
Grundst. –100.000 Sichtverb. +100.000	

Die Bilanz der Kreditbank verlängert sich um 100.000,– € in der Bilanz des Maklers findet ein Aktivtausch in gleicher Höhe statt.

Aktiva, deren Erwerb durch eine Bank nicht zu einer Veränderung des Nettobankguthabens des veräußernden Wirtschaftssubjektes führen, werden als **sekundäre Aktiva** bezeichnet. Zu den sekundären Aktiva zählen Wechsel, Kredite usw.

Die Kreditbank gewährt der mittelständischen Brauerei Durst einen Kredit in Höhe von 100.000,– €.

Kreditbank:

AKTIVA	PASSIVA
Forderg. + 100.000	Sichtverb. +100.000

Durst:

AKTIVA	PASSIVA
Sichtguth. + 100.000	Verbindl. +100.000

Bei beiden Wirtschaftssubjekten bewirkt der Vorgang eine Bilanzverlängerung; das Nettobankguthaben der Brauerei ändert sich nicht, da einem Zuwachs an Bankforderungen eine entsprechende Steigerung der Bankverbindlichkeiten gegenübersteht.

6.3.2 Annahmen der Analyse

A 1: Folgende Wirtschaftssubjekte treten in der Volkswirtschaft handelnd auf:

Private Haushalte	Publikum des Inlandes	Nichtbanken-Sektor des Inlandes
Unternehmen		
Staat		
Ausland		
Banken des Inlandes		

A 2: Das Bankensystem ist untergliedert in
  (1) Zentralbank: Diese ist ausgestattet mit der Münz- und Notenhoheit; Geschäftsbanken unterhalten bei ihr Sichtguthaben. Die Zentralbank verfügt über die Möglichkeit der Durchführung einer Mindestreserve-, einer Offenmarkt-, einer Lombard- und einer Diskontpolitik.
  (2) Geschäftsbanken: Hierzu zählen alle Geldinstitute, die Bankgeschäfte nach §1 KWG (Kreditwirtschaftsgesetz) durchführen und somit als Bank definiert sind. Bankgeschäfte umfassen:
  – das Einlagengeschäft,
  – das Kreditgeschäft,
  – das Diskontgeschäft,
  – das Effektengeschäft,
  – das Depotgeschäft,
  – das Investmentgeschäft,
  – das Revolvinggeschäft,
  – das Garantiegeschäft.

A 3: Zahlungen werden abgewickelt
  – durch Übertragung von Sichtguthaben (unbar), oder
  – durch Übereignung von Zentralbankgeldmünzen bzw.-noten (bar).

Dieses Modell wird auch als **einstufiges Mischsystem** bezeichnet. Es gibt das in der EU-Währungszone und den meisten westlichen Ländern vorhandene monetäre System weitgehend wieder und entspricht auch dem Eurosystem.

6.3.3 Die Zentralbankgeldschöpfung

Zentralbankgeld kann nur von der Zentralbank in Verbindung mit anderen Individuen, typischerweise mit Geschäftsbanken, geschaffen werden. Sie tut dies, indem sie Aktiva, die nicht Zentralbankgeld darstellen, erwirbt und mit Forderungen gegen sich selbst bezahlt. Damit wird klar, dass die Zentralbank die Geldmenge nicht völlig autonom steuern kann, sondern auf die Mitwirkung der Geschäftsbanken angewiesen ist.

Die Zentralbank kauft von der Hausbank des Tabakimporteurs Qualm Devisen im Wert von 10.000, € gegen bar.

Zentralbank:

AKTIVA	PASSIVA
Devisen + 10.000	Notenumlauf +10.000

Hausbank des Tabakimporteurs Qualm:

AKTIVA	PASSIVA
Devise – 10.000	Bargeld +10.000

Mit dem Erwerb der Devisen durch die Zentralbank wird ein primäres Aktivum, das kein inländisches Zahlungsmittel darstellt, monetisiert, sodass die gesamte Menge an gesetzlichen Zahlungsmitteln um 10.000,– € steigt.

Oder die Zentralbank gibt einen Kredit an den Staat in Höhe von 100.000,– € in bar.

Zentralbank:

AKTIVA	PASSIVA
Forderungen + 100.000	Notenumlauf +100.000

Staat:

AKTIVA	PASSIVA
Bargeld + 100.000	Verbindl. +100.000

In diesem Fall erwirbt die Zentralbank ein sekundäres Aktivum in Form der Kreditforderung gegen den Staat, die sie mit Forderungen gegen sich selbst bezahlt; die Menge an gesetzlichen Zahlungsmitteln steigt damit c. p. um 100.000,– €.

Die Zentralbank ist somit auf direktem Weg durch den Ankauf von Aktiva in der Lage, neue Zahlungsmittel zu schaffen. Umgekehrt führt der Verkauf primärer oder sekundärer Aktiva zur Geldvernichtung. Die unterschiedliche Wirkung von primären und sekundären Aktiva wird hier bereits deutlich erkennbar: bei sekundären Aktiva führt jeder Ankauf (Geldschöpfung) durch die Zentralbank zu einem späteren Verkauf (Geldvernichtung).

Im folgenden soll die Beziehung zwischen der Zentralbank und den Geschäftsbanken betrachtet werden.

Die Zentralbank erwirbt von einer Geschäftsbank Wertpapiere im Wert von 10.000,– € gegen Einräumung eines entsprechenden Sichtguthabens. Durch den Ankauf dieses primären Aktivums, das kein

Zahlungsmittel ist, und die Bezahlung mit einer Forderung gegen sich selbst, erhöht die Zentralbank die Zahlungsmittelmenge c. p. um 10.000,— €.

Oder die Zentralbank gewährt der Geschäftsbank einen Lombardkredit in Höhe von 50.000,— €. Mit dem Erwerb dieses sekundären Aktivums weitet die Zentralbank die Zahlungsmittelmenge im Geschäftsbankenbereich c. p. um 50.000,— € aus. Mit der Kreditrückzahlung ergibt sich eine Zahlungsmittelvernichtung in gleicher Höhe.

Die Zentralbank kann also den Geschäftsbanken in gleicher Weise Geld zuführen oder entziehen wie dem Nichtbankensektor. Zwar führt nicht jede Bereitstellung zusätzlicher gesetzlicher Zahlungsmittel zu einer Erhöhung der Zentralbankgeldmenge (oder der Geldmengen M1, M2 und M3), aber sie eröffnet den Geschäftsbanken die Möglichkeit, eigenes Geld zu schöpfen.

In einer geschlossenen Wirtschaft sind der Zentralbank bei der Schaffung von Zahlungsmitteln keine Grenzen gesetzt, die sie nicht selbst festgelegt hat; sie kann in diesem Sinne niemals illiquide werden. In einer offenen Wirtschaft hingegen stößt sie auf Grenzen, die ihr durch den eigenen Bestand an Devisen (oder Aktiva, die in Devisen eintauschbar sind) gesetzt werden, wenn sie auch Zahlungen in ausländischer Währung zu leisten hat (z. B. in einem Regime fester Wechselkurse), die sie nicht zu schaffen in der Lage ist. Nur hier kann für die Zentralbank ein Liquiditätsproblem entstehen.

6.3.4 Die Giralgeldschöpfung

Eine Kreditbank schöpft eigenes Geld (das nicht Zentralbankgeld ist), indem sie von Nichtbanken Aktiva, die nicht inländische Zahlungsmittel sind, erwirbt, und mit Forderungen gegen sich selbst (beispielsweise der Einräumung eines Sichtguthabens) bezahlt. Das so geschaffene Geld wird als Giral- oder Buchgeld bezeichnet.

⚡ Die Dresdner Bank kauft vom Friseurmeister Fa-Song Aktien im Wert von 10.000,— €. In dem Fall erhöht sich die Geldmenge c. p. um 10.000,— €, da der Nichtbankensektor primäre Aktiva in dieser Höhe in Zahlungsmittel umgewandelt hat

Die Volksbank Chemnitz gewährt dem mittelständischen Genossen und Speditionsunternehmer R.A. Sand einen Kredit in Höhe von 12.500,— €. Hier erhöht sich die Geldmenge c. p. um 12.500,— €, da die Bank ein sekundäres Aktivum über die Kreditvergabe monetisiert.

Der Ministerpräsident des Freistaats Sachsen lässt von der Stadtsparkasse Dresden, bei der er ein Konto unterhält, 20.000,— € auf eine Termineinlage übertragen. In diesem Fall sinkt die Geldmenge (gemessen durch M1) bzw. bleibt konstant (gemessen durch M2 oder M3).

Polizeihauptwachtmeister Nägele hebt 500,— € von seinem Girokonto bei der Badischen Beamtenbank ab. Diese Maßnahme verändert die Geldmenge nicht, da die Forderung gegen die Geschäftsbank gegen eine Forderung gegen die Zentralbank getauscht wurde (das Bargeld entstammt den Kassenbeständen der Geschäftsbank und zählte somit nicht zur Geldmenge).

Es lässt sich zusammenfassen:

(1) Der Geschäftsbankensektor schöpft Giralgeld über die Monetisierung primärer und sekundärer Aktiva aus dem Nichtbankenbereich. Der Verkauf von primären und sekundären Aktiva an den Nichtbankensektor führt zu einer Geldvernichtung.

(2) Überweisungen von Sichtguthaben zwischen Banken sowie die Umwandlung von Bargeld in Sichtguthaben und umgekehrt haben keinen Einfluss auf die Geldmenge.

6.3.5 Der Geldschöpfungsmultiplikator

Gesucht ist nun der gesamtwirtschaftliche Kreditspielraum der Geschäftsbanken. Um jederzeit zahlungsfähig zu sein, genügt es, eine Mindestreserve an Zentralbankgeld zu halten. Der verbleibende Rest der **Barreserve**, die sogenannte **Überschussreserve** zur Gewährung von Krediten eingesetzt werden. Für die folgende Analyse gelten die Annahmen am Anfang des Abschnittes. Zunächst soll allerdings zur Vereinfachung angenommen werden, dass keinerlei Bargeldverkehr existiere. Der Mindestreservesatz beträgt 10 % und die Bank verfügt über eine Überschussreserve von 1000,− € und vergibt einen Kredit in gleicher Höhe an den Kunden K1, der damit eine Rechnung der Firma F1 bei derselben Bank bezahlt, sodass dort eine zusätzliche Barreserve von 1000,− € entsteht.[15]

Auf die zusätzlichen Sichteinlagen von 1000,− € bei der Bank entrichtet diese eine Mindestreserve von 10 %, das sind 100,− €. Die nun noch frei verfügbaren 900,− € werden dem Kunden K2 zur Verfügung gestellt, der damit eine Rechnung der Firma F2 bei der Bank bezahlt, sodass dort eine Überschussreserve von 900,− € entsteht.

Auf die zusätzlichen Sichteinlagen von 900,− € bei der Bank entrichtet diese wieder eine Mindestreserve von 10 %, das sind 90,− €. Die jetzt frei verfügbaren 810,− € werden dem Kunden K3 als Kredit zur Verfügung gestellt, der damit eine Rechnung der Firma F3 bei der Bank bezahlt, sodass dort eine Überschussreserve von 810,− € entsteht usw. (siehe Tab. 6.3)

Man erkennt, dass die Veränderung der Geldmenge eine Funktion der Veränderung der Überschussreserve ist. Sei r der Mindestreservesatz, so gilt:

$$\Delta M(\ddot{U}R_0) = \Delta \ddot{U}R + (1-r) \cdot \ddot{U}R_0 + (1-r)^2 \cdot \ddot{U}R_0 + (1-r)^3 \cdot \ddot{U}R_0 + \cdots$$

$$= \ddot{U}R_0 \cdot \sum_{t=0}^{\infty} (1-r)^t \qquad (6.21)$$

$$= \frac{1}{r} \cdot \ddot{U}R_0 \quad \text{für } r \in (0,1)$$

---

15 Per Annahme wird unterstellt, dass die Geschäftsbanken zu jedem Zeitpunkt genauso viele Kredite vergeben, wie sie an Überschussreserve halten.

Tab. 6.3: Darstellung des multiplen Geldschöpfungsprozesses bei ausschließlich bargeldlosem Zahlungsverkehr (Quelle: Eigene Darstellung)

t	$\ddot{U}R_0$	ΔK_t	ΔB_t	ΔSE_t	ΔMR_t
0	1.000,0	1.000,0	0,0	1.000,0	100,0
1	900,0	900,0	0,0	900,0	90,0
2	810,0	810,0	0,0	810,0	81,0
3	729,0	729,0	0,0	729,0	72,9
4	656,1	656,1	0,0	656,1	65,6
5	590,5	590,5	0,0	590,5	59,0
...	...	...	...	...	...
∞	0	0	0	0	0
Σ	–	10.000	0	10.000	1.000

Mit der Erhöhung des Mindestreservesatzes sinkt also die Geldmenge und umgekehrt. Bei der Zentralbank sammelt sich als Mindestreserve die gesamte ursprünglich zur Verfügung stehende Überschussreserve an:

$$\Delta MR(\ddot{U}R_0) = r \cdot \ddot{U}R_0 + r \cdot (1-r) \cdot \ddot{U}R_0 + r \cdot (1-r)^2 \cdot \ddot{U}R_0 + r \cdot (1-r)^3 \cdot \ddot{U}R_0 + \cdots$$
$$= r \cdot \ddot{U}R_0 \cdot \sum_{t=0}^{\infty} (1-r)^t$$
$$= r \cdot \frac{1}{r} \cdot \ddot{U}R_0 \tag{6.22}$$
$$= \ddot{U}R_0 \quad \text{für } r \in (0,1)$$

Der **Geldschöpfungsmultiplikator** gibt an, um wie viel der zusätzlichen Überschussreserve die Geldmenge ansteigen kann, wenn dem Geschäftsbankensystem neue Überschussreserven zufließen.

Den Faktor r^{-1} bezeichnet man als den Geldschöpfungsmultiplikator bei ausschließlich bargeldlosem Zahlungsverkehr. Die Gleichung (6.21) gibt die äußerste Grenze der Geldschöpfung bei gegebenen Größen von r und $\ddot{U}R$ an; die tatsächliche Ausnutzung hängt vom Verhalten der Wirtschaftssubjekte ab (Kreditnachfrage, Kreditbedingungen der Banken usw.). Die Zunahme an Kreditvolumen beträgt:

$$\Delta K(\ddot{U}R_0) = \ddot{U}R_0 + (1-r) \cdot \ddot{U}R_0 + (1-r) \cdot (1-r) \cdot \ddot{U}R_0$$
$$+ (1-r) \cdot (1-r)^2 \cdot \ddot{U}R_0 + (1-r) \cdot (1-r)^3 \cdot \ddot{U}R_0 + \cdots$$
$$= \ddot{U}R_0 \cdot \sum_{t=0}^{\infty} (1-r)^t = \frac{1}{r} \cdot \ddot{U}R_0 \quad \text{für } r \in (0,1) \tag{6.23}$$

Im Modell mit gemischtem Zahlungsverkehr fließt stetig ein Anteil c aus dem Bankensektor in die Bargeldhaltung ab, wodurch die den Finanzsektor möglichen Geldschöpfungsmöglichkeiten begrenzt werden (siehe Abb. 6.5).

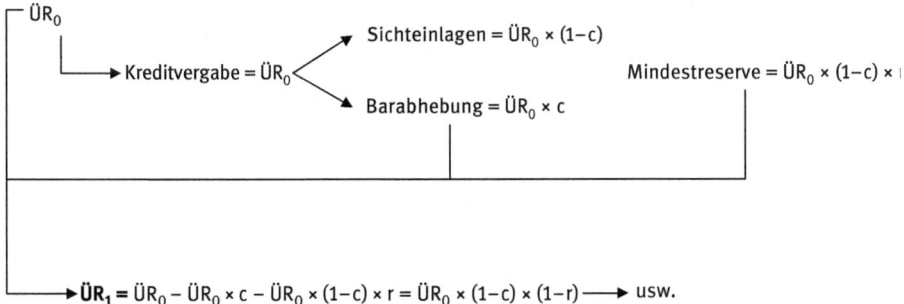

Abb. 6.5: Modell mit gemischtem Zahlungsverkehr (Quelle: Eigene Darstellung)

Der Anteil c des Bargeldumlaufes (B) im Nichtbankensektor an der gesamten Geldmenge (M) sei beschrieben durch

$$c \equiv \frac{B}{M} \tag{6.24}$$

Verfügen die Banken über eine Überschussreserve $\ddot{U}R_0$, so führt dies zu einer Geldmengenerhöhung, die sich in eine Vergrößerung der Sichteinlagen (SE) und des Bargeldumlaufes aufteilt.

$$\Delta M = \Delta SE + \Delta B \tag{6.25}$$

oder als Funktion der Überschussreserven geschrieben:

$$\Delta M(\ddot{U}R_0) = \Delta SE(\ddot{U}R_0) + \Delta B(\ddot{U}R_0) \tag{6.26}$$

Die Summe der geschaffenen Sichteinlagen beläuft sich auf

$$\begin{aligned}
\Delta SE(\ddot{U}R_0) &= (1-c) \cdot \ddot{U}R_0 + (1-c) \cdot [(1-r) \cdot (1-c)] \cdot \ddot{U}R_0 \\
&\quad + (1-c) \cdot [(1-r) \cdot (1-c)]^2 \cdot \ddot{U}R_0 + \cdots \\
&= (1-c) \cdot \ddot{U}R_0 \cdot \sum_{t=0}^{\infty} [(1-r) \cdot (1-c)]^t \\
&= \frac{1-c}{1-(1-r) \cdot (1-c)} \cdot \ddot{U}R_0 \quad \text{für } r, c \in (0,1)
\end{aligned} \tag{6.27}$$

Die Bargeldabflüsse betragen:

$$\Delta B(\ddot{U}R_0) = c \cdot \ddot{U}R_0 + c \cdot [(1-r) \cdot (1-c)] \cdot \ddot{U}R_0 + c \cdot [(1-r) \cdot (1-c)]^2 \cdot \ddot{U}R_0 + \cdots$$

$$= c \cdot \ddot{U}R_0 \cdot \sum_{t=0}^{\infty} [(1-r) \cdot (1-c)]^t$$

$$= \frac{c}{1-(1-r) \cdot (1-c)} \cdot \ddot{U}R_0 \quad \text{für } r, c \in (0,1) \tag{6.28}$$

Durch Einsetzen von Formel 6.27 und Formel 6.28 in Formel 6.25 ergibt sich:

$$\Delta M = \Delta SE + \Delta B$$

$$= \frac{1-c}{1-(1-r) \cdot (1-c)} \cdot \ddot{U}R_0 + \frac{c}{1-(1-r) \cdot (1-c)} \cdot \ddot{U}R_0$$

$$= \frac{1}{1-(1-r) \cdot (1-c)} \cdot \ddot{U}R_0 \tag{6.29}$$

Den Ausdruck $\frac{1}{1-(1-r) \cdot (1-c)}$ bezeichnet man als den Geldschöpfungsmultiplikator für den Fall gemischten Zahlungsverkehrs. Für $c = 0$, also für den Fall bargeldlosen Zahlungsverkehrs, vereinfacht sich die Formel für den Geldschöpfungsmultiplikator zu r^{-1} (vgl. Formel 6.23). Die Abb. 6.6 zeigt die Zahlungsgewohnheiten in Deutschland nach Umsatz und nach Transaktionen.

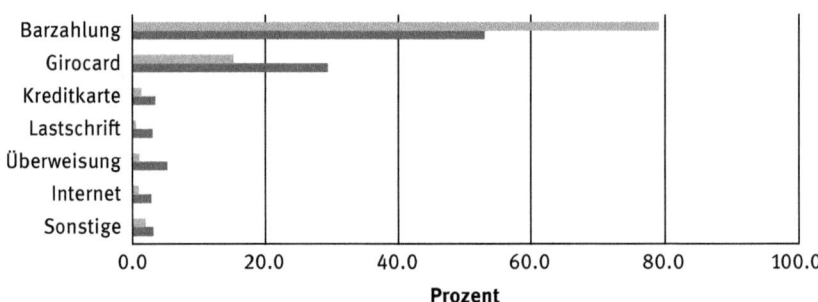

■ Verteilung nach Transaktionen
■ Verteilung nach Umsatz

Abb. 6.6: Zahlungsgewohnheiten in Deutschland, 2014
(Quelle: BörsenZeitung, 22.7.2015, S. 6; Deutsche Bundesbank)

Da die Mindestreserve von der Höhe der Sichteinlagen abhängt, gilt:

$$\Delta MR(\Delta SE(\ddot{U}R_0)) = r \cdot \Delta SE(\ddot{U}R_0) \tag{6.30}$$

Die an die Zentralbank zurückgeflossenen Mindestreserven betragen somit:

$$\Delta MR(\ddot{U}R_0) = r \cdot (1-c) \cdot \ddot{U}R_0 + r \cdot (1-c) \cdot [(1-r) \cdot (1-c)] \cdot \ddot{U}R_0$$
$$+ r \cdot (1-c) \cdot [(1-r) \cdot (1-c)]^3 \cdot \ddot{U}R_0 + \cdots$$
$$= r \cdot (1-c) \cdot \ddot{U}R_0 \cdot \sum_{t=0}^{\infty} [(1-r) \cdot (1-c)]^t \tag{6.31}$$
$$= \frac{r \cdot (1-c)}{1-(1-r) \cdot (1-c)} \cdot \ddot{U}R_0 \quad \text{für } r, c \in (0,1)$$

Der Geldschöpfungsprozess läuft solange ab, bis die gesamte Überschussreserve als Bargeld abgeflossen oder als Mindestreserve bei der Zentralbank festgelegt ist. Dies lässt sich auch durch Zusammenfassen von Formel 6.28 und Formel 6.31 erkennen:

$$\Delta MR(\ddot{U}R_0) + \Delta B = \frac{r \cdot (1-c)}{1-(1-r) \cdot (1-c)} \cdot \ddot{U}R_0 + \frac{c}{1-(1-r) \cdot (1-c)} \cdot \ddot{U}R_0$$
$$= \frac{r - r \cdot c + c}{1-(1-c-r+r \cdot c)} \cdot \ddot{U}R_0 \tag{6.32}$$
$$= \ddot{U}R_0$$

Ferner gilt für die geschaffene Kreditsumme:

$$\Delta K(\ddot{U}R_0) = \ddot{U}R_0 + [(1-c) \cdot (1-r)] \cdot \ddot{U}R_0 + [(1-c) \cdot (1-r)]^2 \cdot \ddot{U}R_0$$
$$+ [(1-c) \cdot (1-r)]^3 \cdot \ddot{U}R_0 + \cdots$$
$$= \ddot{U}R_0 \cdot \sum_{t=0}^{\infty} [(1-c) \cdot (1-r)]^t \tag{6.33}$$
$$= \frac{1}{1-(1-c) \cdot (1-r)} \cdot \ddot{U}R_0 \quad \text{für } r, c \in (0,1)$$

Tab. 6.4: Darstellung des multiplen Geldschöpfungsprozesses bei gemischtem Zahlungsverkehr (Quelle: Eigene Darstellung)

t	$\ddot{U}R_0$	ΔK_t	ΔB_t	ΔSE_t	ΔM_t	ΔMR_t
0,0	1.000,0	1.000,0	500,0	500,0	1.000,0	50,0
1,0	450,0	450,0	225,0	225,0	450,0	22,5
2,0	202,5	202,5	101,3	101,3	202,5	10,1
3,0	91,1	91,1	45,6	45,6	91,1	4,6
4,0	41,0	41,0	20,5	20,5	41,0	2,1
5,0	18,5	18,5	9,2	9,2	18,5	0,9
...	...	...	...	...	...	...
∞	0,0	0,0	0,0	0,0	0,0	0,0
Σ	–	1.818,2	909,1	909,1	1.818,2	90,9

Sei $c = 0,5$ gegeben, so gilt mit den Angaben des weiter vorne ausgeführten Beispiels folgende in Tab. 6.4 aufgeführten Werte.

6.4 Die Europäische Währungsunion und die Europäische Zentralbank

6.4.1 Entwicklung der Europäischen Wirtschafts- und Währungsunion

Mit der Festlegung eines Einführungsszenarios durch den Europäischen Rat im Jahr 1995 wurde die Europäische Währungsunion politisch verabschiedet. Insbesondere sah dieses vor, dass die teilnehmerbestimmten Konvergenzbedingungen erfüllen müssen. Dem folgte die Ausarbeitung des rechtlichen Rahmens für die **Europäische Zentralbank** (EZB) und das **Europäische System der Zentralbanken** (ESZB), also die Organisation des Europäischen Währungssystems unter Einschluss der nationalen Zentralbanken. Ende 1997 wurden anhand der Konvergenzbedingungen die Teilnehmerländer nominiert. Anschließend wurden die wesentlichen sekundären Rechtsvorschriften und das geldpolitische Instrumentarium der EZB bzw. des ESZB erarbeitet. Im Maastrichter Vertrag vom 1.2.1992, der am 1.11.1993 in Kraft trat und die umfassendste Ergänzung der Römischen Verträge enthält, sind die Kriterien, die für die Teilnahme an der Währungsunion im Vorjahr der Einführung erfüllt sein müssen, festgelegt:

– Inflationskriterium: nicht mehr als 1,5 % über dem Niveau der drei besten Mitgliedstaaten;
– Zinskriterium: nicht mehr als 2 % über dem Niveau der drei besten Mitgliedstaaten;
– Wechselkurskriterium: Einhaltung der Bandbreiten ohne Spannung im Europäischen Währungssystem;
– Finanzpolitisches Kriterium: nicht mehr als 3 % öffentliches Defizit bezogen auf das Bruttoinlandsprodukt zu Markpreisen und kein (kumulierter) Schuldenstand höher als 60 % des Bruttoinlandsprodukts zu Markpreisen.

Mit dem 1. Januar 1999 begann die dritte Stufe der Währungsunion mit der Fixierung der am 1. Dezember unwiderruflich festgelegten Umrechnungskurse der nationalen Währungen zum Euro. Diese verlief wie folgt:

– 1. Schritt: Am 31. Dezember 1998 ermittelten die Zentralbanken der EU die Wechselkurse ihrer Währungen gegenüber dem Dollar. Zunächst wurde der Wechselkurs der D-Mark zum Dollar mit 1,6763 DM festgestellt. Dann wurden die Dollar-Wechselkurse für die übrigen Euro-Währungen bestimmt, indem die am 2. Mai 1998 bei der Festlegung der elf Euro-Teilnehmerländer vereinbarten bilateralen Umrechnungskurse zur DM mit dem DM/Dollar-Kurs multipliziert wurden.

- 2. Schritt: nationaler Währungsbetrag im ECU-Korb = Nationaler Währungsbetrag in Dollar (bezogen auf den Wechselkurs zum Dollar am 31.12.1998); die Summe der nationalen Währungsbeträge in Dollar ergibt den Wechselkurs Dollar/ECU.
- 3. Schritt: Wechselkurs der nationalen Währungen zum Dollar × Wechselkurs Dollar/ECU – Euro-Kurs der nationalen Währungen (siehe Tab. 6.5)

Der Wechselkurs des Dollars zum Euro betrug damit am 31. Dezember 1998 1,16677521 [\$/€].

Tab. 6.5: Berechnung des Euro und Festlegung der unwiderruflichen Euro-Wechselkurse (Quelle: Iwd 1999)

Deutsche Mark	$\frac{0,6242}{1,676300000} = 0,3723677$	$1,676300000 \times 1,1667521 = 1,95583$
Belgischer Franc	$\frac{3,301}{34,57452565} = +0,0954749$	$34,57452565 \times 1,1667521 = 40,3399$
Luxemburgischer Franc	$\frac{0,130}{34,57452565} = +0,0037600$	$34,57452565 \times 1,1667521 = 40,3399$
Niederländischer Gulden	$\frac{0,2198}{1,888754262} = +0,1163730$	$1,8887542620 \times 1,1667521 = 2,20371$
Dänische Krone	$\frac{0,1976}{6,3842} = +0,0309514$	$6,3842 \times 1,1667521 = 7,44878$
Griechische Drachme	$\frac{1,440}{282,57} = +0,0050961$	$282,57 \times 1,1667521 = 329,689$
Italienische Lira	$\frac{151,8}{1659,5403526} = +0,0914711$	$1659,543526 \times 1,1667521 = 1936,27$
Spanische Pesete	$\frac{6,885}{142,60652886} = +0,0482797$	$142,60652886 \times 1,1667521 = 166,386$
Portugiesischer Escudo	$\frac{1,393}{171,8291315} = +0,001069$	$171,8291315 \times 1,1667521 = 200,482$
Französischer Franc	$\frac{1,332}{5,6220755180} = +0,2369232$	$5,6220755180 \times 1,1667521 = 6,55957$
Pfund Sterling	$\frac{0,08784}{0,6046315} = +0,1452786$	$0,6046315 \times 1,1667521 = 0,70546$
Irisches Pfund	$\frac{0,008552}{0,6750057788} = +0,0126695$	$0,6750057788 \times 1,1667521 = 0,787564$
Finnmark*		$5,095968763 \times 1,1667521 = 5,94573$
Österreichischer Schilling*		$11,793642176 \times 1,1667521 = 13,7603$
Schwedische Krone*		$8,1320 \times 1,1667521 = 9,48803$
*nicht im ECU-Korb enthalten		

6.4.2 Aufbau und Aufgaben des Europäischen Systems der Zentralbanken

Das Europäische System der Zentralbanken besteht aus der Europäischen Zentralbank und den 15 nationalen Zentralbanken der Staaten der Europäischen Union. Die vier nationalen Zentralbanken, deren Länder nicht zum gemeinsamen Währungsraum zählen (nämlich Dänemark, England, Griechenland, und Schweden), führen ihre nationale Währungspolitik weiter, sind dafür aber nicht am Entscheidungsfindungsprozess über die gemeinsame Währungspolitik und deren Umsetzung beteiligt. Die Europäische Zentralbank (EZB-Rat) besteht aus den Mitgliedern des **Direktoriums der EZB** (Präsident und Vizepräsident der EZB sowie weiteren vier Mitgliedern) und den 15 Präsidenten der nationalen Zentralbanken.

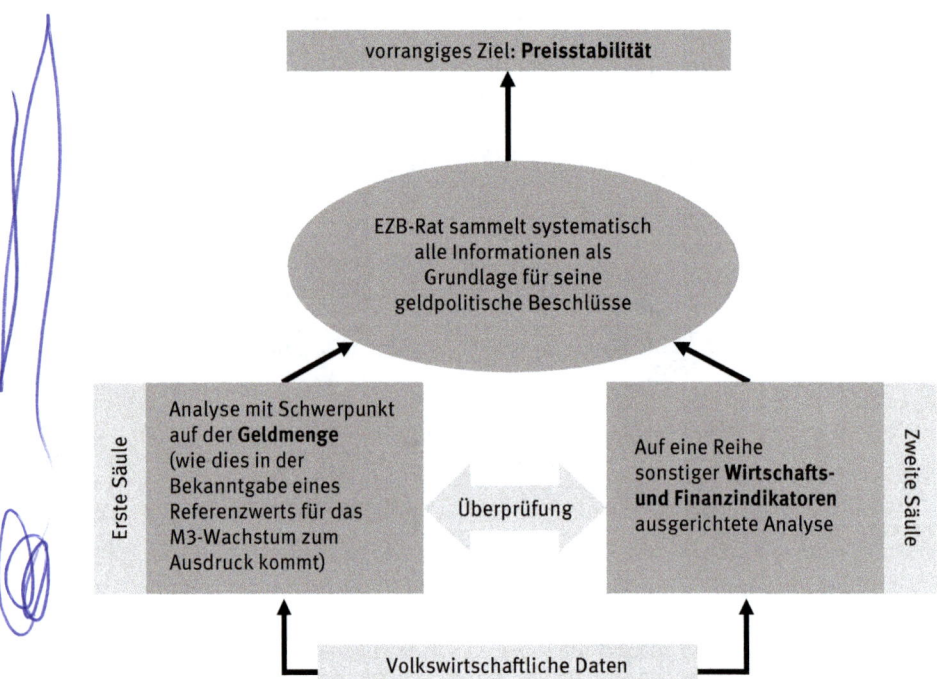

Abb. 6.7: Geldpolitische Strategie der Europäischen Zentralbank (Quelle: Eigene Darstellung)

Wie man in Abb. 6.7 sieht, ist das vorrangige Ziel der EZB, die Preisstabilität zu gewährleisten. Soweit das ohne Beeinträchtigung dieses Zieles möglich ist, unterstützt die EZB die allgemeine Wirtschaftspolitik der Gemeinschaft und handelt im Einklang mit den Grundsätzen einer offenen Marktwirtschaft. Sie bedient sich dabei grundsätzlich eines Ansatzes entsprechend der Quantitätstheorie, indem sie die Wachstumsrate der Geldmenge, das Wachstum des (realen) BIP und die Inflationsrate mit der institutionell vorgegebenen Verringerung der Umlaufgeschwindigkeit des Geldes in Relation setzt (siehe Abb. 6.8).

Die grundlegende Aufgabe der EZB bestehen darin,

- die Geldpolitik der Gemeinschaft festzulegen und auszuführen,
- Devisengeschäfte durchzuführen,
- die offiziellen Währungsgeschäfte der Mitgliedsländer zu halten und zu verwalten und
- das reibungslose Funktionieren der Zahlungssysteme zu fördern.

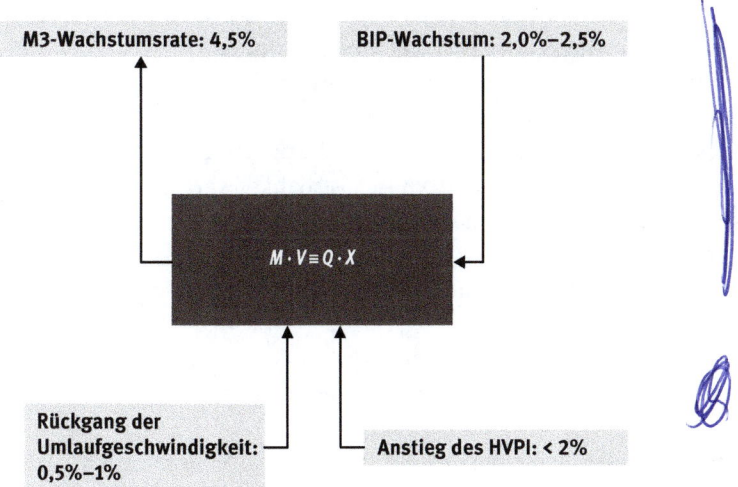

Abb. 6.8: Die Geldpolitische Steuerung der Europäischen Zentralbank (Quelle: Eigene Darstellung)

Dabei besitzt sie gemäß Vertrag zur EZB das ausschließliche Recht zur Ausgabe von Banknoten innerhalb der Gemeinschaft. Das Recht zur Herstellung von Münzen liegt weiterhin bei den Teilnehmerstaaten, wobei diese nur in Abstimmung mit der EZB vorgehen dürfen (§105a (2) Maastricht-Vertrag). Zur Verbindung der Währung mit der nationalen Identität, gestalten die Teilnehmerstaaten die Wappenseiten der von ihnen geprägten Euro-Münzen individuell. Trotzdem sind alle Münzen im gesamten Währungsraum gültig.

6.4.3 Allgemeine geldpolitische Instrumente

(1) Die Diskont- und die Lombardpolitik: Die Diskontpolitik besteht in der Festsetzung des Diskontsatzes, des Rediskontkontingents, der Laufzeit des Diskontkredites, sowie den qualitativen Anforderungen an die Sicherheiten, die

für die Erlangung eines Diskontkredites zu erbringen sind. Die Diskontpolitik wurde von der Deutschen Bundesbank genutzt, wird aber aktuell nicht von der Europäischen Zentralbank angewendet. Die günstigen Diskontsätze der deutschen Bundesbank erzeugten den Vorwurf einer verdeckten Unternehmenssubvention.

Die Lombardpolitik ergänzte zu Zeiten der Deutschen Bundesbank die Diskontpolitik. Auch hier gab es eine Begrenzung, die Lombardlinie. Ein zusätzlicher Liquiditätsbedarf wurde durch Sonderlombardkredite befriedigt.

Als **Diskontsatz** bezeichnet man den Zinssatz, den die Zentralbank für die Hereinnahme eines Wechsels von einer Geschäftsbank in Rechnung stellt.

Als **Rediskontkontingent** bezeichnet man den Höchstbetrag für die Diskontierung von Wechseln seitens einer Geschäftsbank bei der Zentralbank.

Als **Lombardsatz** bezeichnet man den Zins auf Darlehen, die die Zentralbank gegen Hinterlegung von Wertpapieren an die Geschäftsbanken vergibt.

(2) Die Mindestreservepolitik: Durch die Festlegung von Mindestreservesätzen auf die Einlagen der Geschäftsbanken kann die Zentralbank die Höhe der zu haltenden Mindestreserven bestimmen und damit das Geldschöpfungspotenzial der Geschäftsbanken beeinflussen.

(3) Die Offenmarktpolitik: Durch den Kauf oder den Verkauf von Wertpapieren am Mark, kann die Zentralbank kurzfristig auf die Geldmenge einwirken.

Als **Offenmarktpolitik** bezeichnet man den An- und Verkauf festverzinslicher Wertpapiere durch die Zentralbank auf eigene Rechnung auf den Finanzmärkten.

Als **Pensionsgeschäft** bezeichnet man den Verkauf von Wertpapieren mit der Verpflichtung zum Rückkauf zu einem im voraus vereinbarten Termin.

Die Zentralbank kann Pensionsgeschäfte mit Zins- oder mit Mengentender anbieten. Beim Mengentender gibt sie den Zins vor und die Geschäftsbanken können mengenbezogene Angebote machen. Beim Zinstender wird ein Mindestzins vorgegeben und die Geschäftsbanken können Angebote über Zinshöhe und die von ihnen gewünschten Kreditvolumina abgeben.

(4) Geldpolitik gegenüber dem Ausland

Eine Währung ist **konvertibel,** wenn der Staat auf dirigistische Eingriffe in den Zahlungsverkehr mit dem Ausland verzichtet.

Typische dirigistische Eingriffe (von Staaten mit folglich nicht-konvertiblen Währungen) sind:

- Anmeldepflicht des Devisenbesitzes,
- Angebotspflicht von Devisenbesitz an Behörden,
- Genehmigungspflicht für Devisentransaktionen.

6.4.4 Der geldpolitische Handlungsrahmen der Europäischen Zentralbank

Das ESZB hat sich bis heute auf drei geldpolitische Instrumente festgelegt.

(1) Das Durchführen von **Offenmarktgeschäften**, um die Liquidität am Markt zu steuern. Fünf Arten von Unterinstrumenten sind verfügbar:

 – Befristete Transaktionen in Form von Pensionsgeschäften und Pfandkrediten stehen an erster Stelle und werden als Hauptrefinanzierungsinstrument bezeichnet. Ihre Laufzeit beträgt zwei Wochen, und sie werden von den nationalen Zentralbanken im Rahmen von Standardtendern durchgeführt. Längerfristige Refinanzierungsgeschäfte laufen analog über drei Monate.

 – Weiterhin können definitive Käufe bzw. Verkäufe, die Emission von Schuldverschreibungen, Devisengeschäfte und die Hereinnahme von Termineinlagen genutzt werden. Die dienen der Feinsteuerung.

 – Durch forward guidance wird versucht, rationale Erwartungen bei den Wirtschaftssubjekten zu stützen.

(2) **Ständige Fazilitäten** stellen darauf ab, Übernachtliquidität bereitzustellen oder zu absorbieren. Sie stecken damit Ober- und Untergrenzen für Geldmarktsätze der Tagesgelder ab. Die Obergrenze wird damit über die Spitzenrefinanzierungsfazilität, die Untergrenze über den Zinssatz der Einlagenfazilität beeinflusst. Die ständigen Fazilitäten werden von den nationalen Zentralbanken verwaltet.

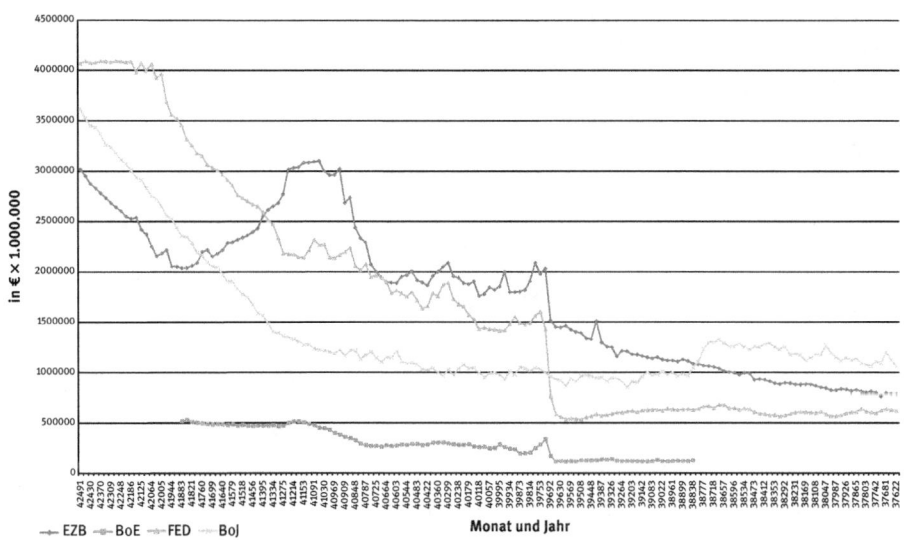

Abb. 6.9: Entwicklung der Bilanzsummen der Zentralbanken, 01/03–05/16 (Quelle: Zentralbanken)

(3) Die **Mindestreservepolitik** der EZB dient dazu, Geldmarktzinsen zu stabilisieren und strukturelle Liquiditätsknappheit zu erzeugen bzw. zu vergrößern. Die bei der Zentralbank hinterlegten Mindestreserven der Geschäftsbanken werden mit dem ESZB-Satz für Hauptrefinanzierungsgeschäfte verzinst.

Im Vergleich zur Geldpolitik der Deutschen Bundesbank wird deutlich, dass die Diskont- und die Lombardpolitik nicht mehr aufgeführt sind. Insbesondere die Diskontpolitik wurde immer wieder als versteckte Subvention der Zentralbank an die Wirtschaft kritisiert. Aber auch die Mindestreservepolitik steht in der Diskussion; sie ist insbesondere außerhalb Deutschlands stark umstritten, auch weil der theoretische Grenzfall einer unendlichen Geldschöpfung als kaum denkbar erscheint. Erhebliche Probleme bestehen nicht nur im Rahmen der Einführung, sondern auch langfristig mit der Abschätzung der richtigen Liquidität, die in einem teilweise sehr heterogenen Wirtschaftsraum für Preisstabilität sorgt. Auch die bereits weiter oben beschriebene Veränderung der Zahlungsstruktur könnte hierzu beitragen.

Im Zuge der europäischen Finanzkrise wurde durch massives Aufkaufen von Papieren am Markt das Bilanzsumme der Zentralbank ausgeweitet, um über niedrige Zinsen die Schuldentragfähigkeit der hochverschuldeten Peripherieländer der europäischen Union zu verbessern – oft eine Spätfolge der Kosten der Bankenrettung. Die Abb. 6.9 zeigt die Zusammenhänge für die EZB, die US-Notenbank, die Bank von Japan und die englische Notenbank; diese Quantitative Easing – QR – genannte Politik bedeutet gleichermaßen auch eine stete Minderung der Qualitätsanforderung an die bei der Europäischen Zentralbank einreichungsfähigen Papiere. Die entsprechenden Zinsen sind in Abb. 6.10 wiedergegeben.

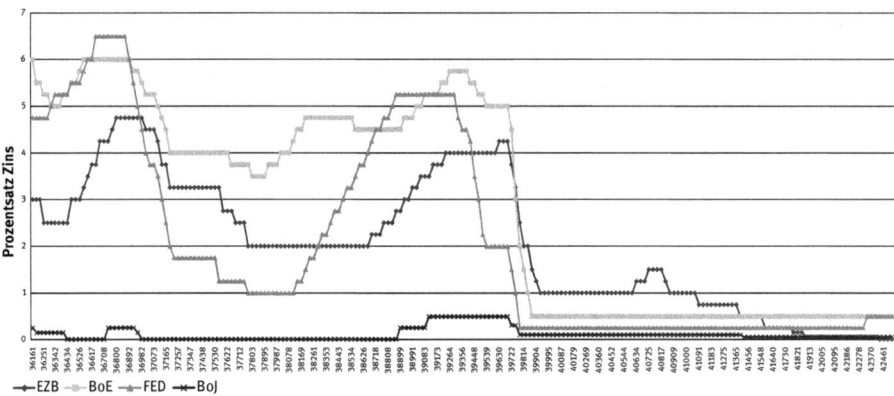

Abb. 6.10: Zinssätze der Zentralbanken, 1999–6/2016 (Quelle: Zentralbanken)

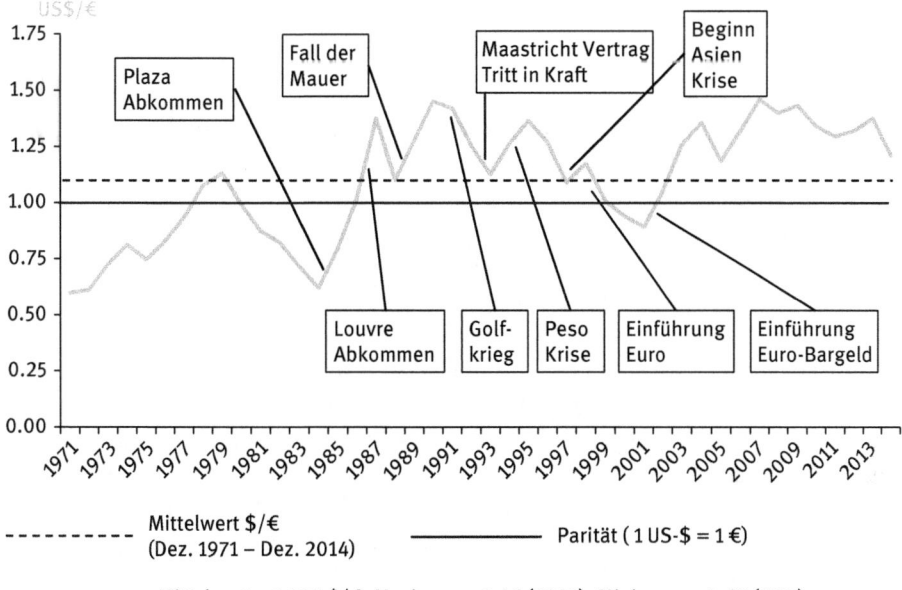

Abb. 6.11: Entwicklung des Wechselkurse zwischen US-$ und €, 12/1971–5/2015 (Quelle: Zentralbanken)

Schließlich kann die europäische Zentralbank auch mit Devisengeschäften intervenieren, um den Wechselkurs zu steuern – insbesondere gegenüber dem US-$. Die Vergangenheit lehrt aber, dass derartige Maßnahmen dann, wenn sie fundamental gegen die Marktendenz gerichtet sind – und dann noch unter den Zentralbanken unkoordiniert ablaufen – wenig Erfolg haben. Sie sind aber im Falle guter Koordination durchaus in der Lage, Markttendenzen nachhaltig zu begünstigen. Die folgende Abb. 6.11 zeigt die Entwicklung des Wechselkurses bis zur Einführung des Euro und die Entwicklung in den knapp 15 Jahren danach.

7 Unvollkommener Wettbewerb und Wirtschaftskrieg

7.1 Einführung

7.1.1 Kostenstrukturen als Determinanten der Wettbewerbsintensität

Das neoklassische Ideal der vollständigen Konkurrenz stellt eine idealisierte Referenzbasis dar, ebenso wie in der Physik das ideale Gasgesetz. Es ist eine benchmark, die zeigt, welche Allokationsergebnisse eine perfekte Wirtschaft aufweisen müsste – und bietet damit Möglichkeiten zu prüfen, worauf reale Abweichungen zurückzuführen sind.

Tatsächlich ist es das Streben aller Individuen und Unternehmen, genau diese Perfektion zu verhindern, um **Differenzialrenten** zu erzielen. Die Schöpfer der Modelle des realen Wettbewerbs hatten daher schnell erkannt, wie bedeutend diese Motivation für die Fortschrittsfähigkeit der Wirtschaft ist. Denn in der Absicht, ein Monopol zu erzielen, strengen sich die Unternehmer (beispielsweise als Anbieter von Werkzeugmaschinen) oder die Individuen (als Anbieter hochqualifizierter Leistungen) an, einen entsprechenden Vorsprung zu erzielen. Da das aber allen möglich ist, sind Monopolstrukturen kaum von Dauer. Die Offenheit des Markteintritts sowie die Fähigkeit und der Wille einer hinreichenden Anzahl von Individuen zur Anstrengung zählen offensichtlich zu den wesentlichen Voraussetzungen für die Funktionsfähigkeit des Wettbewerbs, also eine hohe Wettbewerbsintensität.

Als **Wettbewerbsintensität** bezeichnet man die Geschwindigkeit, mit der Vorsprungsgewinne erodieren.

Im neoklassischen Ideal ist die Wettbewerbsintensität nicht definiert, weil die Zeit ausgeblendet wird – sie ist quasi unendlich.

Aus diesen Überlegungen heraus entstand die Theorie der bestreitbaren Märkte. Denn wenn jeder hit-and-run entry[16] realisieren kann, dann können sich dauerhafte Überrenditen nicht verfestigen. Es sind die Kostenstrukturen, die wesentlich für das Ausüben von oder das Leiden unter Marktmacht verantwortlich sind. In den Wirtschaftswissenschaften unterscheidet man Kosten

- in variable Kosten oder fixe Kosten nach ihrem Bezug zur erzeugten Produktionsmenge und zum Beschäftigungsgrad; gäbe es nur variable Kosten, könnte sich das Unternehmen stets flexibel anpassen und hätte kein Insolvenzrisiko.
- in reversible Kosten oder irreversible Kosten (versunkene Kosten) nach der Möglichkeit, sie auf der Beschaffungsseite wiederzugewinnen (beispielsweise durch

---

16 *hit-and-ru*n: Unfall mit Fahrerflucht

DOI 10.1515/9783110515473-007

Verkauf des Anlagegutes), nicht nach der Möglichkeit, sie über den Marktprozess zu verdienen.

Als **versunkene Kosten** bezeichnet man alle Kosten, die mit dem Markteintritt oder -austritt verbunden sind und bei nur endlicher Verweildauer im Markt anfallen, sodass sie beim Rückzug vom Markt nicht abgegolten werden. Sie können fix oder variabel sein.

Ein Beispiel für zeitfixe Kosten sind die Verwaltungskosten eines Unternehmens, eins für ereignisbezogene versunkene Kosten sind die Notariatskosten beim Kauf eines Grundstücks. Materialkosten sind typischerweise variabel; das sind auch die Aufwendungen einer Regionalzeitung für einen Abonnentenstamm, allerdings sind diese verloren, wenn die Zeitung nicht mehr existiert.

Positive Gewinne führen, wie im dritten Kapitel beschrieben, zu Markteintritten, sodass im langfristigen Gleichgewicht ein Nullgewinn vorliegt. Wenn aber diese Markteintritte unterbleiben, weil entweder die zunächst irreversibel zu leistenden versunkenen Kosten, beispielsweise das Gießen der Fundamente der Anlagen eines Preßwerks oder die Werbungskosten, als zu hoch erscheinen, dann kann das Vorhaben aus Risikogründen scheitern. Auch die bereits getätigten hohen versunkenen Kosten des Marksassen, also des im Markt befindlichen Wettbewerbers, stellen eine Bedrohung dar, denn er kann sie nicht rückgängig machen und wird Preiskämpfe androhen, um den Markteintritt zu vermeiden.

Sobald man das neoklassische Leitbild verlässt und Markteintritts- und/oder Marktaustrittskosten (in Gestalt versunkener Kosten) mit in das Kalkül einbezogen werden müssen, ändert sich also die Allokation. Die hier vorgetragene Argumentation bezieht sich nur auf Marktzugangsschranken, weil die Argumentation für den Austritt analog verläuft. Unterstellt wird, dass die am Markt tätigen Unternehmen Preise nehmen, die ihnen eine Zusatzrente gewähren.

Ein Preisvektor q für eine Gruppe von im Markt tätigen Anbietern heißt **tragfähig**, wenn er den Unternehmen das langfristige Überleben gewährleistet und kein potenzieller (zum Marktzutritt bereiter) Konkurrent einen Absatzplan findet, der ihm mindestens einen Nullgewinn belässt, d. h.

$$\sum_{t=1}^{T} [q_t^e \cdot x_t^e - K(x_t^e)] \cdot (1+i)^{-t} - K_s \geq 0, \tag{7.1}$$

mit:

q_t^e: Preis für das den Markteintritt in t_0 planende Unternehmen zum Zeitpunkt t;
x_t^e: Produktionsmenge für das den Markteintritt planende Unternehmen in t;
i: Zinssatz;
K_s: Versunkene Markteintrittskosten;
K: Funktion der fixen und der variablen Kosten.

Da der Herausforderer nicht zu höheren Preisen verkaufen kann als seine Konkurrenten, wirken versunkene Kosten bei konstanten Technologien als Markteintrittshemmnisse (letztere können bei hinreichend besseren Technologien überwunden werden). Offensichtlich ist diese Marktkonstellation stabil im Sinne des Tragfähigkeitskonzepts, aber nicht im Gleichgewicht.

Ein Markt heißt **bestreitbar**, falls die Markteintritts- und Marktaustrittskosten Null sind.

Die Entwicklung der Theorie der bestreitbaren Märkte ist der Versuch der Fortentwicklung des neoklassischen Gedankengebäudes in Richtung auf ein theoretisch stringentes System, das statische Referenzpunkte in einer dynamischen Wirtschaft definiert und damit Effizienzaussagen ermöglicht. Sie setzt sich damit von den Konzepten ab, die Wettbewerb als Entdeckungsverfahren ansehen und damit über Marktversagen nicht hinauskommen können.

Im neoklassischen Modell hängt die statische Effizienz entscheidend an der Möglichkeit des Marktein- und -austritts. Durch diese Bestreitbarkeit (Baumol: „vulnerability to hit-and-run entry") lassen sich in einem bestreitbaren Markt keine dauerhaften Profite erzielen. Das bedeutet, dass (vgl. Braulcke 1983)

– alle Unternehmen im Markt verlustfrei arbeiten und keines sich veranlasst sieht auszusteigen, wodurch eine zulässige Konfiguration besteht.
– kein (potenzieller) Konkurrent sich veranlasst sieht, in den Markt einzudringen, weil es keinen gewinnträchtigen Zutrittsplan gibt, der es erlaubt, das Preissystem auch nur geringfügig zu unterbieten, um kostendeckend einzutreten und andere Firmen zu verdrängen; ein derartiges Preissystem wird, wie oben definiert, als tragfähig bezeichnet.

Für das Monopol, das Duopol und das enge Oligopol sind diese Ergebnisse revolutionär und konträr zu denjenigen, die in der neoklassischen Analyse des dritten Kapitels entwickelt wurden; in der Theorie der bestreitbaren Märkte wird der potenziellen Konkurrenz quasi die gleiche Wirkung wie tatsächlicher Konkurrenz zugebilligt.

Je träger die Preisregime auf Änderungen von Präferenzen und Technologien reagieren, desto leichter ist das Eindringen eines Neuanbieters. Sobald versunkene Kosten vorliegen, ist die Bestreitbarkeit nicht mehr gegeben, weil der Konkurrent Kosten hat, die die etablierte Konkurrenz nicht (mehr) belasten.

7.1.2 Institutionen, Evolutorische Ökonomik und Innovation

Wettbewerb bedarf im Sinne des Ordnungsgedankens guter Institutionen. Mit diesen haben sich die Wirtschaftswissenschaften durch die der klassischen Institutionenlehre der Klassik und Neoklassik entgegengerichteten evolutorischen Theorien befasst. Die Institutionenökonomik hat zwei große Zweige:

- Die Alte Institutionenökonomik: Sie hat sich zur Evolutionsökonomik und zur Ordnungsökonomik weiterentwickelt und ist vor allem Gegenstand der Wachstumstheorie in der Tradition von List, Schumpeter sowie Nelson und Winter. Weiterhin ist sie Teil der Wettbewerbstheorie in der Tradition von Eucken und Heuss sowie der Sozialen Marktwirtschaft in der Realisierung von Erhard.
- Die Neue Institutionenökonomik: Sie beruht auf dem methodologischen Individualismus und der Vorstellung optimierenden Verhaltens der Individuen. Die Österreichische Schule stellt in diesem Sinne einen Zwitter dar: Sie teilt mit der Neuen Institutionenökonomie den normativen Ansatz und die Bedeutung der individuellen Sicht im Rahmen des marginalanalytischen Instrumentariums, mit der Alten Institutionenökonomik aber die Vorstellung von beschränkter Rationalität, Evolution und Heuristik, wie es zum Beispiel bei Hayek deutlich wird.

Für Schumpeter (1912) bricht der dynamische und innovative Unternehmer als Träger des Fortschritts und der wirtschaftlichen Entwicklung durch technische und wirtschaftliche Neuerungen (Innovationsphase) das Gleichgewicht auf und zerstört Altes. Der ständige Prozess der **schöpferischen Zerstörung** ist der Motor der konjunkturellen Entwicklung. Ein wichtiger Treiber ist der technische Fortschritt, der sich materiell als auch immateriell vollziehen kann.

Als **technischen Fortschritt** bezeichnet man die Erhöhung der Faktoreinsatzeffizienz in der Produktion.

Unter **Innovation** versteht man die wirtschaftliche Umsetzung und Nutzbarmachung von Erfindungen und Entdeckungen.

Schumpeter (1912) postulierte, dass die Fähigkeit des Individuums, Erfindungen (Inventionen) wirtschaftlich nutzbar zu machen, d. h. neue, revolutionäre Kombinationen von Rohstoffen und Produktivkräften zu ermöglichen (Innovationen), die Wurzel allen Fortschritts sei. Damit würde die wirtschaftliche Entwicklung, stets auf der Suche nach Gleichgewicht, ständig durch Innovationsschocks gestört. Die Empirie zeigt, dass der Beginn einer langen Welle mit einigen Basisinnovationen einhergeht, beispielsweise:

1787–1800:	Erste Industrielle Revolution (Industrie 1.0) – markiert durch den Übergang von der Agrar- zur Industriegesellschaft, vor allem getrieben von den ersten Kraftmaschinen (Dampfmaschine) und den mechanischen Webstuhl
1840–1900:	Zweite Industrielle Revolution (Industrie 2.0) – neben die Kohle- und Stahlindustrie treten die Chemie- und die Elektroindustrie; das Transportwesen wird durch Eisenbahn und Dampfschiff modernisiert.
1950–2000:	Dritte Industrielle Revolution (Industrie 3.0) – Computer und Roboter automatisieren dien Produktion; produktionsorientierte Dienstleistungen gewinnen an Gericht.

2000–20XX: Vierte Industrielle Revolution (Industrie 4.0) – markiert durch die Vernetzung von Mensch, Maschine und den Erzeugnissen entlang der gesamten Wertschöpfungskette.

7.2 Neoklassische Modelle der Marktmacht

7.2.1 Geschichtliche Entwicklung der Monopoltheorie

Natürliche Monopole entstanden ursprünglich durch den alleinigen Besitz bestimmter Rohstoffe, Beispiele hierfür sind der deutsche Kalibergbau vor 1914, die Seidenherstellung in China oder die Alaungruben im mittelalterlichen Kirchenstaat. Gesetzliche Monopole entstehen, wenn durch den Patentschutz eine exklusive Nutzung für einen bestimmten Zeitraum garantiert wird. Staatliche Monopole ergeben sich dann, wenn sich der Staat gewisse Produktionsbereiche exklusiv vorbehält. Sie werden meist – zu Recht oder zu Unrecht – mit der Notwendigkeit begründet, eine gleichmäßige Versorgung der Volkswirtschaft mit bestimmten Leistungen zu gewährleisten und dienen häufig als ergiebige Einnahmequelle. Ein Beispiel hierfür ist das Postmonopol. Konzentrationsmonopole sind die Folge von wirtschaftlichen Zusammenschlüssen von Unternehmen, die versuchen, die Vorteile der Kostendegression auszunützen.

7.2.2 Das Gewinnmaximum des Monopolisten

Offensichtlich ist die Existenz eines Monopols durch die Beziehung zwischen Produktionstechnologie und Gesamtnachfragevolumen bedingt. Zentrale Bestimmungsgröße ist hierbei das Outputvolumen, bei dem die Durchschnittskosten ihr Minimum annehmen. Liegt dieses bezogen auf die Nachfrage hoch, so ist mit nur einem Anbieter zu rechnen; liegt dieses niedrig, so kann das Angebot von mehreren Firmen bereitgestellt werden.

Ein Monopolist kann entweder den Preis oder die Menge autonom festlegen. Da eine stetige Produktionsausweitung zur Sättigung des Marktes und damit zum Sinken des Stückpreises führt, ist eine Produktionsausweitung c. p. nur über ein Sinken des Stückpreises möglich. Das Gewinnmaximum liegt dort, wo der Grenzerlös den Grenzkosten entspricht.

Es gilt

$$E(x, q) = x \cdot q(x). \tag{7.2.}$$

Für den Monopolisten gilt, dass sein Erlös von Preis und Menge abhängt, sodass die Grenzerlösfunktion (nach der Produktregel) lautet:

$$GE(x, q) = q(x) + \frac{dq(x)}{dx} \cdot x. \tag{7.3}$$

Durch Erweiterung folgt:

$$
\begin{aligned}
GE(x, q) &= q(x) + \frac{dq(x)}{dx} \cdot x \cdot \frac{q(x)}{q(x)} \\
&= q(x) \cdot \left(1 + \frac{dq(x)}{dx} \cdot \frac{x}{q(x)}\right) \\
&= q(x) \cdot \left(1 + \frac{1}{\Phi_N(q)}\right), \tag{7.4}
\end{aligned}
$$

wobei $\Phi_N(q)$ die Nachfrageelastizität bezüglich des Preises angibt. Diese Beziehung wird als **Amoroso-Robinson-Relation** bezeichnet. Da für den Polypolisten der Wert dieser Elastizität bei minus unendlich liegt, gilt für ihn die Identität von Grenzerlös und Preis.

Die einfache lineare Nachfragefunktion impliziert eine paraboloide und symmetrische Erlösfunktion (Umsatzfunktion); mit wachsendem Angebot wird zunehmende Nachfrage befriedigt, aber zu fallenden Preisen. Ab einem bestimmten Punkt wachsen die Erlöse nicht mehr, weil die Preissenkung durch den Angebotsdruck stärker ist als die zugrundeliegende Mengenausweitung. Die zugehörige Grenzerlösfunktion ist linear. Es gilt:

(1) Die im Cournot-Punkt (Punkt C in Abb. 7.1) realisierte Preis-Mengenbeziehung ergibt sich aus der Projektion des Schnittpunktes der Grenzerlös- mit der Grenzkostenkurve auf die Nachfragekurve; die Achsenabschnitte der Nachfrage ergeben sich dadurch, dass bei Annäherung der Menge x_i an den Wert null der Preis und der Grenzerlös zum gleichen Wert konvergieren; ein Gesamterlös von Null ergibt sich dort, wo der Preis oder die Menge Null ist.

(2) Der Stückgewinn ergibt sich aus dem Abstand zwischen Cournot-Punkt und den Durchschnittskosten der optimalen Produktion; der Gesamtgewinn entspricht – durch Multiplikation des Stückgewinns mit der Absatzmenge – der markierten Fläche.

(3) Die **volkswirtschaftlichen Kosten des Monopols** erkennt man daran, dass bei polypolistischer Konkurrenz
   - kurzfristig eine höhere Menge bei geringeren Preisen (Punkt B) abgesetzt würde; der Wohlfahrtseffekt ergibt sich aus der Fläche A-B-C.
   - langfristig bei einer Angebotsfunktion (Grenzkostenfunktion) parallel zur x_i-Achse die doppelte Menge bei bedeutend geringerem Preis (Punkt D) abzusetzen wäre. Der Verlust der Konsumenten ist proportional der Fläche q_c-q_p-D-C, der Gewinn der Produzenten proportional der Fläche q_c-q_p-A-C, sodass das Dreieck A-C-D den Wohlfahrtsverlust (deadweight loss) angibt.

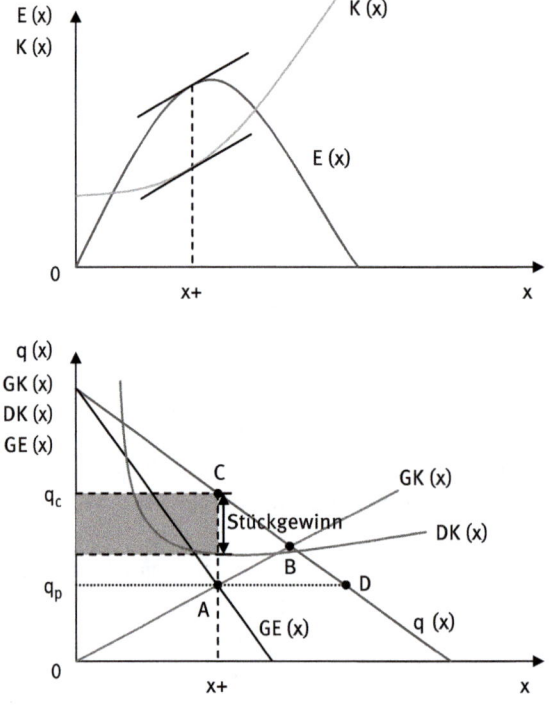

Abb. 7.1: Das Gewinnmaximum des Monopolisten (Quelle: Eigene Darstellung)

(4) Der Cournot-Punkt liegt immer im elastischen Bereich der Preis-Absatz-Beziehung.

Ein Monopolist hat die Möglichkeit der Preisdiskriminierung.

Als **Preisdiskriminierung** bezeichnet man eine Preissetzung, die nicht den Grenzkosten und den Kosten der Differenzierung des Produktes folgt.

Es gibt viele Formen der Preisdiskriminierung; die bekannteste ist die Variation des Preises nach der Dringlichkeit der Nachfrage (der Nachfrageelastizität). Da die Nachfrageelastizitäten bezüglich des Preises negativ sind, wird dem Gut mit dem höheren Preis die Kundengruppe mit der absolut geringeren Nachfrageelastizität zugerechnet. Typische Realisationen dieser Preispolitik finden sich im Verkehrs- und Telekommunikationssektor (roaming). Das wird als **Ramsey-Preissetzung** bezeichnet.

7.2.3 Das natürliche Monopol

Eine spezielle Form des Monopols ergibt sich dann, wenn die Durchschnittskosten über dem relevanten Nachfragebereich streng monoton fallen. Dann können keine zwei oder mehr Anbieter das maximal absetzbare Angebot zu günstigeren Kosten als ein Monopolist anbieten (siehe Abb. 7.2).

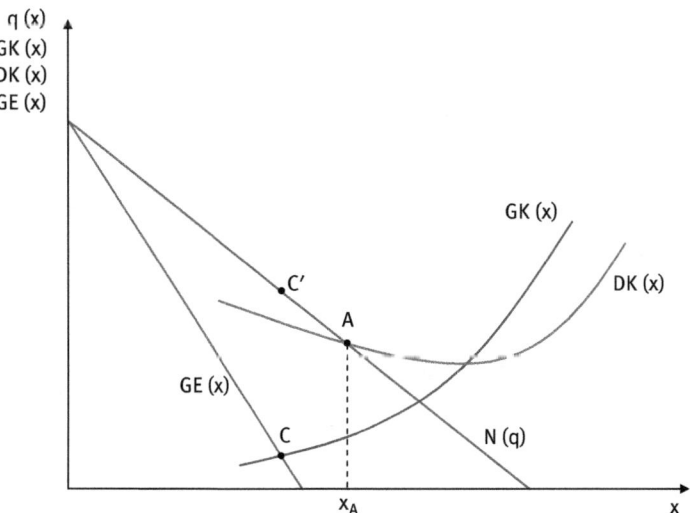

Abb. 7.2: Kostenstrukturen im natürlichen Monopol (Quelle: Eigene Darstellung)

Der Monopolist wird versuchen, im Cournot-Punkt C' anzubieten. Falls es unerwünscht ist, ließe sich beispielsweise durch Verstaatlichung der Industrie die Produktion einer Menge x_A erzwingen, die allerdings nicht Pareto-effizient aber dafür kostendeckend bereitgestellt wird. Man beachte, dass der Verlauf der Durchschnittskostenfunktion außerhalb des relevanten Nachfragebereichs beliebig sein kann; nur im relevanten Bereich muss sie streng monoton fallen, wobei diese Bedingung abgeschwächt werden kann.

Das natürliche Monopol ist von regulierungspolitischem Interesse, weil es zwei wirtschaftspolitisch nicht akzeptierte Preis-Mengen-Gestaltungen eröffnet:

(1) Rosinenpicken: Liegt das Durchschnittskostenminimum rechts vom Schnittpunkt mit der Nachfragefunktion wie in Abb. 7.3, dann könnte sich der Anbieter nur auf diese Kunden konzentrieren und die dann sehr teuer zu bedienende Restnachfrage Dritten überlassen. Er pickt also die Rosinen (englisch: cherry picking), weil ein Herausforderer nur Restmengen anbieten könnte, die mit einem Preis weit über $q^\star$ verbunden sind.

(2) Blockierter Markteintritt: Bei Ausweiten der Nachfrage ist auch im Bereich steigender Durchschnittskosten kein Markteintritt möglich, solange nicht zwei Anbieter zu günstigeren Durchschnittskosten anbieten können als einer, wie dies Abb. 7.4 zeigt. Dies ist erst ab x_s der Fall. Dieser Tatbestand ist Folge der sogenannten Subadditivität der Kostenfunktion bis zum Punkt x_s.

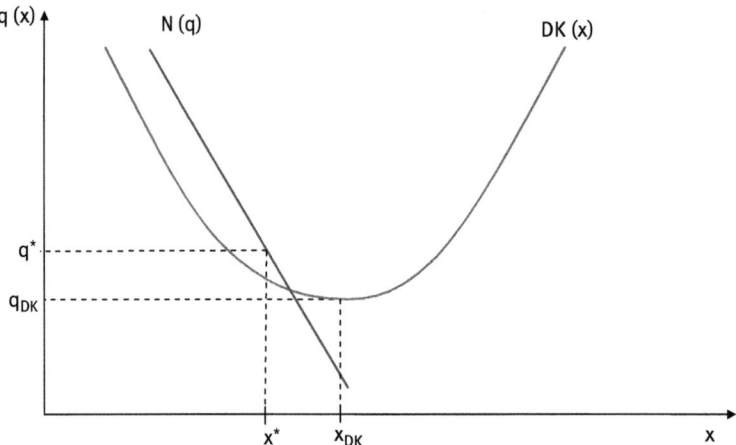

Abb. 7.3: Tragfähiges natürliches Monopol und Rosinenpicken (Quelle: Eigene Darstellung)

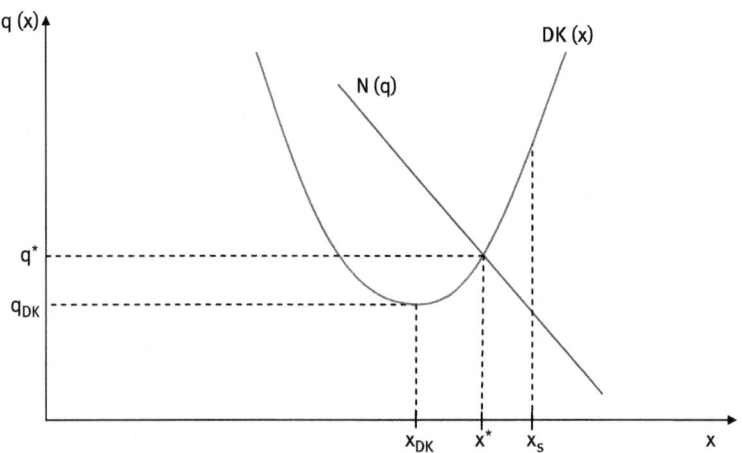

Abb. 7.4: Nicht tragfähiges natürliches Monopol (Quelle: Eigene Darstellung)

7.2.4 Monopolistische Konkurrenz

In der Realität haben Unternehmen monopolistische Bereiche, werden aber in ihrer Preisgestaltung dadurch eingeschränkt, dass es im Punktmarkt partielle Substitute und im räumlichen Markt Distanz gibt; monopolistischer Wettbewerb ist die Folge, d. h. ein Wettbewerb, bei dem die Preisgestaltung eines Anbieters durch die eines partiellen Substituts beschränkt wird. Offensichtlich stellt der Substitutionsabstand damit das entscheidende Kriterium der eigenen Preisgestaltung und der Möglichkeit, eine Differenzialrente zu erzielen, dar.

7.2.5 Das Oligopol

Beim Oligopol stehen mehrere Unternehmen mit identischem Produkt im Wettbewerb; der Spezialfall ist das Duopol. Man unterscheidet

(1) Beim Cournot-Oligopol wird von einer Mengenanpassung der Wettbewerber ausgegangen. Es ergibt sich damit ein oberer Preis, der aber unterhalb der Kollusion, also eines Kartells, liegt.

(2) Beim Bertrand-Oligopol findet der Wettbewerb über Preise statt, weshalb infolge eines steten Unterbietens, um Marktanteile zu gewinnen, die Preise auf Grenzkosten verfallen und die Allokation dann der des Polypols entspricht.

(3) Beim Stackelberg-Oligopol wird zwischen einem Führer, der die ersten Mengenentscheidung bei seinem Markteintritt fällt, und einem Verfolger, der die Restnachfrage übernimmt, unterschieden.

Die Beziehungen der oligopolistischen Interdependenz werden durch die sogenannten Reaktionsfunktionen angegeben, die beschreiben, welche beste Antwort das eine Unternehmen auf die Handlung des anderen Unternehmens gibt.

(4) Im Bresnahan-Oligopol (Bresnahan 1981) werden diese Reaktionsfunktionen durch Vermutungen über das Handeln der Konkurrenten überlagert bzw. ersetzt, um preisliche Allokationen zwischen dem Bertrand- und dem Cournot-Gleichgewicht zu erklären. Unternehmen setzen Preise in der Hoffnung, Dritte würden feindliche oder friedliche Absichten erkennen. Es entsteht ein in der Spieltheorie mittels tit-for-tat erklärter Ablauf, der beispielsweise die Preisstabilisierung nach einem Preiskrieg erklärt. Die Wirkungsweise hängt stark von der Glaubhaftigkeit der Signale ab, also der Fähigkeit, Informationsasymmetrien zu überwinden.

Angesichts unterschiedlicher Informationsstände kann es nämlich angezeigt sein, Dritte über die eigene Einschätzung eines Sachverhalts zu informieren, d. h. Signale zu senden, um beispielsweise das eigene Marktergebnis zu verbessern. Die **Signaltheorie** befasst sich mit der Frage, welche Möglichkeiten gegeben sind, Signale zu erzeugen (beispielsweise über Preise) und wie deren Glaubhaftigkeit – vor allem vor dem Hintergrund strategischen Handelns – gewährleistet werden kann. Um glaubhaft zu sein, muss es für ein besseres Risiko möglich sein, Signale billiger zu senden als für ein schlechteres.

7.3 Wettbewerb jenseits der Ordnungsregeln und Wirtschaftskrieg

7.3.1 Innovation und Regelübertretung

Laut Schumpeter (1912) stellt die institutionelle Neuerung eine wesentliche Innovationskategorie dar. Der Wettbewerb der Institutionen wird damit zu einer wichtigen Triebfeder der Entwicklung der Wirtschaft. Ohne das Annähern an die Grenzen, das Überschreiten, oft auch das Zerstören, vorhandener Institutionen ist Fortschrott nicht denkbar. Die Vorstellung der Wohlfahrtstheorie geht dahin, es dann als verbessernd anzusehen, wenn entweder – nach entsprechender Zeit – eine Wohlfahrtsmehrung für alle zu konstatieren ist oder die Begünstigten die Benachteiligten entschädigen können. Ersteres ist der Inhalt der Pareto-Effizienz, letzteres der Kaldor-Hicks-Effizienz.

Eine wirtschaftliche Maßnahme heißt **Kaldor-Hicks-günstig**, wenn die Begünstigten in der Lage sind, die Benachteiligten durch Kompensation auf ihr Wohlfahrtsniveau vor der Durchführung der Maßnahme zu heben, und dabei einen Vorteil behalten.

7.3.2 Freihandel und Handelskrieg

Die grundlegenden Vorstellungen zum Freihandel waren bereits weiter vorne im Kontext der Theorie von Ricardo zu den komparativen Kostenvorteilen gelegt worden.

Tatsächlich lässt sich vermuten, dass in Konflikten die Erwartungen die Treiber von Krisen sind. Denn eigentlich gibt es zwei Hypothesen über Konflikte, die zu diskutieren sind und zu unterschiedlichen Ergebnissen führen (Copeland 1996):

(1) Die Liberalisten postulieren entsprechend der liberalen Doktrin, dass der Handel aufgrund seiner kooperativen Eigenschaften für alle Beteiligten vorteilhaft ist, weshalb vom Handel abhängige Staaten einen Krieg vermeiden sollten. Das Risiko eines Konflikts ist schlicht zu hoch: Handel ist besser als Invasion. Ergänzend wird oft behauptet, gerade die modernen Technologien würden die Kosten einer Auseinandersetzung massiv in die Höhe treiben, was eine Handelskoexistenz besonders vorteilhaft macht.

(2) Die Realisten hingegen behaupten, dass die wirtschaftliche Interdependenz die Wahrscheinlichkeit kriegerischer Auseinandersetzungen erhöht, weil Staaten Furcht vor Abhängigkeiten haben und versuchen, diese zu reduzieren. Denn das Risiko eines Boykotts, besonders bei Rohstoffen oder kritischen Vorleistungen, beispielsweise Steuermodulen, kann eine Wirtschaft erheblich schädigen. Dann würden hochgradig abhängige Staaten besonders kriegerisch auftreten, um sich ihre Importe zu sichern.

Doch in Bezug auf die Handelserwartungen lässt sich der Konflikt beider Positionen auflösen, indem man die Unterschiede zwischen den Liberalen und den Realisten mit ihrer jeweiligen Betonung der Vorteile des Handels versus dessen Kosten gegeneinander abwägt.

Ausgehend von einer Autarkiesituation führt Handel zu Vorteilen, die gemäß obiger liberaler Theorie als handelsbegünstigend angesehen werden. Das bedeutet Vorteile der Spezialisierung, die aber auch Abhängigkeiten erzeugen. Hier stellt sich nun die Frage, wie man dieses Abhängigkeitsniveau gegenseitig einschätzt. Das hängt nicht alleine vom Handel selbst ab, sondern auch von der langfristig erwarteten Friedfertigkeit der Lage. Ist diese nicht gegeben, so kann es sinnvoll sein, bereits heute einen Konflikt vom Zaun zu brechen, um diese Abhängigkeit zu verringern. Ökonomisch gesprochen führt das dazu, dass der Erwartungswert künftigen Handels durch dessen Abhängigkeitskosten negativ wird. Damit löst sich das Dilemma zwischen den Realisten und den Liberalen auf: Ein positives Ergebnis beim Ausschöpfen kooperativer Kosten und das Nutzen von Spezialisierungsvorteilen kann langfristig negativ wirken, wenn die Abhängigkeitsstrukturen ein Gefahrenpotenzial aufweisen.

Dieser Gedanke lässt sich durchaus auf Wirtschaftskonflikte übertragen, beispielsweise auf den dauerhaften Wirtschaftskrieg, den England im 19 Jh. gegen China führte, der zeitweise auch militärisch zu den Opiumkriegen eskalierte, oder auf den Antagonismus zwischen England und Deutschland in der gleichen Zeit, der bis zum Zweiten Weltkrieg reichte.

Der Wirtschaftskrieg und der militärische Krieg interagieren stark, weil der eine oft zum Instrument wird, um die Ziele des anderen zu erreichen. Wenn die Ökonomisierung aller Lebensbereiche, wie sie im Kommunistischen Manifest von Karl Marx und Friedrich Engels (1848) beschrieben wurde, die Konflikte in Richtung Wirtschaft verschoben hat, dann füllt der Wirtschaftskrieg das erste Feld aus und der klassische Krieg das vierte Feld. Die diagonalen Felder sind besonders interessant: Mittels Boykott sollen militärische Lösungen ohne den Einsatz von Soldaten erzwungen werden – der Iran-Boykott ist dafür ein Prototyp. Der Imperialismus wiederum war eine Form von territorialem rent-seeking, um mittels militärischer Macht Wirtschaftsräume zu sichern. Jean-Baptiste Colbert (1619–1683) ist vermutlich die Person der Geschichte, die gleichermaßen militärische und ökonomische Mittel im Sinne einer integrierten Strategie und Operationsführung nutzte, um militärische und ökonomische Ziele zu erreichen und mit seinem guerre d'argent zum Ausweiten der französischen Hegemonie dauerhaft aggressive Politiken verfolgte. Die Zusammenhänge werden in Tab. 7.1 verdeutlicht, die vier Fälle unterscheidet:

(1) Im ersten Feld findet sich der moderne Wirtschaftskrieg als Grenzüberschreitung des Wettbewerbs, um mit ökonomischen Mitteln wirtschaftliche Ziele zu erreichen.

(2) Im zweiten Fall wird mit wirtschaftlichen Mitteln politischer Druck ausgeübt, wobei er ein Substitut bzw. oft ein Vorläufer des militärischen Drucks ist; typisch sind der Boykott gegen Russland wegen der Konflikte mit der Ukraine im Jahr 2014 oder der bereits langanhaltende Boykott gegen den Iran wegen seines Atomprogramms.

(3) Oft werden militärische Mittel eingesetzt, um wirtschaftliche Ziele zu erreichen, beispielsweise wie im 19. Jh. beim gewaltsamen Öffnen von Ländern wie China und Japan durch England und Amerika. Imperialismus und Kolonialismus des 19. Jh. fallen insgesamt in diese Kategorie.

(4) Das vierte Feld beinhaltet den klassischen Militärkonflikt.

Meist oszilliert die Realität zwischen diesen Feldern, weil Konflikte, wie der Ukraine-Konflikt des Jahres 2014 zeigt, auf bestimmten Ebenen militärisch, auf anderen ökonomisch ausgetragen werden.

Tab. 7.1: Ordnung der militärischen und wirtschaftlichen Konflikte (Quelle: Eigene Darstellung)

Instrumente (Mittel) des Krieges	Ziele des Krieges	
	ökonomisch	**militärisch**
ökonomisch	moderner Wirtschaftskrieg	Finanzverkehrskontrollen, Handelsbeschränkungen, Boykott
militärisch	(Neo-)Imperialismus, (Neo) Kolonialismus	(klassischer) militärischer Konflikt

7.3.3 Wirtschaftskrieg

Wirtschaftskrieg stellt ein neues Paradigma dar, das es im Kontext der Rivalität als übergeordneten Begriff erlaubt, den Wettbewerb besser als bisher zu verstehen – und damit auch die gelegentlichen Entgrenzungen und Regelüberschreitungen. Rivalität wird dabei im Sinne von Brenner (1983, 1987) als universelles gesellschaftliches und besonders anthropologisches Phänomen, so wie es bereits Schumpeter (1912, 1942) in seinem Konzept der Demokratie und der Wirtschaft getan hat, beschrieben. Sie hat zugenommen, weil, wie bereits im *Kommunistischen Manifest* von Karl Marx und Friedrich Engels (1848) vorhergesehen, immer mehr Lebensbereiche dem Primat der Märkte unterworfen worden sind. Dieser Siegeszug des Wettbewerbsprinzips wird an der schöpferischen Zerstörung sichtbar, die eben nicht nur eine wirtschaftliche sondern auch eine gesamtgesellschaftliche Triage darstellt. Sie weist darauf hin, dass Selektion auch Härten bedeutet, die nicht sofort als Wirtschaftskrieg bezeichnet werden dürfen, und ist Teil eines sozialen, durch Regeln eingerahmten Wettbewerbs abseits dessen der Wirtschaftskrieg lauert. Wenn Wolf Schneider (2014, S. 94) ausführt, Krieg sei „wechselseitiges Massentöten mit gutem Gewissen", dann lässt sich der Wirtschaftskrieg folgendermaßen definieren (Blum 2015, S. 25):

Wirtschaftskrieg ist der bewusste, aggressive Einsatz geeigneter Mittel zum Zerstören bzw. Entwerten des Humankapitals, Sachkapitals, intellektuellem Kapitals, Organisationskapitals (d. h. einschließlich der dafür erforderlichen Institutionen) eines wirtschaftlichen Rivalen durch Unternehmen und/oder Staaten ohne moralische Bedenken in einem abgegrenzten Markt, um wirtschaftliche Dominanz zu erzielen.

Der Wirtschaftskrieg als Intention, nämlich als Versuch, den Gegner zur Kooperation zu zwingen, benötigt verfügbare Potenziale, also Fähigkeiten und Bereitschaften, sowie einen Willen zur Rivalität und möglicherweise auch die Sprache, die gleichermaßen die Aufgabe der motivierenden Innenkommunikation erfüllt und als er- bzw. abschreckende Kommunikation gegenüber dem Gegner wirkt. Ganz wichtig ist dabei die Qualität der Signalgebung für die Glaubhaftigkeit. Zugrunde liegt die anthropologisch begründete Vorstellung eines alternativlosen bellum omnia contra omnes, eines Überlebenskampfes im Sinne des ökonomischen Sozialdarwinismus. Kooperation wird nur gewählt, wenn sie dem Erhalt des Unternehmens oder des Staates dient. Da zwischen dem Sichtbarwerden der Absichten und den Ergebnissen des Handelns eine erhebliche Latenzzeit liegen kann, kann über den Ordnungsrahmen gegen das regelwidrige Verhalten nicht rechtzeitig interveniert werden, was wiederum zu erheblichen Reputationsschäden für das Wirtschaftssystem führt. So benötigt beispielsweise die WTO für eine Anti-Dumping-Untersuchung über ein Jahr, in dieser Frist kann die zu unterwerfende Industrie aber bereits irreversibel zerstört sein, wie das Beispiel der deutschen Solarindustrie zeigt. Der Systemkrieg zwischen Ost und West ging bis zur finalen Systemzerstörung – volkswirtschaftlich im Konkurs der DDR sichtbar, betriebswirtschaftlich am industriellen Mobbing gegen den ersten FCKW-freien Kühlschrank eines ehemaligen VEB, dem die westdeutsche Konkurrenz nachsagte, zu explodieren.

Die Abb. 7.5 rückt diese Rivalität und die durch sie erzwungenen Veränderungen der Allokation in einen wohlfahrtstheoretischen Rahmen. Gegeben sind zunächst eine alte Produktionsmöglichkeitenkurve sowie eine infolge von Innovationen gegebene, weiter außenliegende neue Produktionsmöglichkeitenkurve, die die vorhandenen Ressourcen aufgrund verbesserter Technologien effektiver als bisher nutzt. Entlang jeder der beiden Produktionsmöglichkeitenkurven erzeugen die rivalisierenden Unternehmen oder Staaten (allgemein: Rivalen) je ein Gut oder ein Güterbündel. Da sie über eine Technologie mit abnehmenden Ertragszuwächsen verfügen, ist die Kurve nach außen gewölbt. Alle Punkte auf jeder dieser Kurven sind Pareto-effizient, d. h. eine Mehrproduktion des einen Unternehmens ist nicht ohne eine Minderproduktion des anderen möglich. Die neue Kurve dominiert aber die alte.

Anpassungswettbewerb herrscht dort, wo Unternehmen in einer Situation der Unterauslastung gezwungen werden, durch eine verbesserte Ressourcennutzung auf die (alte) Produktionsmöglichkeitenkurve in der Ausgangslage vorzurücken. Dann werden die vorhandenen Ressourcen nach dem Stand der Technik im Sinne einer best practice genutzt und die nach Harvey Leibenstein (1966) benannte A-Ineffizienz abgebaut, wodurch die Grenze der Produktionsmöglichkeiten erreicht wird.

Der Anpassungswettbewerb ist vom Innovationswettbewerb zu unterscheiden. Dazu wird die Produktionsmöglichkeit beider Unternehmen, die eine gemeinsame Ressource haben, die sie teilen müssen, durch neue Technologien nach außen verschoben. Allerdings ist auch hier wieder ein Anpassungsprozess bei ineffizienten Unternehmen möglich, wenn diese, wie oben beschrieben wurde, die technologischen Möglichkeiten nicht vollumfänglich nutzen. Alternativ können durch eine Vergrößerung der Markträume und damit eine Verbesserung der Arbeitsteilung die vorhandenen Technologien besser als bisher genutzt werden; dann werden X-Ineffizienzen eliminiert. Der dabei konkret erzielte Produktionspunkt entspricht einer Pareto-Verbesserung.

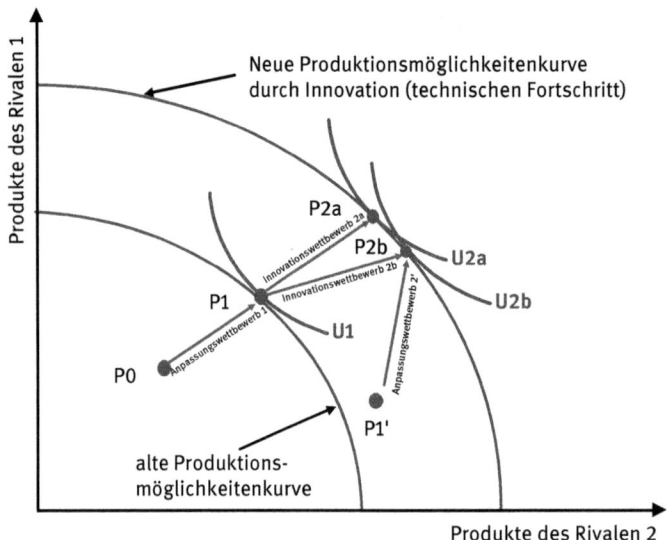

Abb. 7.5: Einteilung von Rivalität und Identifikation des Wirtschaftskriegs (Quelle: Eigene Darstellung)

Auf der Grundlage dieser Wohlfahrtsbetrachtung lassen sich Verschiebungen auf der Kurve klassifizieren und der Wirtschaftskrieg als Entwertung von Ressourcen einordnen. In der Abb. 7.6 ist zunächst eine Produktionsmöglichkeitenkurve mit einem Produktionspunkt P0 der beiden Güter der Unternehmen eingetragen, die auch den Schnittpunkt eines Koordinatenkreuzes enthält. Im Schnittpunkt des Kreuzes liegt der aktuelle Produktionspunkt vor. Ausgehend von diesem gibt das diagonal schraffierte Feld, das mit X bezeichnet ist, die Menge der Pareto-Verbesserungen wieder. Das entspricht dem Ideal des liberalen Wettbewerbs, der für alle Verbesserungen bereithält, die aber hier nur durch verbesserte Faktornutzung, also durch technischen

Fortschritt, möglich sind, weil ansonsten die Produktionsmöglichkeitenkurve nicht nach außen wandern kann. Das Feld X gibt folglich das Ideal des Schumpeter-Wettbewerbs wieder. Im entgegengesetzten Feld Z liegen die echten Verschlechterungen, also die Folgen eines totalen Wirtschaftskriegs. Möglicherweise besitzen der Handelskrieg Chinas gegen Deutschland im Bereich der Solarmodule, weil auch dort ein erheblicher Teil der Unternehmen inzwischen insolvent geworden oder insolvenzbedroht ist, oder der US-Autokrieg diese Qualität.

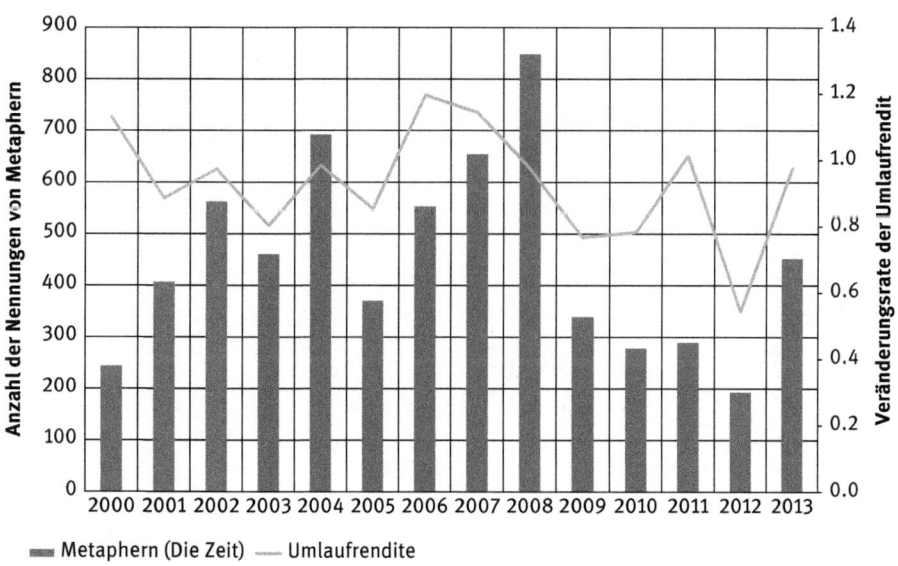

Abb. 7.6: Bellizistische Metaphern, 2000 bis 2013
(Quelle: Eigene Darstellung, Zhou (2015), Daten aus Die Zeit (Online-Ausgabe))

7.3.4 Resonanz des Bellizismus in der Sprache

Die zeitliche Häufung kriegerischer Metaphern[17] wurde (anhand der Wirtschaftsbeiträge in der Wochenzeitschrift *Die Zeit* (Online-Ausgabe) von 2004 bis 2014 untersucht. Man entdeckt eine leichte Zunahme ihrer Verwendung über die vierzehn Jahre und eine Orientierung an den ökonomischen Verwerfungen, beispielsweise den Folgen der DotCom-Krise, der Bankenkrise und schließlich am Wiederauftreten der Staatsschuldenkrise. Das wird in Abb. 7.6 wiedergegeben. Klar sieht man eine Korrelation

---

17 Gesucht wurden folgende Begriffe in Wirtschaftsnachrichten: Kampf, Schlacht, Feldzug, Angriff, Verteidigung, Manöver, Front, Marsch, Schützengraben, Eroberer, Feind, Opfer, Truppe, Veteran, Taktik, Bombe, Gewehr, Waffe, Blut, Kapitulation, Niederlage, Besiegter, Überlebende.

zwischen den Nennungen kriegerischer Metaphern und der von der EZB gemessenen Umlaufrendite. Dieses krisenbedingte Ansteigen des Zinsniveaus hat die EZB in der Regel mit einer Senkung der Leitzinsen beantwortet. Analysiert man die Beziehungen mithilfe eines ökonometrischen Modells, so zeigt sich, dass die Erhöhung der EZB-Bilanzsumme um 1 Prozent zu einem Sinken der Umlaufrendite um 0,18 Prozent führt – die Elastizität liegt bei −0,18. Für die DAX-Kurse ist die Elastizität 0,32 und für die Zahl kriegerischer Metapher 0,22. Das Bestimmtheitsmaß beträgt 0,54.

8 Staat, Wirtschaft und Wirtschaftspolitik

8.1 Allokation und Staat

8.1.1 Ziele staatlicher Wirtschaftsaktivitäten

Die Finanztheorie befasst sich mit der öffentlichen Finanzwirtschaft, die sich in den staatlichen Haushalten widerspiegelt. Erste Absicht des Staates als Teilnehmer am wirtschaftlichen Geschehen ist es, Marktergebnisse im Hinblick auf Allokation und Verteilung zu ändern. Die Essenz sozialer Koexistenz liegt hierbei in der Umverteilung von Einkommen und Vermögen; damit können sich erhebliche Rationalitätsfallen ergeben, wenn sucker, also Individuen, die das System aussaugen, die Finanzierung ausbluten. Denn Güter werden auch dann oft vom Staat bereitgestellt, wenn mit ihnen eine moralische Versuchung verbunden ist. So ändert sich bei einem risikoscheuen Konsumenten mit dem Abschluss einer Unfallversicherung möglicherweise das Risikoverhalten dergestalt, dass er sich weniger vorsorglich verhält. Da es für den Versicherer kaum möglich ist, die notwendigen Informationen zu beschaffen, um ein derartiges Verhalten bestrafen zu können, kann dieser externe Effekt nicht internalisiert werden. Wenn hingegen verbundene Risiken vorliegen (z. B. in einem Verbund von Kranken- und Alterssicherung), kann die öffentliche Bereitstellung derartiger Leistungen effizient sein und sogar natürliche Monopoleigenschaften aufweisen.

Die der Finanztheorie vorgegebenen Ziele können untergliedert werden (vgl. Zimmermann, Henke 1978, S. 4 ff.; Musgrave 1978 , S. 3 ff.) in:

(1) Ziele, die sich auf den Wirtschaftsablauf richten, z. B.
   – die wirtschaftliche und konjunkturelle Stabilität;
   – das wirtschaftliche Wachstum;
   – die Verteilung von Einkommen und Vermögen.

Das **Stabilitätsziel** soll entsprechend keynesianischer Vorstellung durch eine kompensatorische Finanzpolitik verfolgt werden, d. h. eine unfreiwillige Arbeitslosigkeit wird durch Anheben der Nachfrage auf Vollbeschäftigungsniveau beseitigt, eine inflationäre Überbeschäftigung durch Absenken der Nachfrage bekämpft. Bei Vollbeschäftigung und Preisstabilität ist die Höhe der monetären Ausgaben konstant.

Das **Verteilungsziel** wird durch die spezifische Zuordnung von Steuern und Transfers („negative Steuern") zu einzelnen Personen, Haushalten oder gesellschaftlichen Gruppen verfolgt und mit Wohlfahrtsüberlegungen begründet.

(2) Ziele, die sich auf die Produktion öffentlicher Leistungen beziehen (**Allokationsziele**), z. B. in den Bereichen Landesverteidigung, Ausbildung und Erziehung, Verkehr oder Gesundheit und Soziales.

DOI 10.1515/9783110515473-008

Die Frage nach der exakten Wirkung der staatlichen Finanzwirtschaft auf den Allokationsprozess kann nicht eindeutig beantwortet werden. Der Preismechanismus garantiert eine optimale Aufteilung und Zuordnung von Produktionsfaktoren und anderen Gütern nur unter derart einschneidenden Bedingungen, dass der Staat, falls diese in der Realität nicht erfüllt werden oder von der Gesellschaft nicht hingenommen werden wollen, regulierend eingreifen muss (z. B. bei Marktmacht, öffentlichen Gütern oder dem Vorliegen externer Effekte).

Auch durch das Erheben von Steuern beeinflusst der Staat den Allokationsprozess; Ressourcen, die der privaten Nutzung entzogen werden, stehen damit der öffentlichen Hand zur Verfügung, um Ausgaben zu tätigen. Zu klären ist, an welchem Steuertatbestand in welchem Umfang bei der Besteuerung angesetzt werden soll, d. h. wie eine optimale Steuerstruktur auszusehen hätte. Die abgeleiteten Ziele sind:

(1) Das fiskalische Ziel: Hierunter versteht man das Ziel der Einnahmenerzielung und sparsamen Mittelverwendung.
(2) Das Effizienzziel: Dieses beinhaltet die Forderung an die einzelnen öffentlichen Institutionen, effizient zu wirtschaften, und die Aufgabe, Einnahmen und Ausgaben institutionell zu verteilen (z. B. nach dem Subsidiaritätsprinzip).

Unter dem **Subsidiaritätsprinzip** versteht man, dass keine öffentliche Institution eine Aufgabe wahrnehmen soll, die eine private oder eine öffentliche Institution niedrigeren Ranges ebenso gut erfüllen kann.

8.1.2 Der öffentliche Haushalt

Ein öffentlicher Haushalt ist eine (nach dem Ressortprinzip) systematisch gegliederte Gegenüberstellung der geplanten Ausgaben und der erwarteten Einnahmen der jeweiligen Gebietskörperschaft oder sonstigen öffentlichen Einrichtung, um im wirtschaftlichen Sinne die Deckungsfunktion zu gewährleisten, d. h. eine Übereinstimmung von Ausgabenbedarf und Einnahmen herbeizuführen, und im parlamentarischen Sinne eine Rechts- und Vollzugsverbindlichkeit zu sichern.

Die Grundsätze, die bei der Erstellung eines öffentlichen Haushaltes in der Bundesrepublik Deutschland zu beachten sind, haben z. T. Verfassungsrang (Art. 110 ff. des Grundgesetzes) und beinhalten folgende Punkte:

(1) Den Grundsatz der Vorherigkeit, d. h. der Haushaltsplan ist vor Beginn der Haushaltsperiode vorzulegen, für die er gelten soll.
(2) Den Grundsatz der Öffentlichkeit, der allerdings dort seine Grenzen findet, wo es Geheimhaltungsbedürfnisse rechtfertigen.
(3) Den Grundsatz der Klarheit, der eine übersichtliche und systematische Gliederung fordert.
(4) Den Grundsatz der Genauigkeit, der eine möglichst exakte Veranschlagung von Einnahmen und Ausgaben verlangt.

(5) Den Grundsatz der Spezialität, der sich wie folgt aufgliedert:
  – Die quantitative Spezialität besagt, dass Ausgaben nur in Höhe des im Haushaltsplan vorgesehenen Ansatzes getätigt werden dürfen; für überplanmäßige oder außerplanmäßige Ausgaben ist ein Nachtragshaushalt erforderlich.
  – Die qualitative Spezialität besagt, dass Ausgaben nur für den vorgesehenen Einzelzweck getätigt werden dürfen: Falls verschiedene Titel eines Haushaltes untereinander deckungsfähig sind, ist das im Haushalt anzugeben.
  – Die zeitliche Spezialität besagt, dass Ausgaben nur im vorgesehenen Zeitraum verausgabt werden dürfen; sollen am Ende der Periode nicht verausgabte Titel auf das nächste Jahr übertragbar sein, so ist das anzugeben. Auch die Möglichkeit des Vorgriffes auf zukünftige Haushaltsmittel ist zu vermerken. Verpflichtungsermächtigungen sind notwendig, falls im laufenden Haushalt Beträge zu Lasten zukünftiger Haushalte langfristig zugesagt werden.
(6) Den Grundsatz der Einheit und Gesamtheit, der fordert, dass jede Gebietskörperschaft nur einen Haushalt erstellt; die Einnahmen sind hierbei nicht zweckgebunden (Nonaffektionsprinzip; eine Ausnahme bildet z. B. die Mineralölsteuer).
(7) Den Grundsatz der Vollständigkeit, der besagt, dass alle Einnahmen und Ausgaben nach dem Bruttoprinzip unsaldiert in den Haushalt einzustellen sind; eine Ausnahme hiervon ist nur bei kostenrechnenden Stellen und Gesellschaften des privaten Rechts in öffentlichem Besitz zulässig.
(8) Den Grundsatz des Gleichgewichts, der das Erfüllen der Deckungsfunktion verlangt; Deckungskredite für den Haushalt müssen vom Parlament verabschiedet werden.
(9) Den Grundsatz der Wirtschaftlichkeit und der Sparsamkeit.

8.1.3 Die optimale Aufteilung zwischen öffentlichen und privaten Gütern

Öffentliche Güter haben nachfrage- und produktionstechnisch einige wichtige Eigenschaften:
(1) Auf der Nachfrageseite ist zu beachten, dass bei privaten Gütern mit der Zahlung des Preises der Zugang von Gütermengen verbunden ist. Werden demzufolge Nachfragefunktionen verschiedener Kunden addiert, so erfolgt dies entlang der Mengenachse. Bei öffentlichen Gütern verändert sich die Menge durch die Zahlung des Preises nicht, weil hierdurch nur die Höhe des Beitrages steigt. Werden demzufolge Nachfragefunktionen verschiedener Konsumenten addiert, so geschieht dies entlang der Preisachse.
(2) In einer Tauschwirtschaft ist die Existenz öffentlicher Güter Voraussetzung für marktliche Transaktionen (im Gegensatz zur Subsistenzwirtschaft, in der diese fehlen können). Sie beanspruchen Inputs, die damit nicht zur Erzeugung privater Güter verfügbar sind. Man kann das wie folgt mit Hilfe einer Transformationskurve in Abb. 8.1 zeigen:

x_p^S ist das Niveau der Produktion privater Güter in einer Subsistenzwirtschaft ohne Tausch. Durch die Bereitstellung öffentlicher Güter (z. B. Eigentumsrechte, öffentliche Institutionen) kann die private Produktion zunächst bis zu einem Maximum steigen, das eine Produktion des öffentlichen Gutes von $x_ö^*$ bedingt; von da an überwiegt die Wirkung der Konkurrenz um knappe Inputs.

Man kann diesen Sachverhalt umweltökonomisch interpretieren: Ab dem Punkt $x_ö^*$ verursachen Umweltkosten Einschränkungen in der privaten Produktion, sodass das öffentliche Durchsetzen einer Mindestumweltqualität in Höhe von $x_ö^*$ sinnvoll ist. Welcher Punkt tatsächlich realisiert wird, hängt von der sozialen Wohlfahrtsfunktion ab. Diese kann beispielsweise eine utilitaristische Wohlfahrtsfunktion sein (mit der Maxime des größtmöglichen Glücks für die größtmögliche Zahl der Bürger und einer Allokation rechts des Maximums. Bei einer neoklassischen konvexen sozialen Wohlfahrtsfunktion würde es ebenfalls rechts des Maximums tangieren. Im Falle einer Rawlschen Wohlfahrtsfunktion erhöht der Staat die Wohlfahrt des sich auf dem niedrigsten Wohlfahrtsniveau befindlichen Individuums (bzw. der Gruppe), weshalb sie die Kurve im Maximum tangiert.

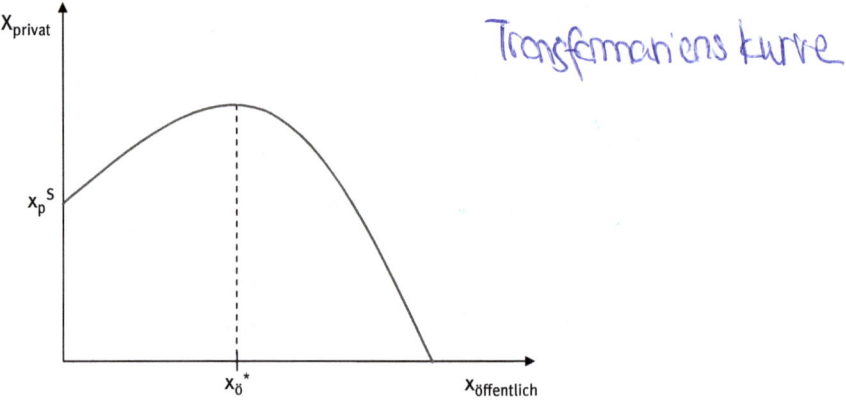

Abb. 8.1: Transformationsraum für öffentliche Güter (Quelle: Eigene Darstellung)

8.1.4 Öffentliche Einnahmen

Öffentliche Einnahmen bestehen aus Steuern, Gebühren und Beiträgen (zusammen als Abgaben bezeichnet), Krediten, Einkommen aus unternehmerischer Tätigkeit, Zöllen, Strafen (lateinisch: fines!). Die Finanzierung kann verschiedenen Prinzipien folgen:

Unter einer Finanzierung nach dem **Äquivalenzprinzip** versteht man, dass der Nachfrager einer staatlichen Leistung in Höhe des Marktpreises bzw. proportional zum Nutzen der Leistung zur Finanzierung herangezogen wird.

Bei einer Finanzierung nach dem **Leistungsfähigkeitsprinzip** (Opferprinzip) wird jeder zur Finanzierung staatlicher Leistungen nach Maßgabe seiner wirtschaftlichen Leistungsfähigkeit (Opferfähigkeit) herangezogen.

Offensichtlich nehmen Kopfsteuern keinerlei Rücksicht auf die Einkommensposition der Individuen bzw. Haushalte während progressive Steuern die Leistungsfähigkeit berücksichtigen, insbesondere den abnehmenden Grenznutzen zusätzlichen Einkommens. Die Belastungswirkung einer Steuer ergibt dann aus der Art des Steuertarifs. Idealtypisch sollen Steuern die Allokation nicht verändern – genau das leisten aber nur Kopfsteuern. Bereits proportionale Steuertarife können deshalb regressiv wirken, beispielsweise die Mehrwertsteuer, weil sie nur die Nachfrage betreffen und damit bessergestellte Haushalte mit erhöhter Sparquote insgesamt eine prozentual geringere Abgabenlast tragen als weniger einkommensstarke Haushalte.

Die Erhebung einer Steuer hat demzufolge Auswirkungen auf die Faktor- und Güterallokation, weil Produktionsfaktoren und Güter mit Kosten belastet bzw. ihre Erträge gemindert werden. Da die Steuern nicht notwendigerweise von dem getragen werden, der sie an das Finanzamt bzw. die steuererhebende Behörde abführt, können die ökonomischen Folgen der Einführung oder Veränderung einer Steuer äußerst komplex sein.

Als **Steuerüberwälzung** bezeichnet man die Übertragung der Steuerlast von einem auf einen anderen Steuerträger. Durch **Steuerrückwälzung** werden die Faktorentgelte gemindert, durch **Steuervorwälzung** die Preise angehoben und damit die Käufer belastet.

Wer letztlich in einer marktwirtschaftlich organisierten Wirtschaftsordnung die Last einer speziellen Steuer trägt, ist eine Frage der Ausgestaltung dieser Steuer, der Stärke der Marktposition der möglichen Teilnehmer eines Überwälzungsprozesses, der Risikostruktur der Unternehmen, der Präferenzstruktur der privaten Haushalte und vieler anderer Einflüsse.

Für die Systematisierung der Steuern ist die Überwälzmöglichkeit wie folgt von Bedeutung:

Als **direkte Steuern** bezeichnet man Steuern, die vom Steuerschuldner getragen werden sollen. Als **indirekte Steuern** bezeichnet man Steuern, die nicht vom Steuerschuldner getragen, d. h. mit dem Produktpreis weitergewälzt werden sollen.

Viele indirekte Steuern sind Kostensteuern für die Unternehmen, d. h. sie mindern die Bemessungsgrundlage der Einkommen- und Körperschaftsteuer. Ist der Steuerschuldner eine Person, so spricht man von einer Personensteuer, ist er eine Mobilie oder Immobilie, so liegt eine Realsteuer vor. Als Verkehrssteuern bezeichnet man Steuern, bei denen das Steuerobjekt ein Handelsvorgang ist.

Als **Steuerinzidenz** bezeichnet man die Verteilung von Steuern auf die am Wirtschaftsprozess Beteiligten in einer Wirkungsanalyse der öffentlichen Finanzen.

Die Verschuldung der Staaten ist in den vergangenen Jahren erneut aufs intensivste diskutiert worden. Besonders die Verteilungswirkungen stehen zur Debatte, weil Schulden, wenn sie niemals zurückgezahlt werden, wie Steuern wirken (Äquivalenz

Ricardian. Äquivalenz
Schulden als Steuern

nach Ricardo), sich aber Begüterte durch den Aufkauf von Staatspapieren in einem im Vergleich zu ihrem Steueranteil an der Gesamtbesteuerung überproportionalen Anteil „freikaufen" können. Staatsschulden jenseits der 60 %-Quote an der Wirtschaftsleistung werden als bedrohlich angesehen. Die Abb. 8.2 gibt den Schuldenstand in ausgewählten Ländern Europas wieder. Dabei wurden auch die impliziten Schulden berücksichtigt, insbesondere öffentliche Verpflichtungen aus Rentenanwartschaften.

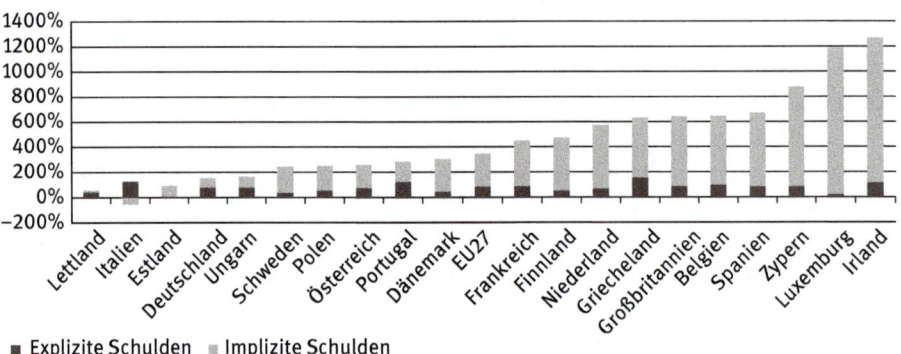

Abb. 8.2: Explizite und implizite Schuldenstände in Europa, 2012
(Quellen: Die Welt, Stiftung Marktwirtschaft, Europäische Kommission)

8.1.5 Öffentliche Ausgaben

In den meisten entwickelten Volkswirtschaften steigt der Anteil staatlicher Ausgaben am Bruttosozialprodukt überproportional zu dessen Wachstum. Das wird auch als Wagnersches Gesetz bezeichnet (Wagner 1892).

Als **große Staatsquote** bezeichnet man das Verhältnis aus Gesamtausgaben des Staates zur Höhe des Bruttosozialprodukts.

8.2 Die Rationalität der Wirtschaftspolitik

8.2.1 Einordnung der Wirtschaftspolitik

Zwischen der Wirtschaftspolitik und der Wirtschaftsordnung eines Staats bestehen enge wechselseitige Abhängigkeiten: Einerseits muss sich die Wirtschaftspolitik in den ordnungspolitisch vorgegebenen Rahmen der Volkswirtschaft einfügen, andererseits gestaltet sie diesen und entwickelt ihn fort. Konflikte zwischen Wirtschaftsordnung und Wirtschaftspolitik sind somit in allen Wirtschaftssystemen an der

Tagesordnung. Entsprechend ihrer Intensität lassen sich zwei Grundkonzeptionen der Wirtschaftspolitik unterscheiden.

Als **Ordnungspolitik** bezeichnet man die Wirtschaftspolitik einer öffentlichen Institution, die bestimmte wirtschaftspolitische Ziele durch Vorgabe eines wirtschaftspolitischen Rahmens setzt, die Ausfüllung jedoch den Wirtschaftssubjekten überlässt.

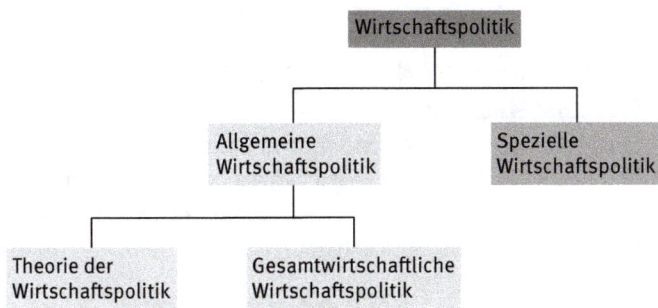

Abb. 8.3: Einteilung der Wirtschaftspolitiken (Quelle: Eigene Darstellung)

Als **Prozesspolitik** bezeichnet man die Wirtschaftspolitik einer staatlichen Einheit, die bestimmte wirtschaftspolitische Ziele durch die Verpflichtung staatlicher oder privater Wirtschaftssubjekte zu erreichen sucht.

Im einfachsten Fall beschränkt sich die Ordnungspolitik auf die Vorgabe eines Rahmens durch Gesetze, die das Kartellwesen, das Steuerwesen, Unternehmensformen oder das Verbändewesen regeln, innerhalb derer sich die Wirtschaftssubjekte frei entfalten können, während die Prozesspolitik durch einen in die Wirtschaft eingreifenden Staat vollzogen wird. Letztere findet in der Bundesrepublik Deutschland weitgehend auf der Makroebene statt, auf die Spielregeln gesetzt werden (Ordnungsrahmen) während die Spielzüge der Mikroebene vorbehalten sind.

Die Wirtschaftspolitik gliedert sich in einen allgemeinen und in einen speziellen Teil; ersterer wiederum zerfällt in die Theorie der Wirtschaftspolitik, welche die wohlfahrtstheoretischen Aspekte vor dem Hintergrund der Suche nach einer effizienten Allokation betrachtet, und die gesamtwirtschaftliche Wirtschaftspolitik. Spezielle Wirtschaftspolitiken folgen sektoralen Gliederungskriterien (siehe Abb. 8.3).

8.2.2 Begründung der Wirtschaftspolitik

Der zentrale klassische Rechtfertigungsgrund für die Durchführung von Wirtschaftspolitiken liegt in unbefriedigenden Allokationsergebnissen des Marktes begründet. Im einzelnen werden angeführt:

- das Vorhandensein spezifisch öffentlicher Güter,
- das Vorhandensein meritorischer Güter,
- die Unmöglichkeit, ein Marktgleichgewicht zu finden (z. B. bei anomalem Angebotsverhalten),
- das Vorliegen externer Effekte,
- das Vorliegen monopolistischer oder oligopolistischer Macht auf der Angebots- und/oder der Nachfrageseite,
- Skalen-, Verbund, Netzwerk-, Lernkurven- und Agglomerationsökonomien.

Weiterhin kann Wirtschaftspolitik auch das Ziel haben, in den effizienten marktlichen Allokationsmechanismus aus übergeordneten gesellschaftspolitischen Gründen einzugreifen, wie es beispielsweise bei der Einkommenspolitik geschieht. Oft ist die Folge von Eingriffen das Entstehen neuer ökonomischer Ineffizienzen oder gesellschaftlich nicht akzeptierter Effekte, die dann zu weiteren Eingriffen führen. Die Energiewende ist hierfür ein anschauliches Beispiel. Damit stellt sich die Frage nach der Rationalität wirtschaftspolitischer Steuerung.

8.2.3 Das Mittel-Ziel-System und die Rationalität der Wirtschaftspolitik

Die Träger der Wirtschaftspolitik (Entscheidungsträger) setzen Mittel (Instrumente) ein, um bestimmte Ziele zu erreichen. Diese Ziele können einen instrumentalen Charakter haben, wenn ihnen nur ein geringer Eigenwert zukommt (z. B. eine effiziente Allokation), es kann sich aber auch um wirtschaftliche Grundziele (z. B. Geldwertstabilität) oder darüber noch hinausgehende immaterielle Ziele handeln. Man sieht hieran zugleich, dass es in der Realität oft schwer ist, zwischen Zielen und Mitteln genau zu unterscheiden (z. B. Preisniveaustabilität). Wirtschaftliche Ziele unterliegen meist einem politischen Zweck.

Das Mittel-Ziel-System kann durch ein multidimensionales (multikriterielles) Entscheidungsmodell dargestellt werden. Hierbei kann zwischen Zielidentität, Zielkompatibilität, Zielantinomie bzw. Zielkonkurrenz und Zielindifferenz unterschieden werden. Diesen stehen auf der politischen Ebene die Ausprägungen Harmonie, Konflikt (Antinomie) und Neutralität gegenüber.

Ziele sind nicht a-priori gegeben, sind meist Teilschritte beim Verfolgen eines Zwecks; eine eindeutige Ableitung der Mittel (Instrumente) ist meist nicht möglich. Daraus folgt, dass die Mittel selbst Gegenstand der Bewertung sein können.

Die oben genannten Begründungen für das Durchführen der Wirtschaftspolitik (außerhalb der anderen klassischen Begründungen der Finanzwissenschaft wie beispielsweise Verteilungsaspekte) ergeben sich aus gutstechnischen Eigenschaften, die sich auf die Nachfrage und damit auf Präferenzen zurückführen lassen und teilweise aus technologischen Eigenschaften, die durch Kostenstrukturen des Angebots beschrieben werden und Folgen des Wahlverhaltens (und damit auch der

Präferenzen) der Unternehmer sind. Die Wirtschaftspolitik wird daher auf Grund des Wahlverhaltens von Gütern und von technologischen Bündeln konzipiert. Diese Wahl kann sich sowohl direkt an Märkten, als auch bei der Wahl von Regeln und Institutionen realisieren.

Mit der Frage der Rationalität hat sich Lucas (1976) beschäftigt, der die seinerzeit weitgehend statischen ökonomischen Modelle kritisierte und postulierte, dass Wirtschaftssubjekte rationale Erwartungen zeigten. Damit würden in das Heute bereits die wirtschaftspolitischen Folgen einbezogen. Durch diese Vorwegnahme würde jede systematische Wirtschaftspolitik ineffizient. Das zeigte er an der Kritik des Phillips-Zusammenhangs. Im keynesschen Modell führt eine Erhöhung des Preisniveaus infolge einer unterstellten Geldillusion der Arbeitnehmer, also statischer Erwartungen, zu einem Abbau der Unterbeschäftigung, weil die Lohnsätze sinken und die Arbeitgeber auf der Basis von Reallöhnen Mitarbeiter rekrutieren. Phillips (1958) postuliert, dass die Nominallohnsteigerung eine Funktion der Arbeitslosigkeit sei und weist für die britische Wirtschaft eine stabile hyperbolische Beziehung zwischen beiden Größen für eine Zeit von 100 Jahren nach; im Falle einer konjunkturellen Expansion liegen hierbei die Werte über, im Falle einer Kontraktion tendenziell unterhalb der Ausgleichskurve, d. h. der kurzfristige Zusammenhang wird durch eine „Schlaufe" beschrieben. Darauf wird weiter unten noch eingegangen.

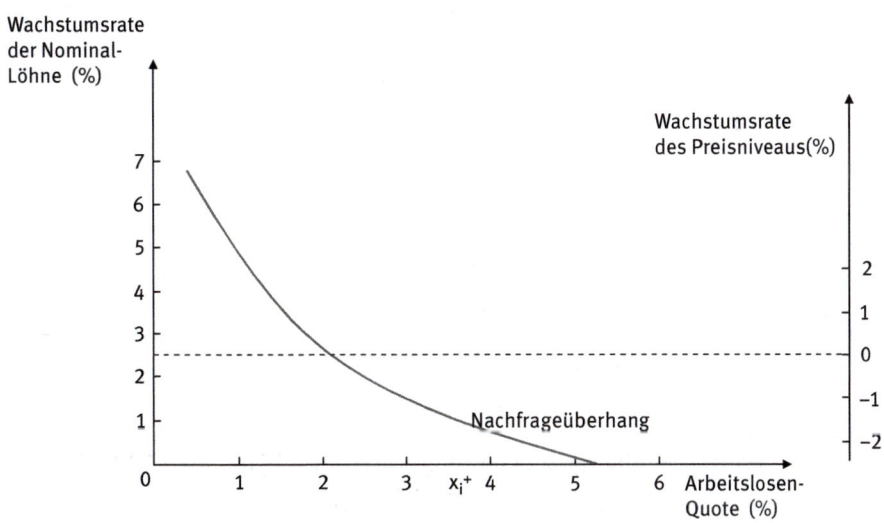

Abb. 8.4: Die Phillips-Kurve (Quelle: Eigene Darstellung)

Die Phillips-Kurve gibt den Zusammenhang zwischen der Änderungsrate des Preisniveaus und der Arbeitslosenrate wieder, wobei Phillips für Großbritannien eine Preisniveaustabilität bei einer Arbeitslosenquote von 2,5 % ansetzte (siehe Abb. 8.4).

Die verallgemeinerte Aussage des Phillips-Zusammenhangs lautet, dass zwischen der Menge unterbeschäftigter Ressourcen und dem Preisniveau eine stabile Beziehung besteht. Mit zunehmender Auslastung verschlechtert sich diese Beziehung zwischen realem und nominalem Wachstum stetig.

Existiert keine Geldillusion wie im keynesschen Fall, also statische oder konstante Erwartungen, so wird die Phillipskurve bei adaptiven Erwartungen, die Milton Friedman (1968) postuliert, einer „Sägezahnkurve" ähneln; bei rationalen Erwartungen im Sinne der Lucas-Kritik ist sie eine Senkrechte. Für Deutschland lässt sich zeigen, dass die Phillipsschlaufe rechtsdreht. Die Beziehung zwischen Inflationsrate und Arbeitslosigkeit ist nur schwach gesichert (Korrelation von etwa 0,41). Senkt man die Inflation um einen Prozentpunkt, dann erhöht das die Arbeitslosigkeit um 0,8 Prozentpunkte (siehe Abb. 8.5).

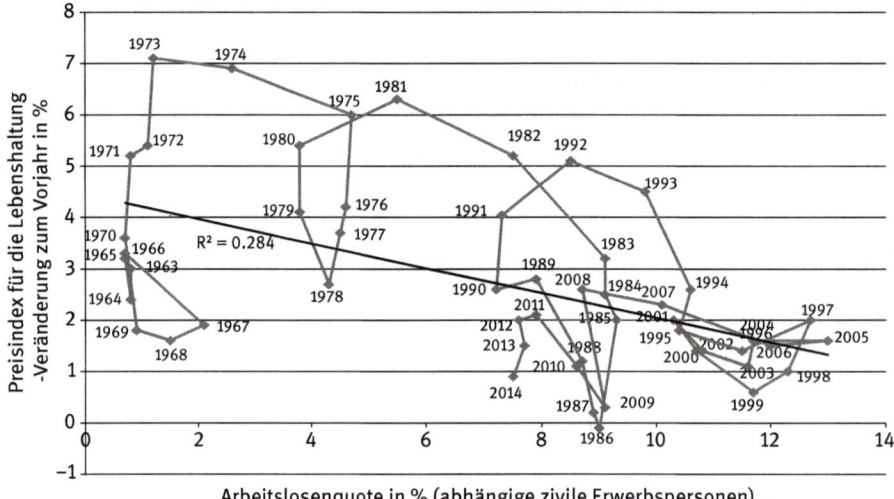

Abb. 8.5: Phillipskurve Deutschlands, 1966–2014 (Quelle: Eigene Darstellung; Statistisches Bundesamt)

Allgemein lässt sich folgern:

(1) Wirtschaftspolitisches Handeln durch den Staat ist immer dann notwendig, wenn individuelle und kollektive Rationalität auseinanderfallen: Das Individuum ist ein Nutzenmaximierer innerhalb der gegebenen Strukturen. Was individuell sinnvoll ist, muss in der Summe kein kollektiv vernünftiges (d. h. effizientes) Ergebnis hervorbringen. Anreizmechanismen als Folge institutioneller Arrangements können so ausgestaltet sein, dass eine Rückkoppelung fehlt, die dem Einzelnen ein Signal gibt, dass eine weitere Zielverfolgung zunächst kollektiv, aber dadurch

auch individuell ineffizient ist. So ist es zweckmäßig, ein Sozialversicherungssystem, das kostenlose Leistungen anbietet, zu nutzen. Tun das alle, so bricht es zusammen. Offensichtlich fehlen hier Marktsignale, die rechtzeitig negative Anreize setzen und damit Veränderungen von Handlungsweisen einleiten. Diese müssen Teil des institutionellen Rahmens sein, über die das Individuum ebenso abstimmt wie am Markt.

(2) Wirtschaftspolitik ist kein dynamisches Kontrollproblem, bei dem der Handlungsträger der Wirtschaftspolitik versucht, die erwünschten Ziele durch entsprechenden Instrumenteneinsatz an- bzw. nachzusteuern: Es ist vielmehr ein *Spiel* (durchaus mit dynamischen Komponenten), bei dem der Handlungsträger Strategien im Hinblick auf die Wahl der Strategien seiner Gegner bzw. Partner (die anderen Individuen) berücksichtigen muss, d. h. neben der eigenen auch die Präferenzstruktur der Gegenüber kalkulieren muss.

8.3 Das Wirtschaftssystem der Bundesrepublik Deutschland

8.3.1 Verfassungsrechtliche Vorgaben und wirtschaftsrelevante Normen

Das Bundesverfassungsgericht vertritt seit dem Investitionshilfeurteil die Auffassung, dass das Grundgesetz wirtschaftspolitisch neutral sei; was aber trotzdem bedeutet, dass der Gesetzgeber nur die Möglichkeit hat, all diejenigen Maßnahmen zu verfolgen, die zu den grundrechtlichen Gewährleistungen kompatibel sind – den Sozialstaatsauftrag erfüllen, den Rechtsstaatsauftrag erfüllen und die bundesrechtliche Kompetenzverteilung beachten.

Wichtig ist, dass im Sinne der liberalen Staatsauffassung Grundrechte *Abwehrrechte* gegen den Staat sind und sowohl individualbezogen als auch unmittelbar gelten. Zu den wichtigen Verfassungsnormen, die für die Wirtschaftsordnung und -politik von Bedeutung sind, zählen:

(1) Freie Entfaltung der Persönlichkeit (Art. 2 Abs. 1 GG): Das begründet insbesondere die Vertrags- und die Wettbewerbsfreiheit.

(2) Vereinigungsfreiheit, Koalitionsfreiheit (Art. 9 Abs. 1,3 GG): Hierauf bauen alle wirtschaftlich relevanten Zusammenschlüsse auf (vgl. das Gesellschaftsrecht) sowie die Tarifparteien (Arbeitgeber- und Arbeitnehmerorganisationen).

(3) Berufsfreiheit (Art. 12 GG): Diese gilt für selbständige und unselbständige Arbeit und erstreckt sich nach Auffassung des Verfassungsgerichts auch auf die freie Berufswahl. Allerdings gilt ein Prinzip der Verhältnismäßigkeit, insbesondere erlaubt es soziale Regulierungen, z. T. sogar Bedürfnisklauseln.

(4) Eigentum (Art. 14 GG): Hierunter sind sowohl Sacheigentum als auch Vermögensrechte zu sehen. Es liegt eine Sozialbindung vor, die allerdings von der Enteignung zu unterscheiden ist.

(5) Sozialisierung (Art. 15 GG): Diese Möglichkeit wurde bisher nicht ausgeschöpft, zeigt aber die ordnungspolitische Offenheit des Grundgesetzes.

(6) Sozialstaatsprinzip (Art. 20, 28 GG): Das Grundgesetz enthält den Auftrag an den Staat, das Gemeinwesen nach den Grundsätzen der sozialen Gerechtigkeit zu ordnen. Hierauf begründen sich die Institutionen der Sozialversicherung, des Arbeitsrechts, des Schuldrechts, der Mieterschutzgesetzgebung, usw.

Von Interesse sind darüber hinaus:

(7) das Rechtsstaatsprinzip, insbesondere mit den Elementen Gewaltenteilung, der Gesetzmäßigkeiten der Verwaltung (Primat des Gesetzes) und dem Vorbehalt des Gesetzes (kein Eingriff ohne Gesetz, z. B. bei der Besteuerung),

(8) das Föderalismusprinzip,

(9) das Demokratie- und Republikprinzip,

(10) die Kompatibilität mit Rechtsnormen der EU.

Ergänzend sind wichtige staatliche Einwirkungen auf die Wirtschaft zu nennen, beispielsweise das Stabilitätsgesetz, das Gesetz gegen unlauteren Wettbewerb, das Kartellrecht oder Rechte zur Gefahrenabwehr und Risikovorsorge.

8.3.2 Kriterien des Mitteleinsatzes

In der Regel sollte man erwarten, dass wirtschaftspolitische Maßnahmen zielkonform sind; das ist umso leichter zu verlangen, je weniger Ziele vorgegeben sind bzw. je geringer deren Zielantinomien sind. Schwieriger wird es, die Mittel der Wirtschaftspolitik auf ihre Ordnungs- und Systemkonformität zu prüfen – abgesehen von radikalen Maßnahmen. Die Ordnungs- bzw. Systemkonformität verlangt die Einpassung der zu treffenden Maßnahmen in den gegebenen ordnungspolitischen Rahmen, z. B. gültige Regeln der Vertragsgestaltung, und in das Wirtschaftssystem. Man unterscheidet die Maßnahmen danach, ob sie systemkonform, systemneutral, systemwidrig oder systemzerstörend bzw. ob sie systemnotwendig, systemadäquat oder systeminadäquat sind.

Der Kernpunkt der Konformitätsdiskussion betrifft meist die Bewertung von Maßnahmen nach ihrer Marktkonformität, d. h. die Frage, ob und inwieweit Maßnahmen der Wirtschaftspolitik in den Preismechanismus eingreifen. Es wird gerne behauptet, die Diskussion der ordnungsökonomischen Konformität sei typisch deutsch, was sich besonders in der Abwehrschlacht um den Euro zeigt, bei der alle gültigen Regeln der Währungsunion – von den Maastricht-Kriterien bis hin zu dem Haftungsausschluss für Schulden von Drittländern – gebrochen wurden, weil der Zweck die Mittel heiligt. Tatschlich bleibt aber bis heute, gerade in Bezug auf die Griechenlandpolitik, der Erfolg aus, aber das Brechen der Regeln hat die Wirtschaftspolitik unberechenbar und unzuverlässig gemacht und ihre Signalfähigkeit dramatisch eingeschränkt.

8.4 Die Zombifizierung der Wirtschaft

8.4.1 Vernichten der Wettbewerbsfähigkeit

Zombies sind Untote bzw. Menschen ohne Seele. Ihre Wiedergeburt in der Moderne erscheint als Anachronismus, bedenkt man, dass sie eine mythische Figur der Sklaven vom Haiti des 18. Jahrhunderts sind. Sie haben einen hohen metaphorischen Gehalt und repräsentieren den Krisenkapitalismus. Durch Zombifizierung werden gesunde Menschen zu Zombies und ihres freien Willens beraubt. In vielen Filmen wird das in einer Dracula-analogen Weise dargestellt, in der sich Zombies durch das Beißen gesunder Menschen vermehren. Dabei geht es nicht nur um darum, den Opfern das Blut auszusaugen, es geht auch um das Gehirn, was wiederum eine etwas elaborierte Vorstellung nahelegt, nämlich die der Zombifizierung als Gehirninfektion. Die ökonomische Zombifizierung wurde erstmals von Kane (1989, 1993) erwähnt, der argumentierte, dass ein Staat, der insolvente Finanzinstitutionen künstlich am Leben hält, damit die gesamte Wirtschaft infiziert und ihrer Wettbewerbsfähigkeit beraubt. Damit findet das, was Schumpeter (1912) als marktbereinigende Konkursgeschäfte bezeichnete, nicht mehr statt. Genau das tut die Europäische Union, wenn sie beispielsweise das überschuldete Zypern rettet, aber nicht die Abwicklung des notleidenden Bankensektors erzwingt.

Zombifizierung nimmt direkt auf den institutionellen Rahmen einer Gesellschaft Bezug,[18] der für das Funktionieren einer Wettbewerbswirtschaft sehr wichtig ist. Der Wettbewerb der Ordnungen gewährleistet die langfristige Effizienz des Rahmens, der wiederum Voraussetzung dafür ist, dass Unternehmen selbst effizient handeln können (und müssen – denn sonst scheiden sie aus dem Markt aus). Allerdings führen versunkene Kosten in die Wirtschaftsstruktur ebenso wie in Regelwerke, insbesondere Gesetze, aber auch in die Lebenswelten der einzelnen Bürger dazu, dass nicht jede notwendige Änderung auch durchgeführt werden kann – die Wechselkosten sind schlicht zu hoch: Daraus ergibt sich eine *lock-in*-Situation, in der Gesellschaften gefangen sind, und die gerne beschriebenen sogenannten ökonomischen Verkrustungen treten zutage. Gleiches gilt auch für Unternehmen, die sich nicht ändern können, auch weil Netzwerkstrukturen Inertia besitzen. Zudem fehlen heutzutage wichtige Leitbilder und auch Leitfiguren und Leitmedien, die den Ordnungsgedanken der Wirtschaft glaubhaft und erlebbar machen. Nichts hat in jüngerer Zeit der freien Wirtschaftsordnung mehr geschadet als ihre zunächst prononciertesten Vertreter im Finanzsektor, die, als es problematisch wurde, den Staat um Hilfe riefen – ganz im

---

18 Eine sehr skurrile Zombifizierung findet man in der deutschen Insolvenzordnung. Wenn Unternehmen gelegentlich ihre Rechnung nicht bezahlt bekommen, müssen sie davon ausgehen, dass der Geschäftspartner eigentlich bereits insolvent ist. vorliegt. Das kann dazu führen, dass im tatsächlichen Konkursfall das erhaltene Geld an den Insolvenzverwalter zurückgezahlt werden muss und zur eigenen Insolvenz führt.

Sinne des Stamokap-Gedankens – und die danach, als sei nichts geschehen, ihr für die Stabilität der Ordnung gefährliches Spiel rücksichtslos weitergetrieben haben – von Kulturwandel keine Spur. Genauso sehr hat ihr aber auch die fehlende Bereitschaft der Presse geschadet, darüber einen offenen Diskurs zu führen – gerade die unabhängigen Geister aus Wissenschaft und Wirtschaft, die vor dem für den Bürger zunehmend erfahrbaren Niedergang gewarnt hatten, wurden öffentlichkeitswirksam niedergemacht und ausgegrenzt. Inzwischen geschieht das auch mit „widerspenstigen" Abgeordneten. Die Folge davon ist, dass externer Druck keine kontinuierlichen Anpassungsprozesse auslöst und somit auch nicht (rechtzeitig) bewältigt werden kann, möglicherweise sogar Anpassungen durch das Votum der Bevölkerung unterlassen werden, wie die gegenwärtige Krise in Griechenland zeigt.[19] Wird das System dann über den Umkippunkt, den tipping point, getrieben, dann folgt der Zusammenbruch, wie im Niedergang des Staatssozialismus und Kommunismus deutlich wurde. Dann haben zunächst die Unternehmen die immensen Kosten der Fehlanpassung zu tragen und werden möglicherweise dauerhaft in ihrer Wettbewerbsfähigkeit geschwächt, was schließlich auf den Staat wegen ausbleibender Steuereinnahmen und rasant zunehmender Ausgaben, den Arbeitsmarkt und damit die gesamte Bevölkerung zurückschlägt.

Zombifizierung ergibt sich folgerichtig als fehlgeschlagene Stabilisierungsoperation, die eben nicht entscheidungsvorbereitend ist, wie in militärischen Grundätzen gedacht, sondern hier im wirtschaftlichen Feld entscheidungsverzögernd wirkt. Nach einer massiven Attacke – einem exogenen Schock – fehlt die Kraft zum Gegenschlag, also zu einer neuen wirtschaftspolitischen Initiative. Damit ist die Zombifizierung eine besondere Form des Wirtschaftskriegs, in dem nicht die Starken sondern die Schwachen überleben und die noch Starken geschwächt werden. In der Regel werden die ökonomischen Werte aller Beteiligten nachhaltig geschwächt.

Tatsächlich geht der Verlust an Wettbewerbsfähigkeit oft auf das Nichtbeachten relevanter externer Impulse zurück, die auf institutionelle Strukturen wirken. Damit führt die begrenzte Flexibilität der Wirtschaft, auf neue Trends zu reagieren und die durch sie offenbar werdende Fehlanpassung zu korrigieren, zu einer Krise. Dabei stellt

---

19 Griechenland hat infolge des Schuldenschnitts und der Umschuldung fast keine Privatgläubiger mehr, was den Reformdruck erheblich reduziert, weil damit Private nicht mehr Vertragstreue einfordern sondern das auf europäischer Ebene alimentiert wird. So hat auch der erhebliche Schuldenschnitt nicht wirklich geholfen. Der Verzicht auf rund 100 Mrd. Euro hat für zwei Jahre Erleichterung gebracht – doch Ende 2013 lag die Staatsschuldenquote schon wieder beim Wert von Ende 2010. Völlig ungeklärt ist darüber hinaus, ob der in dieser rechtlichen Konstruktion freiwillige, aber forcierte Schuldenschnitt – ein erzwungener wäre ein unvermeidbarer Grund für die Staatsinsolvenz gewesen – rechtmäßig ist. Skandalös ist, dass im Rahmen der Umschuldung die staatliche Abwicklungsbank an die Hypo Real Estate Milliarden verschenkte, weil sie Papiere zu 30 % andiente, die wenig später zu 100 % ausgelöst worden sind. Im staatlichen Abwicklungsfonds Soffin, der seit der Finanzkrise knapp 22 Mrd. Euro an Verlusten angehäuft hat (Stand Ende 2014), schlägt das mit rund 2,6 Mrd. Euro zu Buche.

sich die Frage, ob politische Handlungsträger durch fehlende Kenntnis der Sachlage in eine Entwicklung hineinschlittern, die sie dann nicht mehr beherrschen können oder ob sie externen Impulsen wie der Korruption unterliegen, weil sie beispielsweise wirtschaftlich abhängig von ihrem Mandat sind, anderweitige Vergünstigungen genießen oder auch keine Macht abgeben wollen. In Europa trug die Einführung des Euro zunächst zu einer Verschleierung der tatsächlichen Wettbewerbslage der jeweiligen Länder bei. Das Ausbrechen aus dem durch das Vertragswerk festgelegten Regelwerk erschien weitgehend kostenfrei und ohne Risiko möglich. Die politischen und ökonomischen Entscheidungsträger entziehen sich der Verantwortung und der Haftung; sie verhalten sich damit nicht anders als die Führungspersonen mancher Finanzinstitute, die auf die Krise gewinnbringend spekuliert hatten. Damit kann ein institutionelles System, das in seiner Einführung nicht mit den erforderlichen checks and balances ausgestattet wurde und dessen Rechtsrahmen bewusst gebrochen wurde (erst die no bail out clause, dann das Verbot des Alimentierens von Staatsschulden durch die Zentralbank, schließlich das Handeln ohne demokratische Legitimierung als wohl massivster konstitutioneller Verstoß), aus seinen Fundamenten gerissen werden – was in Europa derzeit zu beobachten ist. Die autoritäre Politikkonzeption von Schmitt (1921) hilft, diese Entwicklung einzuordnen, wenn er ausführt (S. 13): „Souverän ist, wer über den Ausnahmezustand entscheidet." Noch detaillierter:

> Es gibt keine Norm, die auf ein Chaos anwendbar wäre. Die Ordnung muss hergestellt sein, damit die Rechtsordnung einen Sinn hat. Es muss eine normale Situation geschaffen werden, und souverän ist derjenige, der definitiv darüber entscheidet, ob dieser normale Zustand wirklich herrscht.

Die damit dem Herrscher gegebene Definitionsmacht findet ihre deutlichen Entsprechungen in den Erklärungen der Gegenwart zum Thema Finanzkrise, Schuldenkrise, Klimakrise und den damit geübten antidemokratischen Praktiken. In der Tat ist die Souveränität der Europäischen Zentralbank (EZB) durch das ihre konstitutiven rechtlichen Vorgaben mindestens überdehnende wenn nicht sogar brechende Mandat deutlich geworden – man kann das mit einer neuen Herrschaftsform, dem Draghiat, beschreiben. Der Tatbestand, dass diese Entwicklung die Folge nationalstaatlicher Politikverweigerung ist, die diese Krise erst entstehen ließ, ändert an diesem Tatbestand nichts. Und ebenso ist zu erwähnen, dass diese Auseinandersetzung zwei Rechtsnormen in Konflikt gebracht hat: Das Recht auf demokratische Bestimmung und das Recht des Geldgebers, vom Schuldner den Kredit zurückbezahlt zu bekommen.

8.4.2 Systemkonkurrenz und das Trilemma der Moderne

Rodrik (2011) analysiert im seinem Buch *Globalization Paradox* die Frage, inwieweit Demokratie, Nationalstaat und Globalisierung gleichzeitig möglich sind oder ob sich immer nur zwei aus den drei institutionellen Arrangements verwirklichen lassen. Es drängt sich der Eindruck auf, dass die Weltfinanzkrise als Ausdruck des entgrenzten Kapitalismus – im Gegensatz zur ordnungsorientierten und wertrückgebundenen Marktwirtschaft – erst den modernen Wirtschaftskrieg ermöglicht hat, und zwar modern in dem Sinne, dass es in mittlerer Sicht nicht gelingen wird, die Auswüchse durch ein Ordnungssystem einzufangen. Getrieben wird das – wie eine Vielzahl von Brüchen in der Menschheitsgeschichte – von den Informationsrevolutionen, die praktisch auf alle bisher bewährten Geschäftsmodelle Druck ausüben und wirtschaftskriegerisches Handeln extrem erleichtern. Gerade die Möglichkeit, die virtuellen Potenziale des Cyberkriegs mit praktisch allen klassischen Geschäftsmodellen zu kombinieren bzw. diese unter Druck zu setzen, zeigt die Umwälzungen, die im Wettbewerb der Unternehmen aber auch der Wirtschafts- und Gesellschaftssysteme stattfinden.

Damit findet der Wettbewerb der Ordnungen asymmetrisch statt. Mehr Nationalstaat und mehr Demokratie in den USA, aber Gestaltung der Globalisierung nach eigenem *gusto*, was durch den Dollar als Leitwährung gelingt, weshalb der Aufstieg Chinas mit aller Macht verzögert wird. China tritt mit mehr Globalisierung und mehr Nationalstaat ohne Demokratie in den institutionellen Wettbewerb ein. Europa versucht, die Nationalstaaten zu überwinden und hat den Bürgern das Versprechen gegeben, durch das gemeinsame Dach den sozialstaatlichen European way of life angesichts der Globalisierung stabilisieren zu können. Faktisch ist das nicht gelungen. Tatsächlich waren es die solide finanzierten Nationalstaaten, die Euro-Europa von den Folgen der Finanz- und Schuldenkrise gerettet haben. Das Draghiat und die fehlenden proportionalen Abstimmungsrechte (one man one vote) im Europäischen Parlament kombiniert mit der Position der demokratisch nicht legitimierten Position der Europäischen Kommission sowie Institutionen wie Troika oder inzwischen Quadriga zeigen, dass die Vision einer europäischen Demokratie zumindest vorerst gescheitert ist.

In theoretischer Sicht beruht die wenn vielleicht nicht zwingend theoretische so doch praktischer Unvereinbarkeit auf sich gegenseitig ausschließenden Transaktionskostenstrukturen (Blum, Dudley 1999):

– Der Nationalstaat baut auf dem System von Befehl- und Gehorsam- der Akzeptanz, Teil der Nation zu sein, auf, damit auf niedrigen Transaktionskosten des (Informations-)Transports, was wiederum eine vertikale Hierarchie bedingt. Tatsächlich spielte in der Staatswerdung der Bau von Transportinfrastrukturen für Güter und Informationen stets eine herausragende Rolle. Ziel ist das Schaffen eines nationalen Guts.

– Die Demokratie hingegen beruht auf dem System des Teilens, des reziproken Altruismus, am besten deutlich in Gewaltenteilung, Sozialstaat (Generationenvertrag) oder Föderalismus. Die Hierarchie ist flach, das zugehörige Informationssystem benötigt vor allem niedrige Speicherkosten, damit die Dezentralität überall zu verwirklichen ist, weil sie mit stetem Soll-Ist-Vergleich verbunden ist, um überall eine gewisse Einheitlichkeit zu bewahren: Historisch Bücher (von der

Bibel bis zu Rechtstexten), heute Datensysteme. Ziel ist das Schaffen von Clubgü-
tern für die Mitglieder der Gesellschaft.

– Die Globalisierung als Ausdruck von Internationalisierung (also Tausch von
Kapital, Arbeit, Gütern) und dem Verfall der Informationskosten ist vor allem
auf die Verarbeitung von Informationen angewiesen, um Wissen in Märkten zu
organisieren. Damit wird die Welt flach (Friedman 2004), Standortunterschiede
erodieren, die Durchsetzungskraft des Nationalstaats wird durch den Markt her-
ausgefordert. Ziel ist das Schaffen von Privatgütern.

Offensichtlich lassen sich Sozialsysteme nur begrenzt nach vertikalen Prinzipien von
Überordnung und Unterordnung, nach horizontalen Prinzipien des Teilens und nach
atomistischen Prinzipien des Markts organisieren.

Nein = Unterschiedliche Strukturen der Transaktionskosten

  Nationalstaat : vertikale Hirachie =>
                 (Informations-) Transportkosten niedrig

  Demokratie : horizontale Hirachie =>
              (-11-) Speicherkosten niedrig

  Globalisierung : Anarchische Macht =>
                  (-11-) kodierungskosten niedrig

  ↳ 3 unterschiedl. institutionelle Arrangements, die
  sich weitgehend im Sinne einer organisationellen
  Integration ausschließen

  Freier Kapitalverkehr (Globalisierung)
  monetäre Autonomie (Nationalstaat) und
  Steuerung d. Wechselkurse (fiskalische Demokratie)
  schließen sich aus

Literatur

Acemoglu, D., Robinson, J., 2012, *Why Nations Fail, The Origins of Power, Prosperity, and Poverty*, Random House, (deutsch 2012 *Warum Nationen scheitern: Die Ursprünge von Macht, Wohlstand und Armut*, Fischer, Frankfurt.

Alonso, W., 1964, *Location and Land Use*, Harvard University Press, Cambridge (Mass.).

Aristoteles, 322 v. Chr. (2001), *Nikomachische Ethik*, Artemis & Winkler, Düsseldorf.

Arrow, K., 1951, *Social Choice and Individual Values*, J. Whiley & Sons, New York

Baumol, W. J., Panzar, J.L., Willig, R. D., 1988, *Contestable Markets and the Theory of Industrial Structure*, Hartcourt Brace Javanovich, San Diego – New York – Chicago.

Becker, G.S., 1964, *Human capital theory*, Columbia, New York

Beckmann, M., Künzi, H., 1969, *Mathematik für Ökonomen I*, Springer Verlag, Berlin – Heidelberg – New York.

Blaug, M., 1982, *The Methodology of Economics or how Economists Explain*, Cambridge University Press, Cambridge.

Blaug, M., 1985, *Economic Theory in Retrospect*, Cambridge University Press, Cambridge – London – New Rochelle – Melbourne – Sydney.

Blum, U., Dudley, L., 1989, A Spatial Approach to Structural Change: The Making of the French Hexagon, *Journal of Economic History* 19/3, 667–676.

Blum, U., Dudley, L., 1991, A Spatial Model of the State, *Zeitschrift für die gesamte Staatswissenschaft, Journal of Institutional and Theoretical Economics* 147/2, 312–336.

Blum, U., Dudley, L., 1996, Culture and Efficiency: Economic Effects of Religion, Nationalism and Ideology, *Current Issues in Public Choice*, Edward Elgar Publishing Ltd., Cheltenham, UK, Brookfield, USA (69–90).

Blum, U., Dudley, L., 1999, The Two Germanies: Information Technology and Economic Divergence, 1949–1989, *Journal of Institutional and Theoretical Economics*, 155, 4, 710–737.

Blum, U., Dudley, L., 2000, Blood, Sweat, and Tears: the Rise and the Decline of the East German Economy, 1949–1988, *Journal of Economics and Statistics*, 220, 4, 438–450.

Blum, U., Dudley, L., 2001, Religion and Economic Growth. Was Weber Right? *Journal of Evolutionary Economic* 11, 207–230.

Blum, U., 2015, *Wirtschaftskrieg*, Halle, mimeo.

Bodin, J., 1576, *Les six livres de la République* (deutsch 1983, 1986, Sechs Bücher über den Staat, Bände I–II und VI–VI. Beck, München.

Böhm-Bawerk, E., 1884, *Kapital und Kapitalzins, Erste Abteilung: Geschichte und Kritik der Kapitalszins-Theorien*, Innsbruck.

Braulcke, M., 1983, Contestable Markets – Wettbewerbskonzept der Zukunft, *WuW* 12, 945–954.

Brenner, R., 1983, *History – the Human Gamble*, The University of Chicago Press, Chicago-London.

Brenner, R., 1987, *Rivalry in Business, Science, Among Nations*, Cambridge University Press, Cambridge.

Bresnahan, T., 1981, Duopoly Models with Consistent Conjectures, *The American Economic Review* 71/6, 934–943.

Buchanan, J. M., 1965, An Economic Theory of Clubs, *Economica* 32, 1–14.

Buchanan, J. M., 1975, *The Limits of Liberty: Between Anarchy and Leviathan*, University of Chicago Press London.

Buchanan, J.M., Tullock G., 1962, *The Calculus of Consent – Logical Foundations of Constitutional Democracy*, University of Michigan Press, Ann Arbor.

Clark, G., 2007, *A Farewell to Arms*, Princeton University Press, Princeton.

Clausewitz, C. von, 1832, *Vom Kriege*, Dümmlers Verlag, Berlin; (1999), Bände 1–3, Mundus Verlag, Essen.

Coase, W., 1937, The Nature of the Firm, *Economica* 4, 386–405.

Coase, R. H., 1960, The Problem of Social Costs, *Journal of Law and Economics* 3, 1–44.

Cook, C.J., 2014, The Role of Lactase Persistence in Pre-Colonial Development, *Journal of Economic Growth* 19, 369–406.

Copeland, D.C., 1996, Economic Interdependence and War: a Theory of Trade Expectations, *International Security* (20)4, 5–41.

Curry, A.,, 2014, Die Milchrevolution, *Spectrum der Wissenschaft* 4, 70–74.

Diamond, J., 1997, *Guns, Germs, and Steel: The Fates of Human Societies*, Norton, New York, deutsch 2006, *Arm und Reich: Die Schicksale menschlicher Gesellschaften*, Fischer, Frankfurt a.M.

Diamond, J., 2005, *Collapse: How Societies Choose to Fail or Succeed*, Penguin Books, New York – Toronto.

Duesenberry, J., 1949, *Income, Savings, and the Theory of Consumer Behaviour*, Harvard University Press, Cambridge MA.

Eichhorn, W., 1972, Der Begriff Modell und Theorie in der Wirtschaftswissenschaft, *Wirtschaftswissenschaftliches Studium*, Heft 7 und 8.

Eichhorn, W., Völler, J., 1976, *Theory of the Price Index*, Springer Verlag, Berlin – Heidelberg – New York.

Erhard, L., 1957, *Wohlstand für Alle*, Econ, Düsseldorf.

Eucken, W., 1960 (1952), *Grundsätze der Wirtschaftspolitik*, J.C.B. Mohr, Tübingen – Zürich.

Feichtinger, G., 1979, *Demographische Analyse und populationsdynamische Modelle*, Springer Verlag, Wien – New York.

Ferguson, N., 2011, *Civilization – the West and the Rest*, Penguin, New York.

Fisher, I., 1913, *The Purchasing Power of Money*, MacMillan, New York.

Friedman, M., 1955, *A Theory of the Consumption Function*, National Bureau of Economic Research, New York.

Friedman, M., 1956, *The Quantity Theory of Money – a Restatement, Studies in the Quantity Theory of Money*, Chicago.

Friedman, M, 1968, The Role of Monetary Policy, *American Economic Review* 58, 1–17.

Friedman, M., 1976, *Die optimale Geldmenge*, Verlag Moderne Industrie, München.

Friedman, M., 1982, *Defining Monetarism*, Newsweek 12 Juni.

Friedman, Th., 2001, Time for Globalization Protesters to Get their Act Together, *International Herald Tribune*, July 21–22, S. 6.

Glimcher, P.W., 2011, *Foundations of Neuroeconomic Analysis*, Oxford University Press, Oxford.

Gossen, H. H., 1889 (1854), *Entwicklung der Gesetze des menschlichen Verkehrs und der daraus fließenden Regeln für menschliches Handeln*, Prager, Berlin.

Hayek, F. A. v., 1937 (2007), *Wirtschaftstheorie und Wissen*, J.C.B. Mohr, Tübingen.

Hayek, F. A. v., 1945, Die Verwertung des Wissens in der Gesellschaft, Englisch: The Use of Knowledge in Society, *American Economic Review* 35, 519–530.

Heilbroner, R., 1972, *The Worldly Philosophers*, Simon & Schuster, New York.

Hirschman, A. O., 1968, *The Strategy of Economic Development*, W.W. Norton Co, New-Haven-London.

Hirschman, A.O., 1970, *Exit, Voice, and Loyalty: Responses to Decline in Firms, Organizations, and States*, Harvard University Press, Cambridge (Mass.) und London, deutsch: 1974, Abwanderung und Widerspruch, J.C.B. Mohr, Tübingen.

Hobbes, T., 1651, *Leviathan or The Matter, Forme and Power of a Common Wealth Ecclesiasticall and Civil* (deutsch: 1976, *Leviathan oder Stoff, Form und Gewalt eines bürgerlichen und kirchlichen Staates*, Ullstein, Frankfurt a. M.

Hu, J., 2009, *A Concise History of Chinese Economic Thought*, Foreign Language Press, Beijing.

Huan, K., Bai, Z. (Hrsg.), 2012, *Yan Tie Lun Zhu Yi*, Verlag der Anhui Universität, Hefei (【汉】桓宽著，白兆麟注译，盐铁论注译，安徽大学出版社，2012年6月).

Hume, D., 1752, *Political Discourses*, Kincaid & Donaldson, Edinburgh.

Innis, H.,1950, *Empire and Communications*, Clarendon, Oxford.

Innis, H. A., 1961, *The Bias of Communication*, University of Toronto Press, Toronto.

Issing, O., 1977, *Einführung in die Geldtheorie*, Vahlen, München.

Johannes Paul II, *Enzyklika populorum, progressio*, http://w2.vatican.va/content/paul-vi/de/encyclicals/documents/hf_p-vi_enc_26031967_populorum.html, abgerufen am 12.9.2015

Kahnemann, D., Tversky, A., 1979, Prospect Theory: An Analysis of Decision under Risk, *Econometrica* 47/2, 263–291.

Kane, E.J., 1989, *The S&L Insurance Mess: How Did It Happen?* Urban Institute Press, Washington, D.C.

Kane, E.J., 1993, What Lessons Should Japan Learn from the U.S. Deposit-Insurance Mess? *Journal of the Japanese and International Economics* 7/4, 329–355.

Kant, I., 1788, *Kritik der praktischen Vernunft*, Riga.

Kant, I., 1797, *Metaphysische Anfangsgründe der Rechtslehre*, Nicolovius, Königsberg.

Keynes, J. M., 1919, *The Economic Consequences of the Peace*, Harcourt Brace, New York; deutsch: 1920, Die wirtschaftlichen Folgen des Friedensvertrages, Duncker und Humblot, München.

Keynes, J. M., 1936, *Allgemeine Theorie der Beschäftigung, des Zinses und des Geldes*, Duncker & Humblot, München – Leipzig.

Kirzner, I., 2001, *Ludwig von Mises, The Man and his Economics*, ISI Books, Wilmington.

Knapp, G. F., 1918 (1905) Staatliche Theorie des Geldes, Duncker & Humblot, München.Koehler, B., 2014, *Early Islam and the Birth of Capitalism*, Lexington Books, Lanham ML.

Koester, P., 1982, *Ökonomen verändern die Welt*, Gruner & Jahr, Hamburg.

Küster, H., 2013, *Am Anfang war das Korn: Eine andere Geschichte der Menschheit*, C.H.Beck, München.

Landes, D, 1969, *The Unbound Prometheus, Technological Change and Industrial Development in Western Europe from 1750 to the Present*, Cambridge University Press, 2. Auflage 2003, Cambridge.

Landes, D. 1998, *The Wealth and Poverty of Nations*, Norton, New York, deutsch: 1998, *Wohlstand und Armut der Nationen*, Siedler, Berlin.

Leipold, H., 1981, *Wirtschafts- und Gesellschaftssysteme im Vergleich*, Gustav Fischer Verlag, Stuttgart.

Leo XIII, 1892, *Enzyklika rerum novarum*, http://www.christusrex.org/www1/overkott/rerum.htm, abgerufen am 12.9.2015

List, F., 1928 (1841), *Das nationale System der politischen Ökonomie*, Fischer, Jena.

Locke, J., 1690, (1960) *Two Treatises of Government; deutsch*: Zwei Abhandlungen über die Regierung, Frankfurt a. M. – Wien.

Lucas, R. E., 1972, Expectations and the Neutrality of Money, *Journal of Economic Theory* 4, 103–124.

Lucas, R.E., 1976, Econometric Policy Evaluation: A Critique, *Carnegie-Rochester Conference Series on Public Policy* 1, 19–46.

Luther, M., 1524, Von Kauffshandlung und von Wucher, In: *Weimarer Ausgabe Bd. 15*, 1899.

Machiavelli, N., 1710 (1978), *Il Principe, deutsch, Der Fürst*, Kröner (6.Aufl.), Stuttgart.

Maddison, A., 2008, *The West and the Rest in the World Economy: 1000–2030*, World Economics 9/4, 75–99.

Malthus, T., 1798 (1906), *An Essay on the Principle of Population*, J. Johnson, London, deutsch, *Eine Abhandlung über das Bevölkerungsgesetz*, Fischer, Jena.

Marshall, A., 1956 (1890), *Principles of Economics*, Macmillan, London.

Marshall, A., 1960 (1923), *Money, Credit and Commerce*, Augustus Kelley, New York.

Marx, K., 1956 (1867) *Das Kapital – Kritik der politischen Ökonomie*, Frankfurt.

Marx, K., Engels, F., 1848, *Das Kommunistische Manifest*, London.

Menger, C., 1871, *Grundsätze der Volkswirtschaftslehre*, Verlag Wirtschaft und Finanzen, Wien.

Mill, J.S., 1848 (1921, 1924), *Principles of Political Economy, deutsch, Grundsätze der politischen Ökonomie*, Fischer, Jena 1921 und 1924.

Mill J. S., 1924 (Bd. I), 1921 (Bd. 2) (1848), *Grundsätze der politischen Ökonomie*, Fischer, Jena.

Modigliani, F., Brumberg, R. E., 1954, *Utility Analysis and the Consumption Function, in: Post Keynesian Economics*, hrsg. von K. K. Kurihara, Rutgers University Press, New Brunswig, N.J.

Müller, A., 1931(1810), *Vom Geiste der Gemeinschaft*, Leipzig.

Musgrave, R., 1969, *Finanztheorie*, J.C.B. Mohr, Tübingen.

Muth, J. F., 1961, Rational Expectations and the Theory of Price Movements, *Econometrica 29*, 315–335.

Myrdal, G., 1967, *Economic Theory and Under-Developed Regions*, Harper Row, London.

Myrdal, G., 1968, *Asian Drama: An Inquiry into the Poverty of Nations*, Penguin, Hammondsworth.

Nienhaus, L. (Hrsg.), 2015, *Die Weltverbesserer*, Hanser, München.

North, D. C.,1981, *Structure and Change in Economic History*, Norton, New York.

North, D. C., 1990, *Institutions, Institutional Change and Economic Performance*. Norton, New York (deutsch, 1992, *Institutionen, institutioneller Wandel und Wirtschaftsleistung*, J.C.B. Mohr, Tübingen.

North, D.C., Wallis, J.J., Weingast, B.R., 2009, *Violence and Social Orders: A Conceptual Framework for Interpreting Recorded Human History*, Cambridge University Press, New York.

Ockenfels, A., 1999, *Fairness, Reziprozität und Eigennutz*, Paul Siebeck, Tübingen.

Olson, M., 1982, *The Rise and Decline of Nations: Economic Growth, Stagflation and Social Rigidities*, Yale University Press, New Haven.

Pareto, V., 1971 (1906), *Manual of Political Economy*, Augustus Kelley, New York.

Paul, VI., 1967, *Enzyklika centesimus annus*, http://w2.vatican.va/content/john-paul-ii/de/encyclicals/documents/hf_jp-ii_enc_01051991_centesimus-annus.html, abgerufen am 12.9.2015

Pfingsten, A., 1989, *Mikroökonomik*, Springer-Verlag, Berlin-Heidelberg-New York.

Phillips, A. W., 1958, The Relation between Unemployment and the Rate of Change of Money Wage Rates in the United Kingdom, *Econometrica 25*, No. 100, 283–299.

Pieper, A., 1985, *Ethik und Moral*, Beck, München.

Pigou, A. C., 1917, The Value of Money, *Quarterly Journal of Economics 32*, 38–65.

Pigou, A. C., 1928, *A Study in Public Finance* MacMillan, London.

Pigou, A. C., 1952 (1920), *The Economics of Welfare*, MacMillan, London.

Piketty, Th., 2013, *Le capital au 21ème siècle*, Seuil, Paris.

Pius XI, 1931, *Enzyklika quadrigesimo anno*, http://www.christusrex.org/www1/overkott/quadra.htm, abgerufen am 12.9.2015

Platon, 370 v. Chr., *Politeia*, deutsch: 1973, Der Staat, Kröners Taschenbuch 111, Kröners-Verlag, Stuttgart.

Popper, K., 1934/35 (2002), *Logik der Forschung*, J. C. B. Mohr, Tübingen.

Popper, K., 1988, *Bemerkungen zur Theorie und Praxis des demokratischen Staates*, Bank Hoffmann AG, Zürich.

Quesnay, F., 1758, *Tableau économique*, Paris.

Rau, K.H., 1826, *Grundzüge der Volkswirtschaftslehre*, Band I der Lehrbücher der politischen Ökonomie (3 Bände), Heidelberg.

Rawls, J., 1999 (1971), *A Theory of Justice*, Harvard University Press, Cambridge (Mass.).

Ricardo, D., 1817, *On the Principles of Political Economy and Taxation*, John Murray, London. (deutsch 1923, *Grundsätze der Volkswirtschaft und Besteuerung*, Fischer, Jena.

Riehl, S., 2014, Der lange Weg zu Landwirtschaft, *Spectrum der Wissenschaft* 4, 64–68.

Rilling, R., 2014, Thomas Piketty und das Märchen vom Gleichheitskapitalismus, *Blätter für deutsche und international Politik* 11, 81–91.

Rodrik, D., 2011, *The Globalization Paradox: Why Global Markets, States and Democracy Can't Coexist*, Oxford University Press, Oxford.

Roscher, W., 1854, *System der Volkswirtschaft, Band I: Grundlagen der Nationalökonomie*, Stuttgart.

Rousseau, J.J., 1762, *Du contrat social*, Nachdruck in: Le Monde en 10–18, 1963, Union Générale d'Éditions, Paris.

Sang H., Wang, L. (Hrsg.), 1992, *Yan Tie Lun Jiao Zhu*, Zhonghua Verlag, Beijing (【汉】桑弘羊撰，王利器校注，盐铁论校注，中华书局，1992 年7月).

Sargent, Th., Wallace, N., 1975, Rational Expectations and the Optimal Money Supply Rate, *Journal of Political Economy 83*, 241–254.

Say, J.B., 1803, *Traité d'économoe politique*, Nachdruck der Ausgabe von 1841, Otto Zeller, Osnabrück.

Schmitt, C., 1921, *Die Diktatur: Von den Anfängen des modernen Souveränitätsgedankens bis zum proletarischen Klassenkampf*, Duncker und Humblot, Berlin.

Schmoller, G. v., 1900/1904, *Grundriß der Allgemeinen Volkswirtschaftslehre*, Duncker & Humblot, Leipzig.

Schneider, W., 2014, *Soldaten: Eine Weltgeschichte von Helden, Opfern und Bestien – Ein Nachruf*, Rowohlt, Reinbek bei Hamburg.

Schröder, W., 1978, *Theoretische Grundstrukturen des Monetarismus*, Nomos Verlagsgesellschaft, Baden-Baden.

Schumpeter, J., 1918, *Über die Krise des Steuerstaates*.

Schumpeter, J., 1952 (1912), *Theorie der wirtschaftlichen Entwicklung*, August Rabe, Berlin.

Schumpeter, J., 1946, *Kapitalismus, Sozialismus, Demokratie*, Francke-Verlag, Bern.

Sigmund, K., Fehr, E., Nowak, A., 2002, Teilen und Helfen – Ursprünge sozialen Verhaltens, *Spektrum der Wissenschaft* 03, 52–59.

Smith, A., 1974 (1776), *Der Wohlstand der Nationen – Eine Untersuchung seiner Natur und seiner Ursachen*, Beck, München.

Sombart, W., 1988 (1913), *Der Bourgeois: Zur Geistesgeschichte des modernen Wirtschafts-menschen*, Rowohlt, Rheinbeck b. Hamburg.

Spolaore, E., Wacziarg, R., 2013, How Deep Are the Roots of Economic Development? *Journal of Economic Literature* 51/2, 325–369.

Starr, S.F., 2013, *Lost Enlightenmment: Central Asias Golden Age from Arab Conquest to Tamerlane*, Princeton University Press, Princeton.

Talhelm, Th., Zhang, X., Oishi, S., Duan, D., Lan, X., Kitayama, S., 2014, Large-Scale Psychological Differences Within China Explained by Rice Versus Wheat Agriculture, *Science* 344, 603–608.

Thaler, R., Sunstein, C., 2009, *Nudge. Improving Decisions About Health, Wealth, and Happiness*, Penguin, London.

Thünen, J. H., 1966 (1826), von: *Der isolierte Staat*, Fischer, Stuttgart.

Tobin, J., 1951, *Relative Income, Absolute Income, and Savings, Money, Trade and Economic Growth*, Macmillan, New York.

Tomasello, M., 2008, *Origins of Human Communication*, MIT Press, Cambridge (Mass.), deutsch: 2011, *Die Ursprünge der menschlichen Kommunikation*, Suhrkamp, Berlin.

Tomasello, M., 2011, Wir Menschen sind hilfsbereiter als andere Affen, Interview in der *Süddeutschen Zeitung*, 2. Dezember, 18.

Tomasello, M., 2014, *A Natural Story of Human Thinking*, Harvard University Press, Cambridge (Mass.).

Tullock, G., 1965, *The Politics of Bureaucracy*, Public Affairs, Washington.

Turgot, A.R.J., 1768, *Réflexions sur la formation et la distribution des richesses,* Paris.

Wagner, A., 1892, *Grundlegung der politischen Ökonomie*, Theil, Leipzig.

Walras, L., 1874 (1954), *Elements of Pure Economics*, Irwin, Homewood.

Weber, A., 1909, *Über den Standort der Industrien, erster Teil: Theorie des Standortes*, J.C.B. Mohr, Tübingen.

Weber, M., 1981 (1905), *Die protestantische Ethik*. Verlagshaus Gerd Mohn, Gütersloh.

Wicksell, K., 1898 (1968), *Geldzins und Güterpreise*, Scientia-Verlag, Aalen.

Wicksell, K., 1922 (1969), *Vorlesungen über Nationalökonomie*, Scientia-Verlag, Aalen.

Williamson, O. E., 1985, *The Economic Institutions of Capitalism: Firms, Markets, Relational Contracting*, The Free Press, New York (deutsch: 1990, *Die ökonomischen Institutionen des Kapitalismus: Unternehmen, Märkte, Kooperationen*, Mohr, Tübingen).

Williamson, O.E., 2009 (2010), Transaction Cost Economics: The Natural Progression, Prize Lecture, December 8th., 2009, edited version 2010, Transaction Cost Economics: The Natural Progression, *American Economic Review* 100, 673 690.

Xenopohon, 390–355 v.Chr (1975), *Oikonomikos*,: Xenophons Oikonomikos, übersetzt und kommentiert von Klaus Meyer, Westerburg.

Yao, J., 2011, The Ethical Doctrines of Confucius and Socrates, in: *Confucius and Socrates, Proceedings of Three Conferences on Chinese and Greek Philosophy*, Beijing.

Zimmermann, H., Henke, K.D., 1978, *Finanzwissenschaft*, Vahlen, München.

Personenregister

Sachregister